GEADA E NOITE

Também de Sara Raasch
Neve e Cinzas
Gelo e Fogo

GEADA E NOITE

SARA RAASCH

Tradução de
Mariana Kohnert

HarperCollins *Brasil*

Rio de Janeiro, 2017

Título original: Frost like Night
Copyright © 2016 by Sara Raasch
Ilustração do mapa © 2014 by Jordan Saia

Direitos de edição da obra em língua portuguesa no Brasil adquiridos pela Harper Collins Brasil, um selo da Casa dos Livros Editora LTDA. Todos os direitos reservados. Nenhuma parte desta obra pode ser apropriada e estocada em sistema de banco de dados ou processo similar, em qualquer forma ou meio, seja eletrônico, de fotocópia, gravação etc., sem a permissão do detentor do copirraite.

Rua da Quitanda, 86, sala 218 – Centro – 20091-005
Rio de Janeiro – RJ
Tel.: (21) 3175-1030

CIP-BRASIL. CATALOGAÇÃO NA PUBLICAÇÃO
SINDICATO NACIONAL DOS EDITORES DE LIVROS, RJ

R11g
   Raasch, Sara
      Geada e noite / Sara Raasch ; tradução Mariana Kohnert. – 1. ed. – Rio de Janeiro : HarperCollins, 2017.
      il.

      Tradução de: Frost like night
      ISBN: 9788595080713

      1. Ficção infantojuvenil americana. I. Kohnert, Mariana. II. Título.

17-41320   CDD: 028.5
                                                                                       CDU: 087.5

Para Doug e Mary Jo,
por serem muito menos problemáticos do que Sir e Hannah.

Meira

Isso está errado.

Ainda estou escondida à porta do calabouço do Palácio Donati e já consigo sentir a mudança em Ventralli, como a escuridão de uma tempestade se aproximando. Mas em vez de ficar para lutar com meu punhado de invernianos, eu os deixei para trás e segui o homem diante de mim.

E não faço ideia de quem ele realmente seja.

Qualquer guarda que pudesse estar a postos do lado de fora do calabouço se foi, atraído para o caos da tomada de do reino por Raelyn. Salas se abrem à nossa direita e à esquerda, longe o bastante para que as pessoas no interior delas não reparem em nós, perto o bastante para que eu veja de relance o lado de dentro. Soldados encurralam membros da corte em grupos contra as paredes douradas, criados choram — mas ainda mais assustador são os observadores, que não fazem nada. Aqueles que observam os soldados brandindo ameaças como se fossem espadas, declarando que o rei Jesse foi deposto e que a esposa dele, Raelyn, é a governante de Ventralli porque tem um poder mais forte agora, um que todos podem usar — poder dado pelo rei Angra de Primavera.

— Ele está vivo?

— A magia dele é mais forte do que aquela dos Condutores Reais?

— Foi assim que ele sobreviveu?

Essas perguntas se erguem por cima das ameaças dos soldados, misturando-se nos ouvidos às batidas do meu coração.

— Angra ajudou a rainha ventralliana a destronar o rei. Ele — perco um pouco o fôlego — já tem influência em Cordell. Tomou Outono e Inverno e fez com que o rei de Verão fosse *assassinado*, mas, sabe-se lá como, isso faz com que as pessoas fiquem maravilhadas, em vez de com medo.

O homem que estou seguindo — Rares, se é que esse é o nome dele — olha para mim.

— Provavelmente Angra vinha planejando essa conquista durante os três meses em que ficou desaparecido, então a vingança dele não está sendo tão rápida quanto se pensaria — diz Rares. — E você, mais do que qualquer um, sabe o quanto é fácil para as pessoas preferirem ficar maravilhadas em vez de sentirem medo.

— Eu mais do que qualquer um? — Engasgo. — Como você poderia saber disso?

— Quer mesmo ter essa discussão agora? — A cicatriz que percorre o lado direito do rosto de Rares, da têmpora ao queixo, se enruga quando ele semicerra os olhos. — Eu tinha planejado primeiro nos levar para longe da ameaça iminente de morte...

Espadas se chocam e um soldado grita do fim do corredor. Rares dobra a esquina sem esperar minha resposta, e eu o sigo aos tropeços.

Eu não deveria estar seguindo um paisliano misterioso — deveria estar ajudando Mather a libertar os invernianos nos calabouços. Ou planejando uma forma de libertar meu reino do golpe cordelliano. Ou salvando Ceridwen de Raelyn. Ou encontrando uma forma de extrair Theron das garras da Ruína de Angra.

Hesito, tropeçando nas minhas muitas preocupações. Embora sempre tenha suspeitado que a morte de Angra tenha sido um embuste, nunca, nem em meus pesadelos mais delirantes, achei que ele poderia ser forte o bastante para dar magia a não portadores de condutores.

Mas esse poder é maculado pela Ruína, a qual foi criada quando não havia regras que atrelassem a magia apenas a linhagens reais.

Conforme Rares e eu mergulhamos de um corredor para outro, vejo os frutos da magia de Angra em primeira mão. O reino de Ventralli, de luz e cor, que existia quando chegamos desapareceu, foi substituído por um que se parece com as ruas sombrias de Primavera. Soldados marcham com os rostos contraídos pelo ódio, com movimentos ríspidos. Membros da corte se reúnem aglomerados, trêmulos, com medo, os olhos arregalados e ansiosos para agradar a seus conquistadores.

Ninguém enfrenta. Ninguém grita vingança ou luta contra os soldados.

Isso é um feito de Angra. Embora pareça que só seus subordinados de maior patente tenham recebido a habilidade de controlar magia, como Raelyn fez quando matou o rei veraniano. As pessoas que lotam os corredores simplesmente parecem confusas, influenciadas por algum fator externo, como se todas tivessem ficado bêbadas com o mesmo vinho ruim.

É isso que Angra está criando, um mundo de poder infinito, onde todos são possuídos por uma magia que os torna maleáveis, tomados pelas emoções mais profundas e sombrias.

Como posso impedi-lo? Como posso salvar...

Isso martela minha mente, a pergunta que fiz à minha magia de condutor me toma e sou puxada de volta para o momento em que corria pelas ruas de Rintiero com Lekan e Conall. Minhas maiores preocupações naquele momento eram evitar que Ceridwen assassinasse o irmão e descobrir como formar uma aliança com Ventralli, além de encontrar a Ordem dos Ilustres e as chaves deles para evitar que Cordell acessasse o abismo de magia.

Então fiz a tal pergunta — *como posso salvar a todos?* — e a resposta queimou em minha alma.

Sacrificando um Condutor Real e devolvendo-o à fonte da magia.

Mas sou o condutor de Inverno. Eu por inteiro. Graças à minha mãe.

Rares me puxa para trás de um vaso de planta momentos antes de um contingente de homens sair correndo de uma sala logo adiante.

— Agora não — sussurra ele. Rares tira da gola uma corrente com uma chave presa, aquela que me mostrou no calabouço, a última chave para o abismo de magia na mina Tadil. — Você me encontrou. Encontrou a Ordem dos Ilustres, e *sim*, ajudaremos você a derrotar Angra e impedir tudo isso. Mas primeiro, vamos apenas sair vivos daqui.

As palavras de Rares são um conforto muito necessário, tão necessário, na verdade, que somente quando ele dispara de volta para o corredor é que me pergunto... como ele sabia com o que eu estava preocupada?

Não importa. Engulo em seco, decidida. Farei isso. Aprenderei o que posso com a Ordem e usarei esse conhecimento: enfrentarei Angra na batalha e o destruirei, junto com a magia dele, ou tirarei as chaves de Angra, entrarei no abismo na Tadil e destruirei toda a magia da única forma que sei ser possível.

Seja como for é isso que preciso fazer. Angra é forte demais — preciso de ajuda, e a Ordem dos Ilustres é o único recurso que conheço que poderia me ajudar a entender minha magia da mesma forma irrefreável que Angra entende.

Rares me leva para dentro de uma cozinha vazia cheia de mesas de madeira pesada, lareiras crepitantes e comida abandonada por criados que muito provavelmente estão se escondendo do frenesi da tomada. Ele saca um cantil de água e enche em uma bomba no canto.

— Quem é você? — consigo perguntar por fim.

Rares aponta para um cepo com facas em cima de um balcão.

— Arme-se.

— Com facas de cozinha?

Rares não para de andar.

— Uma lâmina é uma lâmina. Tira sangue igualmente.

Franzo a testa, mas deslizo algumas facas para dentro do cinto. O coldre vazio ainda pende contra a coluna — meu chakram está no salão de baile. No peito de Garrigan.

Eu me agarro à beirada do balcão.

A mão de alguém toca meu ombro e quando ergo o olhar, Rares está me observando.

— Meu nome é Rares. Não a enganei com relação a isso — diz ele. — Rares Albescu de Paisly, um líder na Ordem dos Ilustres.

Rares olha por cima de meu ombro, para a porta da cozinha que leva para o palácio. Passos ecoam, ficando cada vez mais altos, e sei que precisaremos correr antes que ele possa explicar mais.

— Contarei tudo — promete ele. — Mas primeiro precisamos estar em segurança... em Paisly. Angra não pode nos seguir até lá.

— Por que não? — Encaro Rares. — O que está planejando... *por que* isso é...

Rares me interrompe com um aperto no ombro.

— Por favor, Vossa Majestade. É o lugar mais seguro para que eu lhe mostre tudo que é preciso. E prometo que contarei tudo assim que puder.

— Meira — corrijo. Se vou arriscar minha vida no futuro próximo, então serei chamada como *eu* quero ser chamada.

Rares sorri.

— Meira.

Seguimos para a outra porta da cozinha, que leva a um jardim. Rares já está saindo quando sou tomada por um último lampejo de remorso por ir embora. Indo com ele eu estou *efetivamente* ajudando — a Ordem dos Ilustres é minha melhor chance de impedir Angra —, mas ainda parece que estou fugindo.

Rares se vira.

— Você não pode salvar a todos se ficar.

Outras pessoas me disseram isso antes — *Você não pode salvar a todos; Inverno é nossa prioridade.* Mais especificamente: Sir.

Um pesar me atinge. Mather me contou sobre a morte de Alysson, mas e quanto a Sir? Ele sobreviveu ao ataque cordelliano em Jannuari? E quanto ao resto de Inverno — em que estado se encontra meu reino? Não consigo pensar em Sir morto. Ele precisa estar vivo, e se estiver, fará tudo que puder para manter Inverno unido.

Ouço o que Rares disse de novo, percebendo agora o significado exato das palavras dele, e começo a ver todas as formas em que Rares é diferente de Sir. Os olhos de Rares são mais arregalados; a pele dele é mais escura; as mãos têm mais cicatrizes de anos de lutas. E, principalmente, em Rares vejo algo que jamais vi em Sir, algo que fez Rares acrescentar as duas palavras que mudaram completamente o significado daquela frase.

Você não pode salvar a todos se ficar.

Não um fim. Uma escolha.

— Quem é você? — sussurro de novo.

Rares sorri.

— Alguém que está esperando por você há muito tempo, coração.

* * *

Logo depois de deixarmos o complexo do palácio, uma corneta soa pelo céu cinzento e nebuloso.

Descobriram que fui embora. O que significa que encontraram Theron acorrentado à parede do calabouço, e Mather e os demais...

Não. Mather não deixaria que nada acontecesse com qualquer um sob os cuidados dele. Não porque ordenei que os mantivesse em segurança, mas porque ele sempre foi assim — um homem que, mesmo depois de perder o trono, ainda descobriu uma forma de ser governante. A forma como os Filhos do Degelo olham para Mather, com a lealdade inquestionável conquistada por alguém que nasceu para liderar...

Ele é a única pessoa em minha vida totalmente capaz de se proteger.

E quanto a Theron?

A pergunta me faz tropeçar enquanto Rares e eu disparamos para fora da cidade, ziguezagueando entre duas construções iluminadas e tortas, para dentro da exuberante floresta que ladeia Rintiero ao norte.

Essa pergunta. Não fui *eu*. Quase parecia...

Paro subitamente, Rares dá mais alguns passos adiante antes de perceber que parei. Mas a voz em minha mente me aprisiona, e levo as mãos nas têmporas.

Um destino terrível, não é, ser parte da mesma magia? Se ao menos você fosse mais forte.

Minha visão fica turva até que só consiga ver o rosto de Angra.

— Não! — grito, caindo de joelhos na terra úmida. Angra pôde ouvir meus pensamentos quando estávamos ambos no salão de baile Donati, mas ele não está perto de mim agora. Como é possível que ele fale comigo, de *dentro* de mim? Eu deveria ser capaz de impedi-lo...

Mas não é, certo, Alteza? Meus soldados estão indo atrás de você. Inverno está acabado. Primavera chegou.

Uma simples pergunta ecoa em resposta. *Por quê?*

Já fiz essa pergunta, no salão de baile do Palácio Donati, cercada pela carnificina — a cabeça do rei veraniano, os corpos de Garrigan e Noam. Mas a única resposta que obtive foi o motivo pelo qual Angra tentou destruir as minas de Inverno — ele teme o uso de magia pura de condutor contra sua Ruína, por isso passou cada momento que pôde trabalhando para desfazer essa ameaça. Por isso atacou Inverno por tanto tempo; por isso se voltou contra qualquer um que tentou abrir o abismo.

Mas o que faço agora não é nem mesmo uma pergunta consciente — é um choro na escuridão conforme o rosto de Angra preenche minha mente.

Por que isso está acontecendo...?

Vi meus amigos serem assassinados por essa guerra. Observei meu reino sofrer por isso. Neste exato momento fujo para salvar minha vida devido a isso, e depois de tantos anos, ainda não sei *por quê*. O que ele quer?

Mãos cobrem as minhas no local em que cubro a cabeça.

Abro os olhos. A magia se espalha por meus braços e minhas pernas, gélida, profunda e pura, transformando meu medo em choque.

Rares está vertendo sua magia em mim.

A expressão dele fica tensa, gotas de suor brotam pela testa.

— Lute contra ele!

Meu coração sabe que não preciso me submeter à magia de Rares, que *não deveria* me submeter a ele, mas tudo em mim quer que eu faça isso, medo e pânico me chicoteando e destruindo por dentro.

Lute! Eu me obrigo a permanecer aberta a qualquer que seja a ajuda que Rares pode oferecer.

Um choque me lança para trás. Caio com força no chão, folhas grudam em minhas roupas e minha cabeça lateja como se alguém tivesse tocado um sino dentro do meu crânio.

Vejo Rares dizer meu nome sem emitir som.

— Você... — Acho que digo. — O que você...

Dor irradia por trás de meus olhos e faço de tudo para não vomitar na vegetação rasteira encharcada. Mas Rares coloca a mão sobre a minha de novo, mesmo quando olho para ele com ódio em meio à agonia que transforma tudo em um escarlate vibrante.

Descanse agora, diz uma voz. Não é Angra — é Rares, em minha mente. *Descanse e confie em mim.*

Confiar em você? O que você fez? Você ainda não me contou nada!

Mas no mesmo momento em que tento combatê-la, a inconsciência chega, me embalando como os aromas tentadores que emanam de um banquete. Estou semiconsciente de Rares me levantando, do movimento brusco de ser carregada em ritmo de corrida pela floresta.

"Você se parece mais com Sir do que pensei" são minhas últimas palavras antes de tudo escurecer.

Mather

Ela partiu.

Canalizando cada gota de pânico na tarefa adiante, Mather jogou o peso do corpo na fechadura. Ela se soltou com um rangido e a porta da cela se abriu, libertando Phil, que saiu em disparada primeiro, punhos erguidos, um segundo à frente do restante do Degelo. Mas Mather não lhes deu ordens antes de abrir a tranca da porta seguinte à força, libertando Dendera, Nessa e Conall. Os gritos de Theron por ajuda de dentro da própria cela alertariam os soldados a qualquer minuto — e Meira os havia deixado.

— Precisamos sair daqui — disse Mather, para ninguém em especial, mas quando se virou na direção da escada, hesitou. Sair daquele jeito quase certamente os levaria direto de volta para o calabouço caso encontrassem algum soldado. Haveria outra saída?

Phil deu um passo adiante.

— Podemos nos separar. Alguns de nós sobem as escadas e o restante vai mais para dentro do calabouço, ver se há uma saída...

Outra voz falou.

— Ou vocês poderiam me seguir.

Mather estava entorpecido demais pelos eventos do dia para sentir qualquer coisa a não ser prontidão quando saltou na direção da voz. Ele levou a mão à espada, mas as armas lhe tinham sido tomadas antes da descida para o calabouço, e tudo que tinha agora era o Condutor Real de Cordell. Os dedos de Mather roçaram a joia no cabo, os lábios contraídos ao lembrar-se de como Theron a havia jogado tão descuidadamente — parte dele teria sentido imenso prazer em destruir a linda lâmina de Cordell.

A pessoa que surgiu no meio do corredor cruzou as mãos contra a saia do vestido, o tom prateado quase parecendo com uma armadura. Uma máscara, também de prata, cobria-lhe o rosto, e quando a mulher falou, ergueu o queixo tão autoritariamente quanto um comandante.

— Se quiserem viver, é claro — falou ela.

— Você é ventralliana — replicou Mather, parando perto dela. — Por que confiaríamos em você?

Ela riu com escárnio.

— E vocês têm muitas opções no momento?

Mather não conseguiu dizer mais uma palavra antes que Dendera se intrometesse, estreitando os olhos.

— Você. Você é a duquesa Brigitte, mãe do rei. Vi você com Raelyn!

Brigitte revirou os olhos.

— Se eu concordasse com o golpe dela, acha que me daria ao trabalho de estar neste lugar imundo — ela ergueu o nariz na direção das paredes — *sozinha*? Posso lhes oferecer uma explicação ou vocês podem me seguir. Como disse, para mim não faz diferença se vocês vão viver ou morrer, mas acho que podem ser úteis para mim, então tomem uma decisão logo.

A porta no topo da escada do calabouço chacoalhou. Alguém finalmente tinha ouvido os gritos de Theron.

Mather avançou na direção de Brigitte. Ela tomou isso como um sim e se virou, o vestido prateado reluzindo à medida que ela corria pelo corredor. O restante do grupo de Mather seguiu sem questionar — que outra escolha tinham? Ele precisava sair dali para se certificar de que Meira estava bem, de que quem quer que a tivesse acompanhado não era parte de uma armadilha de Angra. Tantos segredos tinham sido revelados — Cordell se voltara contra Inverno, Theron se voltara contra Meira e a rainha ventralliana tinha tramado um golpe. Será que o homem com quem Meira tinha partido era de confiança? E, além disso, Inverno ainda estava sob o controle de Cordell — como poderiam libertar o reino se permanecessem prisioneiros de Angra?

Brigitte se abaixou para dentro de uma cela à direita. Mather hesitou apenas o suficiente para que os olhos dele se ajustassem à escuridão. Se a bruxa velha os levasse a uma armadilha...

Mas, no fundo da sala, uma porta se entreabriu. A pedra do lado externo mostrava que, quando fechada, a porta se fundia perfeitamente à parede.

— Feche a porta ao passar — gritou Brigitte antes de desaparecer pela abertura.

— Hollis — sibilou Mather. — Fique na retaguarda. Alerta.

Hollis se posicionou do lado de dentro da sala para permitir que todos passassem. Mather seguiu Brigitte, músculos zumbindo de fúria incontida para lutar. A pedra abafava a maioria dos sons, deixando-o apenas com os cliques distantes dos sapatos da duquesa se movendo para cima — uma escada. Mather disparou atrás da mulher, esperando colocar espaço o suficiente entre ele e o grupo para que, caso uma armadilha os aguardasse, pudesse sinalizar com bastante tempo para que descessem.

Sozinho naquele espaço estreito e escuro, sua determinação vacilou. Tudo acontecera tão subitamente — o homem; a confiança inesperada de Meira; a súplica desesperada dela para que Mather libertasse todos. E ele concordara, apenas porque não via Meira daquele jeito havia meses. Como o olho de uma tempestade, aterrorizante, nítida e intensa.

A escada terminava em um corredor. Um corredor seguinte dava para outra escada, e no fim dela, os passos de Brigitte pararam. Ouviu-se o leve tilintar de metal — chaves. Mather esperou alguns passos atrás, preparando-se para soldados, flechas... Angra.

Ele fechou e abriu as mãos, encarando-as, sem enxergar, na escuridão. Tinha matado Angra pessoalmente. Tinha quebrado o condutor do rei insano em Abril e vira o corpo de Angra sumir.

O que aquilo tinha realmente feito a ele?

Brigitte abriu a porta. Mather obrigou os olhos a se ajustarem, detendo-se por tempo o bastante para que a luz amarela revelasse um pouco da sala adiante: um grosso tapete escarlate, uma mesa baixa, paredes azuis. Nenhum soldado por perto.

Brigitte entrou e Mather seguiu, um segundo atrás.

— Vovó! — gritou uma criança.

Estavam em um quarto cheio de móveis de mogno, uma mesa e cadeiras, uma cama larga, alguns armários posicionados entre tapeçarias do chão ao teto. Aquela porta ficava atrás de uma das tapeçarias enquanto mais duas permaneciam fechadas em outros pontos do quarto, à vista.

Brigitte era a mãe de Jesse Donati, o rei ventralliano. O rei que Mather vira passar de fraco a furioso e retornar ao primeiro estado enquanto a mulher tomava controle do reino que era dele. O rei que estava sentado em uma poltrona acolchoada diante de Mather agora, com uma criança no colo e outra agarrada ao seu braço como se este fosse uma barreira capaz de protegê-la.

Uma terceira criança, mais velha, mas não muito, avançou cambaleando.

— Vovó — disse ela de novo, com lágrimas escorrendo pela máscara de renda.

Brigitte acariciou os cachos escuros da garota e olhou para Mather por cima do ombro.

— Ajudarei você a partir, mas terá que levar meu filho e meus netos junto.

O rei ventralliano ficou de pé. A filha que estava escondida atrás dele imediatamente se agarrou à perna do pai e o garoto nos braços dele, que não tinha mais de um ano, encarou com olhos grandes e tranquilos por trás de uma máscara verde.

Phil se mexeu ao lado de Mather, e ele sentiu o restante do Degelo se reunir. Todo o tempo que tinham passado nos treinamentos clandestinos em Jannuari permitira que Mather conhecesse cada um deles como a palma da mão, e não precisava olhar para saber que os dedos de Trace estremeciam sobre as bainhas vazias das facas; Eli contraía o maxilar enquanto imitava os olhares de raiva ao redor; Kiefer, mais ao fundo, observando com hesitação, cautelosamente pronto para ajudar; Hollis e Feige permaneciam em silêncio no limiar do grupo.

Eram Dendera, Conall e Nessa que Mather precisava verificar. Dendera estava com os braços ao redor de Nessa, deixando Conall livre para permanecer alerta, o rosto com uma expressão sombria e severa. O irmão dele tinha morrido tão inesperadamente quanto Alysson.

Mather deu as costas para Conall. Não permitiria que seu próprio pesar se intensificasse. Esperava que Conall pudesse se controlar também.

— Mãe — falou Jesse, e a surpresa dele era palpável mesmo por trás da máscara. — Quem são...

— Temos um acordo? — perguntou Brigitte a Mather.

Mather semicerrou os olhos.

— Você vai nos salvar? — Ele tinha pouca ou nenhuma experiência com crianças, mas mesmo Mather sabia que tirá-las do palácio seria quase impossível.

Alguém no grupo deu um passo adiante. Mather esperava que fosse Dendera — ela, entre todos, era a mais habilidosa com crianças, mas quando Mather se virou, piscou, surpreso.

Nessa encarou Brigitte.

— É claro que temos um acordo.

Mather estava prestes a dizer o mesmo. Impossível ou não, não deixariam crianças ali, indefesas. O que deixou Mather surpreso foi a facilidade com que Nessa se aproximou e se ajoelhou diante da garota mais velha.

— Oi — disse ela. — Meu nome é Nessa, e aquele é meu irmão, Conall.

Conall olhou boquiaberto quando a irmã apontou para ele, mas conseguiu fazer uma breve reverência para a princesa.

— Melania — disse a menina a Nessa, enrolando o "L" de forma esquisita.

O sorriso que Nessa deu à menina era impossivelmente carinhoso para alguém cujos olhos ainda pareciam tão assombrados.

— Bem, Melania, o que acha de partir em uma aventura?

Melania ergueu o rosto para a avó. A seriedade de Brigitte derreteu quando a garota sorriu, e Melania colocou os dedinhos na mão estendida de Nessa.

As coisas aconteceram muito rápido depois disso. Brigitte pegou cobertores e outros suprimentos escassos dos armários; Dendera e, mais surpreendente ainda, Hollis avançaram lentamente para convencer as outras duas crianças a partirem na mesma "aventura".

O quarto foi preenchido pelo zumbido de movimentos, mas o rei ventralliano permaneceu imóvel diante de sua cadeira. Não segurava mais o filho; o menino agora se agarrava a Hollis. Em vez disso, encarava o chão com uma determinação de trincar o maxilar.

— Preciso ir atrás dela — disse o rei, subitamente, ecoando os pensamentos do próprio Mather.

Mather pegou uma adaga entre os suprimentos, sem saber ao certo como responder. Ninguém mais disse uma palavra.

— Sua mulher se aliou a Angra — tentou ele. — Libertá-la...

— Não dou a mínima para Raelyn — disse o rei bruscamente, e algo nas palavras dele fez com que Brigitte, do outro lado do quarto, parasse de dobrar um cobertor.

— Não. Não permitirei que você seja morto por...

— Por quem? — O rei se virou para a mãe. — Você a chamou de muitas coisas ao longo dos anos. Inútil, perigosa... vadia. Mas parece que é *Raelyn* quem personifica esses atributos com maior intensidade. Então não me diga para não ir atrás de Ceridwen.

O cômodo ficou em silêncio após essas palavras. Mather sentiu aquele nome trazer à tona lembranças das palavras de despedida de Meira. Ela dissera a ele que salvasse Ceridwen. Por que o rei ventralliano se importaria com a princesa veraniana também?

Mas o olhar no rosto do rei disse a Mather o exato motivo pelo qual Jesse se importava.

Brigitte fez um beicinho e não proferiu mais qualquer outra palavra antes de o filho remover a máscara verde-escura e apontar para ela.

— Não vou partir até quebrar esta máscara e salvar Ceridwen.

Mather franziu a testa.

— Quebrar sua máscara?

O rei não hesitou, como se tivesse repetido essa explicação para si muitas vezes.

— Quebrar a máscara na presença de alguém que você rejeita é um ato de separação permanente. Significa dizer que você não quer mais a pessoa em sua vida, tanto que não se importa se a pessoa vir seu verdadeiro rosto. Como jamais a verá de novo, seus segredos não são nada nas mãos da pessoa.

Mather assentiu. Importava pouco o que o rei queria fazer, sinceramente — se Jesse pretendia confrontar a esposa e salvar Ceridwen,

Mather iria acompanhá-lo, principalmente se isso significasse que poderia terminar uma das tarefas que Meira lhe confiara.

— Todos deveriam escapar enquanto podem — disse Mather, direcionando a ordem ao grupo dele. — Acompanharei o rei para fora do palácio. Tem algo que também preciso fazer.

— Vai nos deixar também? — disparou Kiefer.

Mas Phil deu um passo adiante com os olhos em Mather.

— Ele vai atrás da nossa rainha.

Mather abaixou a cabeça em resposta. Esperava mais protestos, mas tudo que encontrou foi silêncio, mesmo de Kiefer. Eles perceberam a seriedade da situação de Meira — o fato de ter partido com alguém que nenhum deles conhecia e como poderia, naquele momento, estar lutando pela própria vida...

Por sorte Dendera assumiu onde Mather não conseguiria.

— Traga-a de volta. Nós — Dendera gesticulou na direção do Degelo de Mather, de Nessa e de Conall — levaremos as crianças para um lugar seguro.

E então o quê? Mather conteve a pergunta, porque ele conhecia muito bem as respostas. Precisaria enfrentar a tomada cordelliana de Inverno e o que quer que Angra estivesse fazendo ao mundo, e trazer Meira de volta a colocaria no centro daqueles conflitos.

Mas ela era a rainha. Era a rainha *dele*. Independentemente do que ela quisesse que Inverno fizesse naquela guerra que se formava, ele obedeceria... mas nunca mais deixaria Meira lutar sozinha.

Dendera se virou para Brigitte.

— Como saímos?

Brigitte visivelmente precisou fazer força para tirar os olhos do filho, e quando o fez, passou a mão pela própria máscara, como se certificando de que ainda estava no lugar.

— Há outra passagem, por aqui — disse ela, caminhando até uma tapeçaria diferente.

Mas, quando Dendera se aproximou, Nessa colocou a mão em seu braço.

— Para onde iremos? — sussurrou ela. Melania se agarrava à saia de Nessa, enterrando o rosto nela, e Nessa enrijeceu o corpo. — Inverno não é mais seguro.

— Há um campo de refugiados veranianos — sugeriu Jesse. — Fica a um dia cavalgando de onde a floresta ao sul de Eldridge encontra o rio Langstone. Estarão seguros lá.

— Tudo bem — falou Dendera. — Roubaremos alguns cavalos. Uma carruagem, talvez, ou um barco, e encontraremos vocês lá. — O olhar que ela fixou em Mather disse a ele que não era uma sugestão. Ele *conseguiria* chegar, com Meira, naquele acampamento.

Dendera encaixou melhor a princesa nos braços quando o rei deu um último adeus à filha com um beijo em sua testa. Então um beijo no filho e na outra filha, rapidamente, como se não confiasse em si mesmo para evitar despedidas longas. Ao se virar, o rei tinha os olhos vermelhos, lágrimas se acumulavam — seu rosto demonstrava mágoa, mas também determinação.

O rei encarou Brigitte, mas ela olhava para Mather agora.

— Volte pelo caminho por onde viemos — disse Brigitte a Mather. — Depois do segundo lance de escadas, vire à esquerda... há uma porta que o levará para o corredor principal.

— Obrigado — disse Mather quando Dendera, Nessa e Conall começaram a se mover para a outra passagem. Hollis segurou o príncipe ventralliano, e estava estampado no rosto de Hollis, tanto quanto no de Feige, que sabiam que precisavam seguir Dendera. O restante do Degelo se demorou, lançando olhares hesitantes para Mather. Ele os teria levado em um instante se não precisasse viajar rapidamente, ainda mais rápido do que o trajeto que fizeram de Inverno até ali. Além disso, as crianças precisavam de toda a proteção possível — do grupo, apenas Dendera tinha realmente lutado, embora Conall parecesse tão mortal quando qualquer soldado que Mather tivesse visto.

Mesmo assim, Mather engoliu uma pontada de relutância. Ele se sentia mais forte na presença de seu Degelo. Mais completo.

Hollis acabou com a incerteza do Degelo com um grunhido.

— Não seremos derrotados — disse ele em voz baixa, o mesmo juramento do treinamento.

Mather sorriu.

— Não seremos derrotados.

Hollis e Feige se moveram, com Eli se aproximando para apressar o irmão. Kiefer se afastou e mergulhou na nova passagem, com o rosto sombrio, os ombros curvados.

Trace hesitou, inspirando como se tivesse perguntas a fazer, mas apenas deu de ombros.

— Vamos ver quem chega primeiro no acampamento — provocou ele, com o lampejo de um sorriso.

Apenas Phil permanecia, imóvel.

— Vá — disse Mather a ele. — Os outros precisam de você.

Phil ergueu uma sobrancelha.

— Desculpe, ex-rei... mas você não vai se livrar de mim.

— Phil, estou falando sério.

Qualquer outro protesto foi suprimido pela forma como Phil olhou para Mather.

— Estamos nessa juntos. Todos nós. E se algum de nós se separar do restante, ele não irá sozinho.

A cabeça de Feige, que já seguia Hollis pela passagem, se voltou.

— Ou *ela*.

Phil sorriu.

— Ou ela. A questão é que vou com você.

O sorriso dele era contagiante, a confiança era determinada.

Mather se viu aceitando.

Na verdade, ficou feliz por não estar sozinho.

Momentos depois, a porta para a nova passagem se fechou com uma batida baixa, deixando Mather sozinho com Jesse, Phil e Brigitte.

Brigitte se arrumou na cadeira, novamente um beicinho se formando em sua boca enrugada. Jesse avançou até ela conforme Mather seguia de volta para a primeira passagem. Ele indicou para que Phil passasse, então hesitou.

— Obrigado — disse Jesse à mãe.

Brigitte deu de ombros.

— Vá. Raelyn em breve notará que o transferi para meus aposentos.

O rei envolveu os ombros da mãe com um aperto delicado. Por fim, Brigitte ergueu o rosto para ele, a frieza em seus olhos se dissipando até virar uma torrente de lágrimas.

— Vá — sussurrou ela. — Ficarei bem.

Mather sentiu um nó na garganta e virou o rosto, com os olhos ardendo.

Jesse passou por Mather e entrou na passagem.

Brigitte arrumou o vestido e encarou a porta pela qual, sem dúvida, Raelyn entraria em disparada a qualquer momento, com uma retaliação tão severa quanto aquela que infligira ao rei veraniano. Mather vira apenas o fim daquela luta, o pescoço do rei veraniano se partindo, mas tinha sido o suficiente para confirmar que Raelyn não tinha piedade.

Mather disparou para a escada e fechou a porta atrás de si. A tranca emitiu um clique.

Não havia mais retorno. Para ninguém.

Ceridwen

O INTERIOR DA carruagem-bordel de Simon cheirava a suor e incenso de pluméria, o ar estava embaçado com a fumaça que não tinha sido expelida adequadamente, o chão coberto de almofadas de seda e colchas de cetim. Ceridwen jamais estivera em uma das carruagens do irmão, apesar da insistência incansável de Simon para que ela "fosse uma verdadeira veraniana" e se juntasse às explorações dele. Conforme Ceridwen puxava os joelhos até o queixo naquele momento, só conseguia ouvir as reprimendas de provocação que odiara por tanto tempo.

E o estalo áspero do pescoço de Simon quando Raelyn o partiu.

Puxada por bois, a carruagem seguia aos solavancos pelas ruas de Rintiero e Ceridwen permitiu que o corpo oscilasse com o veículo, exausta demais para combater os movimentos.

— Cerie. — Lekan se agachou diante dela, o corpo estremecendo até que esticou a perna e se jogou no chão da carruagem. Seu joelho tinha uma laceração, outra percorria sua bochecha, Ceridwen sabia que o restante do corpo de Lekan devia estar igualmente coberto de ferimentos. — Cerie...

Mas a voz de Lekan falhou. O que ele diria? O que *ela* diria?

Ceridwen fechou os olhos. O rosto de Simon lampejou em sua mente, roxo, devido à magia de enforcamento de Raelyn.

— *Pare... Raelyn... deixe-a em paz!*

Simon implorara pela vida de Ceridwen. Embora minutos antes Ceridwen tivesse corrido até a praça determinada a, ela mesma, assassinar o irmão.

E antes de conseguir proferir mais do que um fraco protesto, a cabeça de Simon caíra para o lado, levando a vida dele com o movimento.

Ceridwen abriu os olhos.

Lekan rasgou um pedaço de cobertor e começou a limpar o sangue dos braços de Ceridwen.

— Deixe — disparou ela, entre os dentes trincados.

Lekan não ouviu.

— Ele era seu irmão. Você o amava — sussurrou o homem, baixinho.

Os músculos de Ceridwen se tornaram pedra.

— Eu o odiava.

Os dedos de Lekan se apertaram sobre o retalho gasto de cetim e ele esfregou o ombro de Ceridwen com mais força. Lekan permaneceu em silêncio, de olho no trabalho, como se fosse apenas um escravo normal e Ceridwen fosse uma princesa normal e as manchas no corpo dela não fossem o sangue do irmão.

Ceridwen encarou as manchas. A alegria de Raelyn lhe parecera insana quando ordenara que a cabeça de Simon fosse cortada. E quando um soldado começou a serrar o pescoço do irmão dela, Ceridwen não conseguiu recuar do sangue que jorrou sob a pressão da faca.

Simon estava morto. O corpo dele fora decapitado na frente de Ceridwen.

Ela empurrou Lekan e cambaleou na tentativa de ficar de pé. A pouca altura da carruagem impossibilitava o movimento, e as costas da princesa roçavam no teto manchado. Ela caiu para frente, seus pulsos estalaram ao aparar o peso do corpo e a carruagem balançou com a agitação de Ceridwen.

— Quietos aí! — gritou um soldado ventralliano de fora.

Ceridwen ficou de pé de novo e trombou o corpo inteiro contra a lateral da carruagem até que esta balançasse ainda mais, mas o veículo não perdeu o ritmo à medida que seguia arrastando-os pela cidade. Ela gritou, se atirou para trás, se chocou de novo, porque se não extravasasse aquilo de alguma forma, seu corpo não conseguiria suportar a tristeza dentro de si.

Não deveria se sentir extremamente infeliz pela morte de Simon. Ela *desejou* que ele morresse — quis que ele sentisse apenas um lampejo do terror que infligia aos escravos. Quis que aquele maldito sorriso constante em seu rosto queimasse a ponto de fazê-lo chorar por perdão em vez de se alegrar na presença dela.

Ceridwen engasgou, os soluços estremecendo a garganta.

Simon sempre se alegrava ao vê-la. Sorria como se Ceridwen fosse sua pessoa preferida em todo o reino de Verão, e isso fazia Ceridwen sentir como se seu corpo inteiro estivesse sendo incinerado. Ela se lembrou de quando Simon conheceu Meira no bordel, no que deveria ter sido alguma demonstração política, mas a preocupação principal dele tinha sido onde estava Ceridwen, se poderia vê-la.

Pela chama e pelo calor, Simon sempre *a amara*, mesmo ao destruir o reino deles e levar o povo à destituição. Ceridwen queria, mais do que tudo, que o irmão a odiasse, porque...

Porque talvez então *ela* pudesse odiá-lo.

Lekan passou os braços em volta do corpo de Ceridwen e a puxou para baixo quando uma lâmina entrou pela estreita janela, aquela que tinha sido fechada com tábuas logo após os dois terem sido jogados dentro da carruagem. Um lampejo de prata lambeu o ar acima da cabeça de Ceridwen.

Os vestígios dos gritos dela faziam a garganta arder, dor irradiava pela boca de Ceridwen. Era adequado que a mágoa doesse, principalmente essa mágoa, essa... traição.

Era isso o que era. Ceridwen tinha dado as costas a Simon. E ele ainda assim a amava.

A princesa desesperadamente se agarrou a Lekan, incapaz de relaxar por medo do que poderia fazer de novo. Não restava nada dentro dela, havia muito pouco que Raelyn poderia tomar-lhe. Abrira mão de Jesse horas antes, e agora Raelyn tomara Simon e Verão também.

Mas não, não fora Raelyn. Fora Angra, se as palavras insanas de Raelyn fossem verdade. Ceridwen se viu desejando que *fosse* tudo Raelyn. Não tinha a menor ideia de como desfazer o que Angra tinha feito. Nem mesmo sabia direito a extensão de tudo que tinha acontecido — ele dera *magia* a Raelyn. Dera a Simon o poder de controlar não veranianos.

A guerra que viviam era muito maior do que ela. De reis corruptos Ceridwen poderia dar conta, mas *daquilo*? Magia negra e teias do mal que se estendiam por toda Primoria?

Ceridwen quase se sentiu totalmente impotente pelo terror, mas inspirou o ar fumacento e enjoativamente doce, usando Lekan para se orientar.

— Meira escapou — disse Ceridwen a ele, porque precisava acreditar nisso. — Ela impedirá... isso.

Um dos braços de Lekan se desvencilhou de Ceridwen e emitiu um ruído surdo ao se chocar contra o piso da carruagem. Ele flexionou os dedos, esfregou a perna ferida e sibilou de dor devido a um dos movimentos.

Ceridwen arrancou partes de outra colcha e fez uma compressa patética antes que Lekan pudesse protestar. Ela apertou a faixa sobre o joelho dele e esfregou as mãos nas próprias coxas, esforçando-se para voltar a pensar de maneira racional.

— Eles trancaram as portas? — perguntou Ceridwen, mais para si mesma do que para Lekan.

Ele ajustou a compressa.

— Raelyn deixou cinco guardas tomando conta de nós, levou o restante consigo. — Lekan parou e Ceridwen soube que ele ocultou outra informação que percorreu sua mente.

Ela também levou a cabeça de Simon consigo.

Ceridwen rastejou até as portas na traseira da carruagem e empurrou-as. É claro que não se moveram, sendo assim, a princesa mexeu nas beiradas das portas em busca de um ponto fraco na estrutura, ou de um pedaço de madeira que pudesse arrancar para usar como arma, já que as suas lhes tinham sido tiradas. Não funcionou.

Mas os cobertores e os travesseiros — eles podiam ser amarrados como um tipo de corda, a qual poderia ser usada para sufocar soldados distraídos quando abrissem a carruagem. A abertura sem dúvida aconteceria no complexo do palácio, onde Raelyn teria muito mais do que apenas cinco soldados esperando para subjugar os prisioneiros. Ceridwen poderia usar um dos soldados como refém, mantendo a corda de cetim apertada contra o pescoço dele até que ela e Lekan fugissem.

Mas Raelyn ainda tinha o controle da cidade. A rainha estava cheia da magia negra de Angra.

E pretendia assassinar Jesse e os filhos dele.

Ceridwen pegou o cobertor mais próximo e começou a rasgar. Lekan se moveu para recostar o corpo quase todo contra a parede, seu olhar estava fixo no teto em um esforço de ignorar a dor. Estava ferido demais para ser útil em uma luta. Ceridwen precisava levar Lekan a um local seguro, retornar e... o quê? Derrotar todo o exército ventralliano sozinha? Certamente alguém em Rintiero ainda era leal a Jesse e a ajudaria a salvar o rei e os filhos. Precisaria encontrar essa pessoa... ou Meira. Meira ajudaria.

A não ser que Raelyn já a tivesse matado. A cidade inteira poderia ter se curvado ao golpe de Raelyn, Jesse e os filhos poderiam estar mortos, e até o último vestígio de esperança poderia ter se extinguido enquanto Ceridwen estava sentada, impotente, em uma carruagem.

As mãos de Ceridwen ficaram imóveis. O vazio dentro dela sussurrou que ela não deveria se importar tanto com o que Raelyn fizesse a Jesse. Havia quatro anos que Ceridwen fingia não se importar com o que Raelyn fizesse a Jesse — por que começar agora?

Mas cada outra parte dela gritava em protesto. Isso era totalmente diferente de como as coisas tinham sido durante aqueles quatro anos. Não era apenas ignorar o fato de que Raelyn dormiria com Jesse na mesma cama em que a própria Ceridwen tinha dormido com ele — era ignorar o fato de que Raelyn o *mataria*. E não apenas Jesse, mas os filhos dele, e, independentemente do que acontecera recentemente entre ela e Jesse, Ceridwen não deixaria que os filhos dele fossem assassinados. Parte do que sempre tornara tão difícil deixar Jesse era o quanto ele amava os filhos. Um homem, um *rei*, que rastejava no chão do quarto da filha apenas para fazê-la dar gritinhos de alegria...

Ceridwen libertaria Jesse e os filhos. Esse seria o primeiro passo a dar naquela guerra — libertar o rei ventralliano. Encontrar a rainha inverniana. Juntar forças para enfrentar Angra e fazer com que ele pagasse por ousar reivindicar Verão — e por deixar que Raelyn matasse Simon.

Ela poderia fazer isso.

— Alto!

Ceridwen enrijeceu o corpo, seus olhos se voltando para a porta da carruagem quando o veículo parou. Ela se atirou para a única abertura estreita na janela remendada, a fim de absorver qualquer informação possível antes de recuar de novo, caso outra lâmina perdida perfurasse as paredes. Ainda estavam na cidade, cercados pelos prédios multicoloridos de Rintiero, os tons de magenta e oliva em grande parte cobertos pelas sombras.

Lekan franziu a testa para Ceridwen. Por que tinham parado?

Os dois permaneceram em silêncio. Ceridwen se agachou, as amarras feitas de colcha esticando-se de um pulso ao outro.

Um cavalo relinchou.

— Desejamos comprar o conteúdo dessa carruagem — disse uma voz, e Ceridwen teve dificuldade para identificá-la. Não era alguém que conhecia, e não era um dos soldados que os vigiavam.

Um homem gargalhou.

— Esqueça, temos nossas ordens.

— Ordens, sim. Mas têm ouro?

Moedas tilintaram. *Muitas* moedas, pelo que Ceridwen ouviu. Alguém os estava comprando?

As narinas dela se inflaram. Provavelmente um ventralliano pervertido que vira a carruagem veraniana e pensou o que todas as pessoas pensavam quando viam a chama de Verão: escravos à venda.

Um dos soldados assobiou. Fez-se silêncio por um segundo.

— Pode ficar até com a carruagem — disse o comprador. — Não quero que sua rainha descubra cedo demais.

Sua rainha. Essa pessoa não era ventralliana.

Por fim, o soldado principal riu com escárnio. As moedas tilintaram de novo.

— São todos seus.

Chaves chacoalharam. Passos se moveram na direção da porta. Ceridwen se levantou, posicionando-se entre Lekan e qualquer pessoa que avançasse contra eles. Ela diminuiu o ritmo da respiração, mas seu coração não obedeceu, batendo forte contra as costelas quando uma chave deslizou para dentro da fechadura.

A porta se entreabriu.

Ceridwen deslizou para a frente, pronta para avançar...

O comprador, um soldado, piscou para Ceridwen sob a luz nebulosa dos postes ao longo da estrada. Negra, a pele dele brilhava contra as sombras que se aproximavam, e atrás dele havia uma mulher de pé em meio ao aglomerado de cavalos e soldados. Seu cabelo negro estava preso em um coque logo acima do colarinho rígido do vestido de lã cinza. Às costas, reluzindo ao crepúsculo, repousava um machado.

Ceridwen perdeu a ânsia de lutar com a rapidez de uma respiração.

— *Giselle?*

A rainha de Yakim os havia comprado.

Meira

Meu primeiro pensamento ao acordar é: *Estou* realmente *cansada de desmaiar por causa de magia*.

Uma pequena chama se acende e se apaga à minha esquerda, a fumaça permeia o ar. Obrigo meus olhos a se abrirem, grata por encontrar a suportável escuridão da noite em vez de uma explosão de luz do sol, minha cabeça lateja na cadência dos segundos que passam.

— Você pode se curar, sabe — diz a voz de Rares.

Viro para o lado, pressionando os dedos na testa em uma tentativa de afastar os últimos resquícios da dor. Um círculo de árvores cerca nossa clareira, folhagem densa pende de galhos baixos. Rares não ergue o olhar do trabalho; está passando uma das facas de cozinha que roubei em uma pedra de amolar.

— Se eu soubesse controlar minha magia tão bem assim, não teria seguido você — disparo. — E o que fez comigo? *Como fez?*

Rares testa a lâmina contra o polegar e suspira.

— Esperaria facas malcuidadas na cozinha de um pobretão, mas na do rei de Ventralli? Isso é uma desgraça.

Minha expressão de raiva se dissipa. Rares murmura que nem mesmo galinhas merecem morrer com tais lâminas.

No momento em que inspiro para gritar minhas perguntas contra ele, Rares ergue o rosto.

— Talvez eu deva ensinar paciência a você primeiro.

Fico de joelhos, lutando contra uma onda de tontura. Estou tão perto da fogueira que as faíscas liberadas pelos galhos crepitantes fazem cócegas em minha pele.

— Como você tem magia? — exijo saber, com a voz inexpressiva. — E como é capaz de usá-la em mim?

Rares apoia os cotovelos nos joelhos, brincando com a faca enquanto me avalia.

— Sua preocupação é que eu não me explique e que, mesmo se o fizer, não conte tudo, deixando você com informações incompletas. Você tem medo de ter cometido um erro ao confiar em mim, mas um medo ainda maior de não ter me encontrado mais cedo. Falei tudo, coração?

— Eu...

— E embora eu possa assegurar que não sou nada como seus mentores anteriores, farei um favor: agora que estamos em segurança, ou pelo menos tão seguros quanto possível, contarei tudo, como prometi. Cada detalhe, cada motivo, cada estremecer de cortinas que nos trouxe a este momento. Bem, não *todas* as cortinas... algumas eram muito extravagantes.

— Mas... por quê?

— Quase sempre são as borlas.

— Não — resmungo. — Por que me contaria tudo?

Ele pisca.

— Por que não?

Desabo no chão. Simples assim? Estou acostumada com discussões — acostumada a implorar para que Sir me explique as coisas ou para que Hannah conte mais.

Rares volta a amolar a faca, e depois de tomar fôlego, ele começa, com a voz distante, como se não se ouvisse.

— Sei que sua mãe contou a você como a Ruína assolou o mundo da primeira vez. Foi um resíduo de pessoas utilizando a magia para o mal, e os monarcas de Primoria a combateram coletando os condutores dos cidadãos por meio de um expurgo violento.

Preciso morder a língua para evitar perguntar como ele sabe o que Hannah me contou. Se eu falar, tenho medo de o quão gratuitamente Rares está me dando essa informação.

— Milhares morreram — continua ele. — Mais ainda foram possuídos pela Ruína, perderam-se para os desejos do mal. Foi uma época de desespero, e que levou os monarcas do mundo a criarem os Condutores Reais na esperança de que uma quantidade tão grande de magia pudesse limpar o mundo da Ruína... e limpou, por um tempo. Um para cada reino, quatro ligados a herdeiras mulheres, quatro a herdeiros homens. Paisly não foi diferente, exceto por nossa recusa em nos curvarmos ao poder do monarca com a mesma facilidade do restante do mundo. Vimos o início de um ciclo violento. Vimos a magia ainda em uso, grandes estoques dela conectados a oito pessoas que poderiam se tornar sedentas por poder. Como confiar que esses indivíduos não se corromperiam e reintroduziriam a Ruína a nosso mundo? Não havia lugar para magia aqui... o preço dela era alto demais. Formamos um grupo rebelde, a Ordem dos Ilustres, que enfrentou nossa rainha. — Rares faz uma pausa e ergue o olhar da faca para voltá-lo a mim. — E nossa rebelião foi bem-sucedida.

— Paisly não tem rainha? — Mal ouço a pergunta preencher o espaço entre nós.

— Temos uma regente que faz o papel de rainha sempre que tal figura é necessária, mas Paisly não tem rainha, ou Condutor Real. Na noite da rebelião, a rainha de Paisly se recusou a negociar — continua Rares. — Ela viu aquilo como uma ameaça contra o reino, não a salvação que alegávamos. E na batalha, se sacrificou pelo reino dela, momentos depois que a Ordem quebrou seu Condutor Real, seu escudo.

— O quê? — digo, ofegante, cruzando os braços sobre o tronco como se me segurar fosse a única forma de me certificar de que as palavras dele fossem reais, não algum conto de fadas, daqueles que se conta em acampamentos.

Os olhos escuros de Rares permanecem fixos nos meus.

— Ninguém percebeu o que tínhamos feito até que fosse tarde demais. Todos em Paisly, desde os que apoiavam a rainha até os membros da Ordem, se imbuíram de magia. Todos nos tornamos condutores, exatamente como sua mãe queria para Inverno.

O choque me faz oscilar para a frente.

— Como você sabe disso?

Mas Rares continua.

— Os apoiadores da rainha se tornaram minoria depois da rebelião. A Ordem tomou o poder e tem governado Paisly desde então. E ainda acreditamos que a magia não tem lugar neste mundo, por isso mantivemos nosso reino o mais escondido possível. É claro que interações ocasionais com outros reinos são inevitáveis, mas é incrível o que se pode esconder quando ninguém sabe o que procurar. Principalmente quando seu reino fica em uma cadeia de montanhas. — Rares pisca um olho. — É muito fácil esconder coisas em montanhas.

Fico boquiaberta. O que Hannah queria que acontecesse em Inverno *já* aconteceu em outro reino — a magia se espalhou para cada cidadão quando o condutor deles se quebrou e a rainha se sacrificou. Uma terra inteira de pessoas como eu, elas mesmas sendo condutores de uma magia que jamais quiseram. Não me surpreende Rares ter dito que Paisly está a salvo de Angra.

Inclino o corpo para a frente, animada.

— Então você pode impedir Angra. Paisly pode reunir um exército e derrotá-lo em questão de...

O olhar de Rares me cala.

— Embora cada paisliano seja um condutor, não restaram muitos de nós depois da guerra. Por isso assumimos esse tipo de abordagem: por toda Primoria, nossos membros estão esperando por um possuidor de condutor cujas metas se alinhem com as nossas. A Ordem está montando uma defesa, mas as forças de Angra incluem os exércitos de pelo menos três reinos agora, cada soldado imbuído da magia dele. Poderíamos muito bem detê-lo nas montanhas de Paisly, mas não estamos em número suficiente para derrotar a ameaça sozinhos. Mas nós a ajudaremos. A Ordem pode até acreditar que a magia não tem lugar em Primoria, mas as circunstâncias nos tornaram especialistas nela. Ensinaremos você a controlar a magia para que possa usá-la da forma como planeja, para pegar as outras chaves do abismo de Angra e destruir toda a magia.

Meu coração quase salta para fora do peito.

— Você sabe sobre isso também?

Rares sorri com tristeza, o fogo refletindo um brilho amarelo nos olhos escuros dele.

— Ser parte da mesma magia permite uma conexão mental. Tocar outro condutor intensifica a reação... você já vivenciou isso pelo contato pele a pele com outros possuidores de condutores. Mas condutores realmente fortes podem acessar pensamentos e memórias sem toque físico, até que o indivíduo seja capaz de confiar na própria magia o suficiente para usá-la o tempo todo, para bloquear essas intrusões. Aliás, de nada, por eu ter tirado Angra de sua mente. Algum dia você vai precisar fazer isso sozinha, mas por enquanto, ele não consegue acessar seus pensamentos.

Toco minha têmpora.

— Espere... Angra conseguia ouvir meus pensamentos antes que eu soubesse que ele estava vivo?

— Sim.

Levo as mãos à cabeça e sou tomada por uma náusea que me derruba para a frente. Ele poderia ter ouvido qualquer coisa — todos os meus planos, todas as minhas frágeis tentativas de impedi-lo. Não tinha nada a ver com ele ter me tocado. Angra poderia ter falado comigo *sempre que quisesse*. Com quem mais poderia fazer isso?

Mas eu sei. Ele fez isso com Theron — poderia fazer isso com qualquer um que não estivesse ativamente protegido da Ruína por magia pura de condutor.

Olho com raiva para as chamas à minha frente.

— Então você o afugentou por mim? Mas *como*? Não sou paisliana, e a magia de Paisly só deveria afetar seu povo.

— As regras da magia são diferentes para condutores humanos — diz Rares. — Eu não poderia afetar um inverniano normal, mas você está cheia da mesma magia que percorre meu corpo. Estamos ligados, e tenho certeza de que você também já descobriu que está conectada a outros possuidores de condutor. Embora os Condutores Reais tenham sido criados para obedecer apenas a certas linhagens, a magia que possuem no fundo é a mesma, e, sendo assim, todos os possuidores de condutores estão conectados. Sinto muito pela perda de consciência, mas sua resistência aumentará. Você só ficou apagada por umas três horas, não foi tempo o bastante nem para que eu a carregasse para fora de Ventralli.

Olho para Rares boquiaberta. Desperdicei três horas *dormindo*.

Qualquer coisa poderia ter acontecido durante esse tempo. Mather e os invernianos poderiam ter saído com segurança de Rintiero — ou tudo que temo poderia ter acontecido. E não só isso, mas se vamos para Paisly, a viagem levará semanas — cada momento que desperdiçamos é outro momento que a presença de Angra no mundo se expande.

E eu nem sequer sei qual é o plano dele. Não sei o que pretende fazer a seguir, quem matará, que reino quer destruir primeiro...

Um gosto metálico toma conta de minha garganta por conta da ansiedade. Fica impossível engolir, respirar ou fazer qualquer coisa a não ser encarar Rares conforme a dor latejante na minha cabeça retorna.

Não podemos perder tempo.

— Você disse que me ajudaria a pegar as chaves dele — me forço a dizer. — Com todo o conhecimento da Ordem, você deve ter perguntado à sua magia como destruí-la também. E a resposta deve ter sido a mesma que você me deu, certo? Sacrificando um condutor e devolvendo-o ao abismo?

Rares assente, devagar.

— E você vai me ajudar a pegar as chaves de Angra — repito. — Vai *me* ajudar a destruir toda a magia. Então...

Lembranças surgem em flashes na minha mente. O abismo e seus dedos elétricos e destruidores, possuidores de uma magia que só pode habitar objetos. Quando as pessoas tentaram deixar que essa magia as tocasse, ela as incinerou completamente, como um raio.

Minha ansiedade é substituída por pesar quando o olhar de Rares não desvia do meu.

— Não há outra forma de destruir a magia — sugiro, e as palavras vindas de algum lugar profundo dentro de mim, algum lugar dormente. — Você vai me ajudar a morrer.

Isso faz com que Rares solte a faca e a pedra de amolar. Ele se apoia sobre as mãos e os joelhos e se aproxima de mim, perto o bastante para que eu consiga sentir a seriedade irradiando dele com a mesma certeza com que sinto o calor do fogo ao nosso lado.

— Durante quase dois mil anos, meu povo viveu em um estado de arrependimento pelo que a Ordem fez a Paisly — conta Rares. — Quando pudemos usar nossa magia para descobrir como destruí-la, percebemos que precisaríamos pedir que cada paisliano voluntariamente se atirasse no abismo. Somos *todos* os condutores de Paisly agora. Sendo assim, viemos observando em segredo os governantes do mundo em virtude do nosso elo com a magia deles, escondendo o que sabemos a respeito dos verdadeiros limites dos condutores de qualquer um que buscasse abusar deles, esperando que um governante chegasse à mesma conclusão a que tínhamos chegado: que a magia é perigosa demais. Esperávamos, é claro, que esse monarca só precisasse atirar o objeto condutor dele no abismo. Mas você é a primeira possuidora de condutor em séculos que decidiu que a parte negativa da magia supera qualquer benefício. Nem mesmo sua mãe buscou tal coisa.

Encolho o corpo à menção de Hannah, esperando a voz dela em minha mente de novo — mas não há nada. Ela se foi. E isso parece muito mais libertador do que deveria.

Mesmo quando Hannah tentou me ajudar, ela nunca *me* ajudou de fato — estava apenas buscando consertar os próprios erros. E agora, olhando para Rares, à espera de ver nele alguma outra emoção além da estranha mistura de remorso e ansiedade, tudo que vejo é uma porta. A mesma porta para a qual Hannah me guiou, uma que leva para longe de um mundo de caos e de dor, controle e destruição.

Mas, diferentemente de Hannah, Rares está disposto a me ajudar a entender tudo isso. Ele pode me ajudar a controlar minha magia para que eu tenha uma arma mais eficaz quando enfrentar Angra para pegar as outras duas chaves do abismo. Rares e o povo dele tiveram séculos para estudar a magia que possuem — talvez possam me ajudar a chegar a um estado em que meu medo se transforme em determinação.

— Tem certeza de que me contar tudo isso é uma boa ideia? — pergunto. — Não quer esconder de mim para evitar que eu entenda algo errado e acabe falhando?

Rares coloca a mão em meu ombro, uma pressão firme que me assusta.

— Você não é o que fez. Neste momento, você é quem escolhe ser.

— Quem escolho ser — repito. — Ultimamente tenho sido incapaz de fazer as escolhas certas. Deixei todos com quem me importo no calabouço de Rintiero. Desperdicei três horas. Eu...

Rares ergue a mão, dobra o dedo e me dá um peteleco na testa.

Levo a palma da mão ao ponto dolorido.

— O que...

Mas ele agita o dedo agressor contra mim.

— Considere esta a primeira lição em meu ensinamento sobre como reunir sua magia completamente: não aceitarei tais observações a respeito da pessoa que nos salvará, principalmente vindas da própria pessoa.

— Como isso pode ser uma lição? — digo, com a voz esganiçada.

— Da próxima vez você vai pensar duas vezes antes de tentar ser dura demais consigo mesma. Agora, já que começamos nossas lições, vamos seguir para a de número dois, está bem?

Abaixo a mão.

— E quanto a todos que ficaram em Rintiero? Podemos descobrir o que aconteceu com eles primeiro? E se Angra...

Não consigo terminar a pergunta.

Rares semicerra os olhos.

— Angra não encontrou seus amigos em Rintiero. Pelo menos não todos eles. Se seus aliados estivessem sob o poder dele, Angra não se incomodaria em tentar nos encontrar. Simplesmente os mataria e deixaria que você o procurasse para se vingar.

Tudo a respeito disso me deixa ansiosa.

— O quê? Como você sabe? E... espera aí... Ele ainda está nos rastreando? Achei que você o tivesse bloqueado?

— Bloqueei a entrada dele em sua mente, mas a magia de Angra ainda vasculha o mundo em busca de nós. Quando chegarmos a Paisly devemos estar completamente a salvo das intrusões dele, a Ordem mantém uma barreira. Agora. — Rares emite um estalo com a língua como se estivesse se punindo por me deixar imersa em preocupações, então pega uma folha do chão ao lado dele. — Lição dois. — Rares coloca a folha na palma da mão. — Erga esta folha no ar. Sua magia permite que afete qualquer coisa ou indivíduo no mundo. Como fez em Putnam, quando não tão graciosamente atirou seus guardas.

Conall e Garrigan. Eles foram arremessados no ar em virtude do meu desespero para que se afastassem de mim. Ironicamente, tudo isso para que eu não usasse minha magia contra os dois.

— Eram invernianos — digo. — Mas eu não deveria ser capaz de afetar pessoas ou objetos não relacionados a Inverno.

Mas eu *afetei* algo não relacionado a Inverno — em Verão, quando entrei em pânico no telhado do complexo do palácio e fiz nevar.

— Normalmente, Condutores Reais só têm magia o suficiente para fazer coisas como cultivar plantações ou fazer chover em momentos de seca — explica Rares — e mesmo então, apenas nos respectivos reinos. Mas *ser* um condutor estende esse limite. Como já viu pelo contato pele a pele com outros possuidores, você *é* magia, então está conectada de uma forma mais ampla. Isso permite que você afete outras terras também. Não outras pessoas que não estejam conectadas com seu reino, a não ser que elas tenham conexões mágicas também, mas objetos. Permite que você manipule o que...

— Não — disparo. — Não vou *manipular* nada.

— Não quis dizer manipular como um ato maligno que pode alimentar a Ruína. Esta folha — Rares a agita — não sabe nada sobre bem ou mal. Um ato maligno ocorre apenas quando interfere com a habilidade do outro de fazer a própria escolha e, portanto, resulta em dor, tristeza, medo ou afins. Assassinato, por exemplo. Quando alguém é morto e, portanto, privado da habilidade de escolher viver.

Olho para ele, boquiaberta.

— Então quando atirei Conall e Garrigan...

Pela neve, *não*. Será que sem saber fiz algo que alimentou a Ruína?

— Seus guardas exalavam lealdade a você — diz Rares. — O que fez com eles não interferiu com a habilidade de tomar as próprias decisões. Eles teriam escolhido fazer qualquer coisa que pedisse a eles. Eles devem ter ficado com alguns galos e hematomas, certo? Mas, de novo, foi algo que aceitaram de bom grado, por mais que inconscientemente.

Isso faz surpreendentemente pouco para aliviar meu horror.

— Erga a folha — insiste Rares. — Não deixarei que perca o controle.

Felizmente, desde o colapso mais cedo, minha magia permaneceu quieta e não estou com pressa de despertá-la.

— Eu conseguiria continuar controlada se a magia na mina Tadil não tivesse feito algo comigo. Sempre que me abro para minha magia, ela jorra de mim, e eu...

Rares me impede bufando.

— A barreira de magia a teria machucado, mas não teria afetado sua magia dessa forma. Magia tem tudo a ver com escolha, e em algum lugar da sua mente, mesmo que fosse uma pontada ínfima de desejo ou pânico ou preocupação, você queria todas as coisas que fez.

Emito um ruído, como se as palavras dele tivessem feito um buraco em minha barriga.

— Isso tudo... fui eu?

A mão de Rares permanece firme.

— Essa será outra lição. Para a de agora você só precisa olhar para esta folha e querer erguê-la no ar.

Minha mente lateja com as revelações e estremeço, esfregando os braços. Cada minuto que passa queima minha pele como as faíscas da fogueira. Precisamos *partir* — precisamos chegar a Paisly para que eu possa obter qualquer que seja a ajuda que a Ordem possa oferecer. E então voltar, pegar as chaves com Angra, alcançar o abismo de magia e salvar a todos.

Para que eu possa morrer.

Trinco os dentes quando Rares me encara.

Quando enchi Sir de força em Gaos, quando bloqueei Hannah de falar comigo, quando fiz nevar em Juli, quando atirei Conall e Garrigan — nada disso foi por querer. Isso é por querer — e quero que esse pedaço enrugado de vegetação acerte a cara de Rares.

Um calafrio vibra em meu peito e só tenho tempo de piscar antes que a folha saia voando até Rares e o acerte bem na testa.

Levo as duas mãos à boca.

Rares sorri quando a folha flutua até o colo dele.

— Acho que mereci isso — admite ele. — Mas agora você vai entender melhor o resto de nossa jornada.

— Como assim?

Rares fica de pé com um salto e chuta areia para a fogueira. As chamas se extinguem com um chiado, deixando nós dois nas sombras. Mal consigo distinguir Rares estendendo a mão para mim.

— Porque será exatamente como isso que você acabou de fazer, mas em maior escala.

Fico tão aliviada por partir que aceito a mão dele.

Rares me puxa de pé, mas não vejo nada. Não apenas isso — *não consigo* ver, pois assim que fico de pé, a floresta evapora em escuridão, a umidade quente é substituída por um frio gélido, a brisa delicada por um vento fustigante e congelante. Fico sem ar diante da atmosfera subitamente rarefeita e tudo que sei, além do choque que sinto, é que não estamos mais em Ventralli.

Rares está nos *movendo*. E não apenas levemente para cima e depois para baixo — sinto a distância que estamos percorrendo com a mesma certeza que tenho noção da escuridão a nossa volta. Um rompante de magia nos conduz em espiral, o ar se acende com uma eletricidade que fere minha pele. Meu coração se aloja tão apertado na garganta que me pergunto se algum dia voltará à posição original; as palmas de minhas mãos estão tão escorregadias de suor que temo perder o toque da mão de Rares e descer girando rumo ao nada.

Rares deve ter sentido meu terror, pois me envolve com os braços. O silêncio por estarmos suspensos seja lá onde for, o fato de estar na segurança de braços fortes e protetores, leva minha mente até a última vez em que alguém me envolveu dessa forma — Sir, na visão cruel de Angra, meses antes. Quando me ajoelhei no chão do chalé em Inverno e ele me abraçou e tudo estava perfeito.

Não, tudo não estava perfeito. O verdadeiro Sir jamais me abraçaria daquela forma. *Dessa* forma.

Trêmula, cambaleio para trás quando retornamos à terra firme. Não estamos mais na floresta — é uma caverna. Atrás de mim, uma luz laranja dança.

Esses detalhes são registrados por minha mente quando tudo em meu estômago sobe para a garganta e curvo o corpo para a frente, vomitando.

Rares se agacha ao meu lado.

— Você lidou melhor do que eu lidei na minha primeira vez. Vomitei, desmaiei, acordei e vomitei de novo, tudo isso antes de sequer chegar a meu destino.

Vomito mais uma vez.

— Não estou tão longe de desmaiar.

Rares pega meu cotovelo.

— Vamos colocar você de pé, então. Não há tempo para inconsciência aqui.

As palavras de protesto que balbucio não são ouvidas, e assim que estou na vertical, Rares se vira, apontando para o túnel.

— Não dá para ver, mas ele dá para o vale mais amplo no limite oeste das montanhas Paisel. Poucos conhecem este caminho, mas o túnel corta pelas montanhas até Paisly. Tomando outra rota, a viagem é de duas semanas. Este atalho era meu plano B caso você não tivesse conseguido entender o conceito da folha em movimento, mas graças à nossa afortunada magia você conseguiu, porque eu *odeio* viajar, mesmo que apenas por alguns dias. A única coisa a respeito de ser um condutor de que vou sentir falta é a facilidade de transporte.

— Você usou magia para nos trazer voando até Paisly? — Contenho mais uma onda de náusea. — Quem mais é capaz de usar magia assim?

Mas sei a resposta antes que Rares me olhe.

— Como eu disse, Paisly mantém a barreira erguida para evitar a invasão de qualquer magia externa. O único forasteiro que pode usar a própria magia para viajar é Angra, pois, assim como nós, ele é um condutor. Contudo, ele só pode usar essa habilidade nos cidadãos de Primavera ou em si mesmo. Não é tecnicamente um aspecto da Ruína, a não ser que ele pretendesse ferir alguém com isso. Basicamente, Angra seria um tolo de usar isso, pois não pode transportar o exército inteiro dele. Isso, mais a barreira, indica que você está a salvo aqui.

De novo, a explicação de Rares não faz muito para apaziguar meu terror. Mas faço que sim, aceitando.

Rares franze o rosto.

— Enfim. Ainda não estamos exatamente em Paisly.

Ele se vira. Atrás de nós, um homem está de pé sob o brilho das tochas. A exaustão faz meus braços e pernas estremecerem, mas prendo os polegares às alças do coldre vazio do chakram.

Rares acena para o homem.

— Alin, Meira... Meira, Alin.

Alin inclina a cabeça para mim, mas se vira para encarar uma muralha sólida de rocha: o fim do túnel.

Quando Alin apoia a mão contra a muralha, Rares se inclina para mim.

— Ele é um soldado hierarquicamente abaixo de mim na Ordem. Não se preocupe; posso evitar que ouça seus pensamentos. Esta entrada está sob minha guarda há... bem, desde sempre. O reino se estende por um vale, o que torna o controle de quem vai e vem uma posição de muito respeito.

Meus olhos se arregalam quando Alin empurra a muralha, fazendo com que se mova. Como Conall e Garrigan quando os atirei; como a folha na palma da mão de Rares; como nós disparando de Ventralli até o túnel. O que antes era um sólido beco sem saída aos poucos se transforma para revelar — Paisly.

A noite envolve a área, mas graças à lua, consigo ver o castelo cinza que está logo abaixo dessa entrada e, ainda mais longe, uma cidade envolta em sombra. Mesmo a silhueta de picos distantes no horizonte é visível, um contraste de escuridão contra o céu mais pálido, cinzento.

Rares e Alin dão um passo adiante, conversando no penhasco do outro lado da entrada, dando a oportunidade muito necessária para que eu descanse sozinha na caverna.

Meira.

Meu coração para subitamente.

Rares retirou a proteção que tinha colocado em minha mente? Ele disse que a Ordem mantinha uma barreira em torno de Paisly, para que Angra não pudesse me alcançar aqui.

Olho para o chão da caverna e então para Rares do lado de fora, uma pedra parece afundar em meu estômago.

Não estou em Paisly ainda.

Meira

Rares olha de volta para mim franzindo a testa quando corro para a entrada. Não dou dois passos antes que uma força me coloque de joelhos.

Achou que podia escapar de mim? Debocha Angra. *Jamais escapou de mim, Alteza, e jamais escapará.*

Minha visão fica distorcida, o alaranjado tremeluzente da caverna ondula e dá espaço à escuridão total. Luto contra ela, vejo relances de Rares e Alin correndo de volta para mim, intercalados por Angra se materializando na escuridão de minha mente, seu rosto contorcido em um grunhido.

Em meio ao terror, um pensamento esclarecedor surge da explicação anterior de Rares: *"Ser parte da mesma magia permite uma conexão mental. Tocar outro condutor intensifica a reação.."*

Ignoro tudo ao redor — Rares e Alin gritando, a magia de Rares formigando em minha pele — e vejo apenas a imagem de Angra na mente. Ele está ali, inteiro, me observando das sombras.

Sem considerar as implicações, estendo a mão e agarro o pulso de Angra.

O choque é nítido no rosto dele. Talvez ele não esteja aqui fisicamente, mas está em minha mente, e eu o estou tocando.

Uso essa pequena oportunidade para vasculhar a mente dele. Quero saber tantas coisas — se pegou meus amigos; o que ele obrigou Cordell a fazer com Inverno; qual é o grande plano dele...

Sinto a última pergunta se conectar, e todas as outras sensações se dissipam ao meu redor.

Um Angra jovem está agachado nos corredores do palácio de Abril, com a cabeça de uma mulher no colo, o sangue dela mancha a obsidiana.

Já vi isso antes — ou melhor, vi a lembrança que Theron tinha disso, uma das coisas que Angra compartilhou com ele enquanto era prisioneiro em Primavera.

No colo de Angra, os lábios da mãe dele estremecem.

— *Por favor* — *geme ela.* — *Por favor, impeça-o.*

A cena muda e vejo um Angra mais velho, curvado em uma das universidades de Yakim, mergulhado em livros, então de pé em Verão, implorando ao rei deles que o ensine sobre magia, qualquer coisa que possa usar para destronar o pai. Como isso aconteceu há muito tempo, apenas os condutores menores existem, e para cada condutor que Angra usa, o pai dele tem um à altura. Mas os reinos do mundo não têm tempo de ajudar um príncipe desesperado de Primavera quando as terras deles são assoladas pela Ruína.

A solução para a Ruína surge na forma dos Condutores Reais. Angra vê o pai reunir cada pequeno condutor de Primavera e retornar do abismo com um cajado de poder supremo.

Angra tenta combater o cajado. Sangue e socos e magia pelos ares, e a cada golpe ele rasteja para longe parecendo um amontoado de sangue. O pai de Angra é poderoso demais agora — mas é orgulhoso e burro e, certa noite, Angra o engana para que solte o cajado. Um momento é tudo de que precisa.

Mas embora caído e arrasado no chão do salão do trono, o pai de Angra ainda está vivo e Angra não pode usar o cajado até que ele esteja morto. Angra não quer matar o pai — não, ele quer que o pai sofra primeiro. Mas como, se Angra não tem magia própria?

A Ruína. Os outros Condutores Reais a enfraqueceram, mas ela está forte o bastante para infectar um homem triste e arrasado.

Angra mantém o pai vivo a princípio. Mas em breve a Ruína precisará alimentar-se de magia e então Angra mata o pai em um banho de sangue que é uma demonstração gloriosa de vingança.

O cajado se conecta a Angra e a Ruína se une a ele. Angra se regozija com o poder que ele e a Ruína acumulam ao longo de décadas de controle.

A partir disso outra imagem se desdobra — o futuro que Angra quer. Um futuro em que ele tenha o controle, em que todos que se opuserem a ele se acovardem, como o pai dele se acovardou, escravos de suas emoções mais sombrias. Angra tem certeza de que será medo. Apenas medo. Ele fez isso no próprio reino, e fará isso pelo mundo inteiro.

Ele quer transformar Primoria inteira em Primavera.

Ar frio preenche meus pulmões.

Estou agachada no penhasco do lado de fora da entrada da caverna, os dedos enterrados na beirada. Rares e Alin estão ajoelhados de cada lado, com as mãos nos meus ombros. Luto violentamente para respirar.

— Meira — diz Rares. — Desculpe. Retirei a proteção cedo demais...

— Não. — Sacudo a cabeça, incapaz de controlar a respiração. — Eu... fico feliz por isso.

Rares me encara, incrédulo. Fico ali, buscando uma explicação, até que percebo que não preciso explicar nada.

Em vez disso, me viro na direção dele e aperto a mão de Rares, desejando que ele se abra e veja o que vi.

Rares fica sentado ali, e só consigo decifrar de sua expressão sombria um terror antigo. Rares vira a mão e aperta meus dedos, depois volta o olhar para Alin.

— Fique a postos — diz ele. — Se alguém se aproximar... *qualquer pessoa*... me avise imediatamente.

Rares se levanta com um salto e dispara para baixo em uma trilha sinuosa sulcada na montanha. Fico de pé com dificuldade enquanto Alin retorna à caverna, a muralha se fechando atrás dele com um sopro de ar.

— Espere! Vamos ficar aqui? — Corro atrás de Rares. — Agora já sabemos o que Angra quer, precisamos avisar a todos...

— Com que propósito? — Rares não para, nos forçando a chegar mais perto do leito do vale. — Ainda pretende enfrentá-lo, não é? Isso só faz com que nosso treinamento seja mais urgente. Agora que sabemos o que Angra fará pelo mundo, e que ele sabe que você sabe, você será um alvo ainda maior depois que ressurgir. — Agora Rares para, virando-se para me encarar. — O que torna ainda mais imperativo que você saia daqui o mais preparada possível. Não é?

Fecho os lábios com força. As batidas de meu coração parecem fazer um buraco no peito, e embora minha reação inicial seja gritar com Rares, me obrigo a processar o que ele disse, cada palavra.

— Sim — admito. Mas odeio isso, e a mim, e a ele, tudo isso, tudo que impede que eu possa ajudar as pessoas com quem me importo. Mas *isso* os ajudará.

Se não ajudar, Angra vai me matar, e qualquer chance de livrar o mundo da magia dele desaparecerá. Angra vai espalhar o controle dele por cada reino em Primoria como já começou a fazer em Ventralli. Eu vi como aquele reino começou a mudar depois de uma única noite sob domínio de Angra. Quanto tempo levaria para conquistar o mundo?

Passo por Rares em disparada, com passos pesados. Abaixo está o castelo, com estilo semelhante ao do castelo Langlais de Yakim. Pedras cinzentas estão aninhadas uma ao lado da outra, sua superfície lisa graças aos séculos de existência; se o ângulo da lua for propício, janelas de vidro refletem seus raios. No canto superior direito da muralha, uma bandeira oscila, o fundo avermelhado exibe uma montanha sob um raio de luz.

O símbolo da Ordem dos Ilustres.

— Por que vocês se intitulam a Ordem dos Ilustres? — pergunto.

— *Lustrar* significa purificar por sacrifício — explica Rares. — Nós achávamos que éramos nobres nesse sentido, por estarmos dispostos a sacrificar a magia para sustentar a pureza do nosso reino.

Cruzo os braços.

— Sacrifício — repito. Não consegui mais dizer essa palavra desde que descobri que é isso que a magia requer. Mas, ao dizê-la agora, ao sentir cada letra sair aos tropeços da boca... não sinto nada. Mas preciso sentir, não é? Precisa ser um sacrifício voluntário. Precisa ser algo que eu *quero*.

Mas só consigo pensar em algumas coisas que quero de verdade. Estar de volta a Inverno, aconchegada com Mather e Sir e Nessa e todos que amo; brandir chakram contra alguma coisa diversas vezes até que meu coração não doa mais.

Rares para subitamente. Consigo ver os olhos dele sobre mim ao luar, e a suavidade neles parece quase empatia.

— O desejo não é fraqueza — diz ele. O portão de ferro sólido na muralha começa a ranger e se abrir. — O desejo é uma motivação. Uma meta. O que seríamos sem desejo? Vazios, eu acho.

A boca de Rares permanece aberta enquanto ele me observa, vendo através de mim.

— Sei que foi uma viagem longa. Mas... acho que vai precisar falar com ela antes de descansar.

Franzo a testa.

— Ela?

Assim que faço a pergunta, uma porta se fecha dentro do complexo. Rares me chama.

As paredes cercam um complexo iluminado por lanternas. Estábulos e um ringue de treinamento ocupam a direita, um jardim preenche a esquerda — e diante de nós, correndo para fora do castelo, vem uma mulher da idade de Rares, com um longo cabelo preto preso em dezenas de tranças que oscilam e se chocam, miçangas pendendo das pontas e penas oscilando no centro. Ela usa um robe cor de rubi, com o decote e os punhos adornados com espirais douradas. Por baixo há uma saia com uma fenda nos joelhos, por onde se vê de relance botas marrons e calça bege que aparecem ainda mais quando ela segura o robe para correr mais rápido.

— Você chegou! — grita ela. Antes que eu possa protestar, a mulher me abraça, me esmagando contra o peito. Ela tem cheiro de tecido desgastado que secou ao sol, de canela e tomilho e outras ervas menos familiares. E quando recua, os olhos dela brilham e não consigo conter um sorriso. Algo a respeito dela reúne essas características. Algo antigo e brilhante.

Rares envolve o pescoço dela em um abraço.

— Uma bela primeira impressão, querida.

— Ah, eu não assustei você, assustei? — pergunta ela, com os olhos suplicantes.

Faço que não com a cabeça.

— Você é de longe a coisa menos assustadora que encontro há um tempo.

Ela gargalha e dá um beijo em Rares. Depois de um momento bastante longo e esquisito em que me pergunto se eu deveria me ausentar enquanto eles se reencontram, Rares se vira para mim.

— Desculpe, coração... Meira, esta é minha mulher, Oana.

Oana puxa a manga larga do robe até que envolva a mão dela e só então a oferece para mim. Encaro a mão, o tecido cobrindo-lhe a pele.

Ela se espanta.

— É uma formalidade em Paisly. Pode ser bastante intrusivo se alguma das partes não for capaz de bloquear a mente. Se preferir, não precisamos...

— Não, tudo bem. — Coloco a mão na dela. — Perfeito, na verdade.

Oana deixa o aperto de mão se estender por mais tempo que o normal, os olhos dela percorrendo cada trecho de meu rosto.

— Você é linda, querida.

Eu me desvencilho dela.

— Hã... obrigada.

— *Agora* você está assustando a garota — diz Rares, rindo.

Oana dá um tapa no marido.

— Besteira... toda mulher gosta de ouvir o quanto é linda. Achei que depois de séculos casado você saberia disso.

Olho boquiaberta para eles. Devo ter ouvido errado.

— Não achou que Angra fosse o único com o dom da longevidade, certo? — pergunta Rares.

Observo o rosto dele, e então o de Oana.

— Vocês não podem ter mais de cinquenta anos.

Rares dá um risinho.

— Sigo um regime de beleza rigoroso.

Quando não respondo, ele suspira.

— Magia, em qualquer das formas mais poderosas, a Ruína ou *ser* um condutor, preserva o hospedeiro. A morte ainda pode encontrar aqueles que são especialmente inconsequentes, e sim, nós envelhecemos, mas bem devagar. Quase imperceptivelmente. O que foi bem divertido nos primeiros séculos, mas...

— Mas eu envelheço normalmente — exclamo.

— Faz pouco tempo que você acessou seu poder. Sua magia estava dormente até que tivesse consciência dela.

Fico mais uma vez maravilhada com a facilidade com que Rares oferece tudo isso. Sir teria me feito brigar com ele durante *meses* para obter esse tipo de informação.

Mas estou muda de choque. Rares é como Angra. E esse também será meu destino, agora que despertei minha magia do estado dormente em que esteve durante minha infância. Embora a ideia de jamais morrer seja um alívio glorioso, as consequências também me atingem.

Eu poderia ver todos que amo morrerem. Poderia cair nas mãos de Angra e ele me torturaria *para sempre* com qualquer que seja o destino terrível que desejar.

Rares inclina a cabeça sem tirar os olhos de mim.

— Por isso, antes de continuarmos com qualquer treinamento, insisto que fale com Oana. Nem mesmo o melhor professor do mundo consegue fazer uma lição ser absorvida se você não estiver pronta. Vá com ela. Ela ajudará você. Considere a lição número três, e, de verdade, pense nela como uma das mais valiosas.

Sinto um aperto no peito. Cautela.

— Sobre o que vamos conversar? Magia?

Oana sacode a cabeça.

— Não, querida. Sobre *você*.

Eu. Vamos desperdiçar tempo falando sobre *mim* quando...

Trinco o maxilar para evitar olhar para a parede e, além dela, para a guerra que nos aguarda. Há tantas perguntas, tanto a aprender — mas o que eu esperava? Passar algumas horas conversando com Rares e sair dali uma rainha completa, forte, capaz de liderar uma ofensiva vitoriosa contra Angra? Isso seria fácil demais.

E sei o que acontece quando rainhas invernianas fazem as coisas às pressas.

Respiro fundo e concordo. Preciso fazer isso. Mather manterá todos a salvo e meus aliados manterão Angra afastado enquanto eu mesma me torno mais capaz, mais habilidosa em controlar minha magia. Assim, ao enfrentar Angra, poderei obter as duas últimas chaves derramando o mínimo de sangue possível, e impedirei essa guerra antes que tenha a chance de ceifar mais vidas.

Oana me oferece o braço, e eu aceito. Ela se certifica de envolver a mão na manga antes de apertar forte meus dedos e então me leva por uma trilha na direção do castelo.

— Fico feliz por você estar aqui, Meira — diz Oana. — Não temos muitos visitantes.

Parece que ela é grata por mais do que minha iminente destruição da magia. A forma como me olha me faz sentir... apreciada. Valorizada.

Quero pressioná-la para obter mais informações, mas Oana gesticula com a mão para as portas e o castelo se abre para nós.

Dentro, o frio das pedras alivia parte da tensão em meus músculos. Candelabros pendem a cada poucos passos, projetando uma luz amarelo-esbranquiçada em uma decoração tão calorosa e selvagem quanto o estilo de Oana — toques de castanho-escuro e mobília de madeira confortável. Salas se abrem a partir desse corredor, e Oana para diante de uma, o estalar de nossos sapatos cessando com um silêncio repentino.

Percebo então — não há sons aqui dentro. Nenhum criado se apressando com afazeres; nenhum soldado marchando em treinamento.

Oana sorri para mim.

— Não temos muita serventia para os criados em Paisly. — Ela acena na direção do candelabro mais próximo, e, enquanto observo, Oana usa magia para fazer a chama das velas diminuir e então ganhar vida.

Meu choque não é tão intenso quanto foi antes. Mas fica maior quando vejo os olhos de Oana.

Não perguntei sobre a falta de criados.

Oana hesita antes de tocar a maçaneta e ergue o olhar sob os cílios pretos e espessos.

— Rares só consegue bloquear seus pensamentos quando está com você, querida. Ninguém pode invadi-la pela barreira de Paisly estando longe, mas de perto...

Meus olhos se arregalam quando percebo o que ela quis dizer. Isso é parte da lição três? Oana vasculhando minha mente?

Pela neve, espero que não.

Oana abre a porta. Cinza e frio, o quarto tem uma cama de colchão irregular com uma grossa colcha violeta, um baú encostado à parede e uma mesa amassada sobre a qual há pratos que me deixam fraca de fome.

— Presumi que preferiria um quarto sem lareira. O frio pode incomodar os outros, mas para você é aconchegante, certo? — Oana enruga o nariz com um sorriso sábio. — Coma, por favor.

Não preciso de mais incentivos. Duas cadeiras estão à mesa, e quando me sento em uma delas, temo jamais conseguir me levantar. Meus braços tremem quando os estendo para o prato mais próximo, a fome, o estresse e o cansaço me percorrem.

Oana puxa a outra cadeira, mas não se senta, fica de pé diante dela, de mim, enquanto tomo um ensopado grosso de uma caneca de madeira rústica.

Limpo a boca com o dorso da mão.

— Então... o que é essa lição?

Oana sorri suavemente, os ombros se curvando para frente.

— Só vai conseguir controlar sua magia se primeiro tiver controle sobre si mesma. Como tenho certeza de que aprendeu, a magia está ligada às suas emoções. Se elas estiverem instáveis, sua magia será instável também. Vou ajudá-la a alcançar um estado de aceitação e, sobretudo de prontidão para receber o treinamento de Rares.

Era isso que eu temia, penso, então encolho o corpo. Ela ouve esse pensamento e novamente lança aquele olhar, como se eu fosse uma pepita de ouro minerada das montanhas Klaryn.

— Espero, por meio disso, que consiga ver o quanto você é incrível — sussurra Oana.

O olhar, as palavras de Oana — subitamente tudo isso parece criar uma corda em volta de meu pescoço. Eu *sei* que estou aqui para salvá-los da terrível existência de serem todo-poderosos e, aparentemente, imortais; eu *sei* que estou aqui para que possam me contar sobre magia e o abismo e me ajudar a morrer.

Não basta? Ela precisa me fazer sentir ainda mais como um sacrifício, intocável e desumanizada? Precisamos mesmo vasculhar o que tenho por *dentro*?

Oana dá um passo adiante.

— Não foi por isso que...

Solto a caneca na mesa e me curvo para frente, com as mãos sobre a cabeça.

— *Pare*.

Ela não se move.

— Não se segure, querida. Por que isso é algo que teme?

Contenho um riso com as mãos, é metade gargalhada, metade uma súplica silenciosa.

Tenho medo de quebrar.

Tenho mantido cada gota sobressalente de força atrás dessa porta em minha mente, aquela que contém todas as emoções que me enfraquecem. Manter essa porta fechada foi a única coisa entre um colapso nervoso e eu, mas estou cansada, a porta está ficando mais pesada e Oana não vai embora.

Mas essa lição é sobre *mim*. Não podemos seguir para as próximas, aquelas que me ajudarão a controlar minha magia, até confrontarmos esta. Maldito seja Rares, mas sei que ele está certo.

Não posso enfrentar Angra se metade da minha força for sempre empregada para me conter.

Então abro a porta e deixo que tudo saia aos tropeços.

Jamais deveria ter confiado meu reino a Noam. Deveria ter visto a queda de Theron, mas o afastei de minha vida — e por mais que devesse, não me arrependo. Não consigo me lembrar de como era amar Theron sem complicações.

Lembro-me de amar Mather. Minhas lembranças dele são nítidas e claras, penso em como — independentemente do que tenha acontecido, de quem tenha morrido, dos males que enfrentamos — ele sempre esteve no pano de fundo da minha vida.

Nessa — ela cresceu em uma jaula de Angra; o quanto estaria apavorada por estar em uma jaula novamente sob o controle dele? Eu não tinha direito algum de abandonar Nessa ou Conall, especialmente depois de... Garrigan. Ele cantava para Nessa dormir quando ela acordava gritando dos pesadelos. Ele me protegeu com a mesma devoção que mostrou à irmã. Não merecia morrer.

Mas nada neste mundo acontece de acordo com o merecimento das pessoas. Coisas horríveis acontecem sem causa ou explicação, deixando seu rastro de horror e arrebatamento. As pessoas tomam decisões sem pensar nos resultados — simplesmente agem e disparam rumo à escuridão, sem jamais admitir seus erros, sem jamais pedir desculpas por *me fazer ser morta*.

Hannah. *Hannah.*

Pela neve, eu a odeio tanto, e odeio acima de tudo o fato de ela ter me feito odiá-la. Ela era minha mãe — deveria ter me amado. Deveria ter feito centenas de outras coisas que não fez, e agora ela é apenas um dos muitos pedaços do meu coração que doem quando toco.

Oana se ajoelha diante de mim.

— Meira, querida...

Mas estou perdida demais agora. Acho que não estou mais na cadeira, mas sim enroscada no chão com as mãos sobre a cabeça e lágrimas descendo pelo rosto.

E agora sei exatamente como será o mundo se eu fracassar. Eu suspeitava do tipo de mal que Angra libertaria, e lembro bem das ruas de Abril, de como estavam completamente vazias, todos acovardados exceto os soldados, que empunhavam poder como cães acorrentados aos pés de seus mestres. Preciso impedir esse cenário, mas não quero fazer isso. *Não quero fazer isso.* Deve ser um sacrifício voluntário, entregar meu condutor para a fonte de magia. Mas será tudo em vão, porque meu último pensamento ao morrer será *Não, Hannah escolheu isto.*

Quero viver. Quero voltar para Inverno e ficar velha e... *Não quero ser usada.*

Oana segura meu queixo e ergue minha cabeça para poder olhar em meus olhos. Ela deve estar me bloqueando, porque toca minha pele, passa os dedos por minhas bochechas.

— Não queremos usar você — declara ela, com rispidez, apesar das lágrimas nos olhos. — Olhamos para você dessa forma porque é a primeira criança que temos em casa em mais de dois mil anos. Nós envelhecemos lentamente, mas nossos corpos só conseguem abrigar um tipo de força, e, portanto, a magia torna impossível a concepção. Então olhamos para você assim porque Rares e eu queremos um filho há muito tempo e porque nos deixa arrasados aquilo que precisamos ajudar você a fazer.

Meu coração dá um salto. A magia estraga isso também? Outro destino decidido por mim.

Oana força um sorriso dolorido.

— Nós olhamos para você dessa forma porque *sentimos muito*, Meira. Nos perdoe. Você merece uma vida melhor do que esta.

Hannah jamais pediu desculpas. Não tenho certeza se ela algum dia me viu como mais do que um receptáculo para realizar as coisas a que deu início. Mesmo agora, faz tanto tempo desde que falei com ela. Parte de mim *escolheu* não falar com ela, porque sei o que sou para Hannah. Não uma filha... um condutor.

Sir jamais pediu desculpas. Era meu dever e eu deveria fazer o que fosse necessário. Uma vez que eu sempre quis ajudar, não tinha direito de reclamar quando demandada.

Um receptáculo não merece um pedido de desculpas; um soldado cumprindo ordens também não.

Mas Oana, alguém que mal conheço, diz coisas que me fazem sentir, pela primeira vez em anos, como se eu fosse alguém que tem escolha em meio aos eventos terríveis que me cercam. Como alguém que *importa*.

Eu me agarro às suas vestes pesadas de lã, enterrando o rosto na articulação de seu braço e despejo todas as emoções que tenho segurado. Enquanto isso, Oana me segura, e sinto, em algum lugar no fundo do peito, as rachaduras começando a ser preenchidas — o formigamento leve e fresco do processo de cura.

Mather

Mather, Phil e o rei ventralliano esperavam nas sombras da passagem tumultuada. Além da porta, o caos tomava conta — ordens eram gritadas, soldados marchavam.

Mather se esforçou para captar mais trechos de conversa, gritos de protesto ou lamentos de vítimas, mas se não tivesse conhecimento do levante, teria sido assustadoramente fácil presumir que o exército de Rintiero estava apenas em seus treinamentos. Será que algum dissidente já fora subjugado?

— Raelyn estará no salão do trono — sussurrou o rei ventralliano. — A não ser que...

A voz dele sumiu, mas Mather sentiu as palavras não ditas.

A não ser que esteja assassinando minha mãe.

— Onde ela aprisionaria Ceridwen? — perguntou Mather.

À luz vinda das fendas em torno da porta, o rei ficou imóvel.

— Vou descobrir.

— Como? — perguntou Phil. — Sua esposa é assustadora. Quer dizer, ela é assustadora, *Vossa Alteza*.

— Você nem imagina. E é Jesse. — O rei desviou o olhar. — Não sou mais rei, não é?

Mather deu de ombros.

— Não é tão ruim assim, ser destronado.

— Ah, mas pelo menos a mulher que destronou você não era uma assassina possuída.

Mather gargalhou, mas aquilo apenas o fez se sentir mais vazio. Ele relaxou o corpo contra a parede.

— Não tenho ideia de para onde Meira foi — admitiu ele. Onde poderia ao menos começar a procurar por ela? Só aquela cidade era imensa. Poderiam ter ido a qualquer lugar, de barco, a cavalo ou a pé...

— Quem era o homem com quem ela foi embora? — indagou Phil.

— Não sei. Nunca o vi antes, ou ninguém como ele. Ele estava vestindo... uma túnica? — Mather ergueu a sobrancelha. — Eu nem mesmo...

— Uma túnica? — interrompeu Jesse.

— Sim, por quê?

— Nas tapeçarias — falou Jesse, com a voz hesitante —, em nosso salão de história. Foram feitas há séculos, retratos antigos do povo de cada reino. Ventrallianos usando máscaras e yakimianos com o cobre e os dispositivos e...

— Aonde você quer chegar? — interrompeu Mather.

Armaduras tilintaram quando soldados passaram pela porta oculta dele. Mather sentiu Phil e Jesse ficarem tensos.

Jesse exalou quando os passos se afastaram.

— E paislianos... de túnica. O homem tinha pele escura? Mais escura do que a dos yakimianos?

Mather assentiu, então percebeu que Jesse não podia vê-lo.

— Tinha. Ele era paisliano?

Jesse bufou baixinho.

— Não tenho ideia de por que um paisliano estaria em meu palácio, mas parece que havia um.

— Uau. — Phil assobiou, baixo e grave. — Não esperava por essa.

E Mather também não. Um paisliano levara Meira embora? Por quê?

— Não podemos nos esconder aqui para sempre — disse Mather.

Jess inclinou a cabeça para a porta, tentando escutar.

— Está livre. Venham comigo, mas fiquem escondidos... acho que é melhor se Raelyn acreditar que estou sozinho. E... e tentem o máximo possível evitar Angra.

Mather riu com deboche.

— Quase me esqueci dele.

— Ele é eficiente por causa disso — disse Phil. — Cria várias outras ameaças, tantas que a gente se esquece da principal.

Aquilo era muito verdadeiro.

Jesse não disse nada ao abrir a porta devagar. O corredor estava vazio por um breve momento, e Jesse disparou para a direita. Para não chamar atenção, Mather enfiou as armas sob a blusa: uma faca e o condutor de Cordell, aquele lembrete terrível preso ao cinto. Ele e Phil saíram depois de Jesse. Fecharam a porta ao passar e permaneceram atrás de estátuas ou outros obstáculos que os deixassem o mais imperceptíveis possível.

Mas Jesse passou despercebido. Ele recolocara a máscara na passagem, e como ninguém esperava que o rei estivesse em qualquer outro lugar que não a cela da prisão, era apenas mais um ventralliano correndo pelos corredores.

Passaram por diversos cômodos, muitos deles vazios, outros entulhados de membros da nobreza. Uma breve olhada para dentro informou a Mather que, de fato, estavam todos subjugados, acovardando-se em grupos silenciosos com soldados de pé em torno deles.

Será que Angra tinha feito aquilo com eles de alguma forma? Qualquer que fosse a causa, tornou ainda mais fácil passarem de fininho pelo palácio, pois havia poucos soldados patrulhando, nenhum dissidente significava que não havia necessidade de ampla guarda.

Pouco tempo depois Jesse parou diante de portas. O corredor era branco e estava vazio, as paredes cobertas por espelhos de moldura dourada. Mather se esquivou contra a parede ao lado das portas, com Phil ao lado. Jesse o encarou e acenou brevemente com a cabeça antes de empurrar as portas para dentro. Jesse não entrou mais do que poucos passos, para a confusão de Mather, que olhou por fora da moldura para observar a ameaça do lado de dentro.

Nos fundos do salão do trono verde e marrom havia duas cadeiras espelhadas. Em uma estava Raelyn, relaxada enquanto admirava algo nas mãos.

O condutor quebrado de Ventralli, a coroa prateada.

Jesse congelou.

— Onde está Ceridwen?

O grito dele ecoou pelo salão. Mather se encolheu, certo de que soldados viriam correndo. Raelyn sem dúvida tinha um contingente aguardando por perto. Ele xingou baixinho, já se arrependendo da decisão. Deveriam ter simplesmente ido embora, corrido para fora do palácio, para a liberdade...

Mas se fosse Meira quem Raelyn tivesse capturado, Mather estaria exatamente onde estava Jesse, por mais tolo e inconsequente que pudesse ser.

Raelyn gargalhou.

— Ah, meu caro marido, por que você pensaria que ela ainda está viva?

— Você não a teria matado tão facilmente.

Raelyn passou as pernas para frente, para se sentar com a postura ereta. Um sorriso se abriu em seu rosto, lento e indulgente, como se ela tivesse a intenção de saborear cada músculo que se ergueu.

— Você me conhece tão bem. Vamos jogar um jogo, então. O que eu faria se tivesse tomado um reino de meu marido inútil apenas para que a *mãe* desse marido inútil tentasse salvá-lo?

Mesmo antes de uma porta se abrir, Mather soube o que estava acontecendo.

Os soldados de Raelyn tinham descoberto que o rei aprisionado deles tinha mudado de lugar; tinham encontrado Brigitte nos aposentos vazios dela. E tinham levado a mulher até ali para ser morta por Raelyn.

Mather oscilou, os joelhos quase cedendo sob o corpo.

Jesse veria a mãe morrer. E não havia como salvá-la.

O peso disso intensificou a dor no peito de Mather. Ele pensou em Alysson, em uma poça de sangue manchando o vestido dela enquanto a mulher caía, inerte e sem vida, nos braços dele.

Phil estendeu o braço sobre o peito de Mather, que olhou para ele e soltou o ar. Phil sabia. Ele sabia, e estava ali, com olhos suplicantes, mas tristes.

— Seja forte — sussurrou Phil.

Mather voltou a cabeça para trás da estrutura da porta. Brigitte estava ao lado do altar, aparentando ser a dura oponente que era. Toda a atenção de Raelyn se concentrava em Jesse, que se virou para a mãe com os punhos trêmulos.

— O que eu faria, meu caro marido, já que você me conhece tão bem? — perguntou Raelyn. — Como eu recompensaria traidores? Será talvez *assim*? — Raelyn estendeu a mão, apontando para algo na entrada do salão, à esquerda de Jesse. Jesse se virou, mas Mather não conseguia enxergar nada de sua posição. O que quer que fosse, lançou um espasmo de horror no rosto de Jesse.

— O que você... — Jesse cambaleou para trás. — *Por que*, Raelyn?

— Troféus de nossa vitória. Os velhos modos de fazer as coisas estão mortos, e a Primavera chegou. E agora tenho mais um para acrescentar à coleção! Bem, mais quatro, na verdade.

Soldados entraram no salão, e antes que Mather tivesse tempo de fazer mais do que xingar consigo mesmo, ele e Phil foram puxados para o salão do trono atrás de Jesse.

Mather conseguia vê-los agora, os troféus de Raelyn. A visão fez o estômago dele se revirar.

Banhados em sombras, três homens estavam de pé entre as pilastras nos fundos do salão, e de relance parecia que eram apenas soldados a postos fora do campo de visão.

Mas estavam longe de serem soldados. Estavam longe de estarem *vivos*.

Lanças mantinham os corpos erguidos. A cabeça do rei veraniano estava inclinada para o lado, o sangue seco em seu pescoço formava um colar espesso. O condutor de Verão tinha sido removido do pulso de Simon e estava na base da lança, um troféu ainda mais proeminente. Ao lado dele, o pescoço de Noam exibia um corte menor, a marca do chakram que Theron tinha lançado. E ao lado dele...

Mather enrijeceu o corpo. Garrigan estava de pé no fim da fileira, com o chakram de Meira ainda no peito.

— Não são maravilhosos? — Raelyn suspirou. — Um pouco mórbido, sim, mas é *tão* satisfatório...

— Raelyn... — A voz de Jesse sumiu quando ele por fim percebeu que Mather e Phil tinham sido descobertos. Phil manteve os olhos fixos no chão, com os ombros voltados para longe dos troféus, e embora Mather desejasse ter o bom senso de fazer o mesmo, não conseguia.

Ele não conhecia o rei veraniano e não se importava muito com a morte dele. Noam ele odiara, e não podia negar a satisfação que sentiu por saber que o homem estava morto. Mas ninguém merecia ser exibido daquela forma, ninguém exceto talvez Raelyn ou Angra.

Mas principalmente não Garrigan.

Os olhos de Mather se fixaram no chakram no peito dele.

— Agora, quem será o primeiro? — Os sapatos de Raelyn soavam sobre o altar à medida que caminhava até Brigitte. — Você será um acréscimo maravilhoso para minha coleção, duquesa.

Jesse deu um passo ameaçador para a frente, mas um dos soldados o interceptou antes que conseguisse ir longe. Um soco no estômago que fez Jesse se curvar.

Phil sibilou em aviso, mas Mather já estava se movendo, dando um passo após o outro na direção dos corpos como se a visão o hipnotizasse.

— Pare — grunhiu um soldado, lançando o punho contra o estômago de Mather. Mather desviou, fazendo o papel do prisioneiro espantado conforme cambaleava para mais perto dos corpos.

A atenção de Raelyn se voltou para eles. Ela estava com os braços estendidos, os dedos esticados. Mather quase conseguia sentir o gosto da crueldade de Angra emanando da mulher.

O soldado marchou até Mather, que saltou o restante do caminho até Garrigan, disparando para as sombras entre as colunas, e arrancou o chakram do receptáculo ensanguentado. Tentou não pensar no rangido e na resistência da carne que se arrastou contra a lâmina. Usando a mesma energia que o alavancou até Garrigan, Mather virou para trás e cortou a bochecha do soldado, separando metade do maxilar dele do rosto.

— Não... — O grito de Raelyn foi cortado quando a velha rainha se chocou contra a mulher, lançando-a para fora do altar.

Brigitte se virou.

— FUJAM!

Mather disparou o chakram de Meira, cortando o braço e o peito dos dois soldados que seguravam Jesse. Phil se abaixou para segurar o rei ventralliano agora livre e o empurrou na direção das portas quando o chakram voltou para Mather. Mather o usou em combate corpo a corpo, cortando os inimigos para abrir caminho enquanto Phil conseguiu arrancar a adaga de um soldado e golpear para trás, agitando a mão em estocadas e golpes frenéticos. Jesse ainda olhava boquiaberto para a mãe.

— Vamos! — gritou Mather, e sacudiu Jesse com força. Raelyn poderia recuperar a compostura a qualquer momento...

Antes que Mather conseguisse piscar, Jesse tirou a máscara do rosto, partiu-a ao meio e deixou que as metades caíssem no piso de mármore manchado do salão.

— Que este seja um de seus *troféus* — sibilou Jesse, e então se virou, disparando para fora do salão. Mather puxou Phil consigo e os dois foram derrubando os guardas que restavam antes de se atirarem para o corredor e dispararem atrás de Jesse.

Segundos depois um grito cortou o ar. Jesse hesitou, perdendo o ritmo por tempo o bastante para que Mather o alcançasse, passasse o braço pelo dele e o empurrasse para a frente.

— Não deixe que o sacrifício dela seja em vão — disse Mather.

O rosto de Jesse ficou pálido.

— Vire... — Ele conseguiu dizer. — Tem uma entrada de criados...

Mather puxou Jesse para a esquerda, com Phil logo atrás, e os três dispararam para o ar frio da noite. Um caminho estreito ao longo de uma parede de pedra dava para a frente do palácio. Ali, os sons do golpe que tomava conta da cidade estavam mais altos — os gritos de inocentes ainda não subjugados ecoavam junto com os gritos de soldados, o estrondo de botas no chão e o clangor de armas se chocando.

Mather arrastou Jesse para o outro lado da parede antes de pressionar os dois contra ela, ocultos por um trecho de sombras. O pátio do palácio se estendia pela penumbra da noite e cinco soldados vigiando uma longa carruagem estavam perto de um aglomerado de tochas. A mente de Mather percorreu planos de fuga possíveis. Eles não podiam voltar para o palácio, não podiam atravessar o pátio sem serem vistos, aquilo era outra porta na parede, adiante? Para onde levava? Não importava; tinha de ser melhor do que...

Jesse enrijeceu o corpo.

— Aquela carruagem... não. Ela não teria...

Ele cambaleou para a frente, quase à luz das tochas, quando Mather o agarrou pelo braço.

— Não seja idiota...

Mas as palavras dele foram abafadas pelo eco de uma súbita explosão.

Uma sirene de aviso disparou do telhado do palácio, dando ordens sem palavras para os cinco soldados em torno da carruagem. Eles se esticaram nos postos de guarda, revelando a silhueta cinza da coroa ventralliana nos uniformes roxos, as máscaras prateadas reluzindo à luz da tocha.

Um assentiu para os outros dois.

— Vocês dois, montem guarda. Vamos descobrir o que está acontecendo.

Mather entrou mais para as sombras quando três dos guardas se separaram. Por sorte o grupo foi em direção à entrada principal do palácio, correndo para receber as ordens de dentro.

Assim que eles se foram, Jesse avançou.

— Você!

Os dois soldados restantes se sobressaltaram em estado de alerta. Quando viram Jesse, os olhares passaram de alerta para interessados.

Mather resmungou e saiu das sombras, Phil o seguiu.

E lá se vai a discrição.

Jesse apontou para a carruagem.

— Quem está aí dentro?

Um dos soldados deu um risinho.

— A rainha Raelyn nos informou que você poderia...

— Não temos tempo para isso. — Mather atirou o chakram, que cortou a coxa do soldado, deixando-o de joelhos, e voltou para Mather. O outro soldado sacou uma lâmina com a mão direita e Mather revidou cortando seu ombro direito. O soldado gritou, soltou a arma e Mather avançou, apontando o chakram ensanguentado em tom de ameaça.

— Quem. Está. Na. Carruagem?

Os soldados cederam. Por medo diante do ar impiedoso de Mather ou pelo olhar igualmente assustador que Jesse lançou.

— É veraniana...

Era tudo que Jesse precisava ouvir. Ele avançou, puxando as portas trancadas.

— Ceridwen! Cerie! Você está bem? Responda!

Foi preciso mais um corte do chakram para que os soldados entregassem as chaves, e com a corneta ainda berrando sobre eles, Jesse se apressou para abrir a carruagem. As portas se escancararam.

Mas ao brilhar do lado de dentro, a luz das tochas revelou apenas as paredes manchadas do mesmo tom de vinho que havia do lado de fora, e alguns travesseiros e colchas no chão.

Jesse se virou, pegou o soldado mais próximo e o atirou no chão da carruagem vazia.

— *Onde ela está?* — gritou Jesse.

— Yakim! — gritou o soldado. — Um yakimiano nos pagou por ela. Pagou para que trouxéssemos a carruagem de volta para que a rainha Raelyn não soubesse...

A boca de Jesse se abriu.

— Yakim? — Ele olhou para a parede de árvores que compunha o limite sul do complexo do palácio, como se pudesse ver o reino de Yakim dali.

— O quê? — Mather avançou. — Por que Yakim a levaria?

O soldado agitou as mãos de novo.

— Eu juro! Eles a levaram!

Quando Jesse se virou, Mather esperava que o rei estivesse lívido. Ou aqueles homens estavam mentindo ou tinham vendido Ceridwen para Yakim por nenhum motivo compreensível. No entanto, o rosto de Jesse estava leve, quase sorridente, e ele soltou o soldado e pegou o braço de Mather.

— Acho que sei aonde a teriam levado.

O soldado, ainda no chão da carruagem, se colocou de pé.

— Não posso permitir que você...

Mas Jesse se virou e desferiu um soco no queixo do homem. A cabeça dele foi arremessada para trás e o estalo assustador do crânio batendo no piso de madeira o deixou inconsciente.

Jesse se virou para o outro soldado e o enfiou dentro da carruagem. Ele tirou a arma do homem — um arco e uma aljava de flechas — antes de bater as portas e trancá-las. A carruagem oscilou, mas os gritos do soldado que estava consciente foram abafados pela madeira.

Jesse olhou de volta para Mather enquanto prendia a aljava às costas.

— Yakim é aliado de Verão. No comércio, ao menos... talvez tenham ouvido falar da tomada e tentado interceder.

— Mas interceder para que lado?

Jesse segurava distraidamente o arco. A esperança nos olhos dele estremeceu com dúvida.

— O rio. Yakim fica a uma curta viagem de barco daqui, e tem um cais reservado especificamente para uso da rainha. Estão lá. — Ele parou. — Só podem estar.

— Certo. — Mather não precisava de mais explicações. Aquela era a missão de Jesse, e quanto antes a completassem, mais cedo Mather poderia dar atenção à tensão nos músculos que o impelia a Paisly.

Mas Jesse soltou o ar calmamente.

— Não. Você já fez o bastante. Sua rainha precisa de você.

Embora tenha sentido uma descarga de alívio por ser liberado do dever, Mather não se moveu.

— Tem certeza?

Jesse assentiu.

— Sim. Vejo você no campo de refugiados. — Ele lançou um sorriso. — Obrigado.

Jesse disparou na direção da parede de árvores ao sul, desaparecendo nas sombras. Mather observou o rei ir embora, esperando por gritos de alarme de quaisquer soldados que pudessem estar à espera, mas houve apenas silêncio.

Voltou-se para Phil.

— Agora nós...

Cada músculo no corpo de Mather entrou em alerta e ele ergueu o chakram de Meira.

Phil, com o corpo rígido, estava de pé e uma espada formava um sulco ameaçador sobre seu pescoço. A mão que segurava a espada pertencia a Theron.

Todas as sensações foram drenadas de Mather quando soldados correram para cercá-los, disparando para fora pela entrada de criados. Mas não chegava a ver de fato nenhum dos homens, concentrado demais na malícia que irradiava do novo rei de Cordell.

Pela primeira vez, Mather sentiu-se grato por Meira estar tão longe daquilo tudo.

Os soldados formaram um círculo, encurralando Mather ao lado da carruagem enquanto mais homens tentavam libertar os companheiros aprisionados do lado de dentro. E quando algo se moveu à direita de Mather, ele enfim compreendeu tudo e percebeu cada burrice que tinha feito.

Tinham sido pegos. Estavam cercados. E não iriam para o calabouço desta vez, não com a loucura no olhar de Theron, e principalmente não com o sorriso de satisfação que Angra lhe lançava.

Angra parou, observando Mather primeiro, depois Phil. Theron mantinha a espada contra o pescoço de Phil como se ainda houvesse chance de Mather revidar, mas todos sabiam quem tinha vencido.

— Só vocês dois? — observou Angra, erguendo uma sobrancelha.

Mather trincou o maxilar e abaixou o chakram de Meira.

— Esperava mais?

A outra sobrancelha de Angra se ergueu para acompanhar a primeira. Ele sacudiu a cabeça e uma faísca iluminou o ar. Conforme soldados avançavam, Mather percebeu o que era.

A magia de Angra. Ele emitiu uma ordem para os homens com a mesma naturalidade com que Condutores Reais davam ordens a soldados durante a batalha, mas Mather também conseguiu sentir. Ele imaginou a magia serpenteando por cada pessoa ali presente, mergulhando para dentro daqueles que já haviam se entregado a Angra — enrolando-se na pele de Mather ao reconhecer alguém que ainda não tinha possuído.

A magia rastejou sobre o corpo de Mather, lançando imagens de poder, força e determinação imbatível. A magia sussurrou para ele, uma carícia suave que Mather lutou para afastar, fazendo um grande esforço contra o anseio de absorvê-la. Se era daquela forma que Angra atraía pessoas para o lado dele, Mather quase não conseguia culpá-las por se entregarem.

Dois dos soldados de Angra agarraram Mather e o chutaram para que ficasse de joelhos enquanto os outros dois lhes tomavam as armas. O chakram de Meira — *droga, droga* — a faca ventralliana e...

— Ora, isso é uma surpresa. — Angra pegou o condutor de Cordell do soldado que o encontrou. Ele olhou para Theron. — É sua, acredito.

Theron soltou Phil, empurrando-o ao chão. Ele pegou o condutor, a joia roxa no cabo ficando opaca na palma de sua mão. Mather, ainda preso como um homem que se curvava para o rei, estremeceu em desafio quando Theron se abaixou até ele.

— Acho que isto será muito mais útil em suas mãos. Não preciso mais dela. — Theron pressionou a ponta da lâmina contra a bochecha de Mather, mas não com força o bastante para cortar a pele.

Mather se remexeu, mas os soldados o mantiveram preso. A ameaça de Theron não fez sentido — ele deixou que Mather ficasse com o condutor, a *adaga*?

Theron girou a lâmina. Sangue pingou do rosto de Mather em uma gota quente, e ele imaginou o sangue drenando seu ódio, liberando-o para que se empoçasse aos pés de Theron.

Um sorriso, então Theron afastou a lâmina para se aproximar ainda mais de Mather, levando a boca ao ouvido dele.

— E sempre que a vir, quero que pense nela comigo. Quero que saiba que quando eu vencer esta guerra, o farei *sem* esta magia fraca. Quando isso acabar, e Meira for minha, não haverá nada que você pudesse ter feito para me impedir.

Mather deu uma cabeçada na têmpora de Theron. O rei cordelliano gritou, mas quando se recuperou, fez menção de avançar de novo, com a lâmina do condutor erguida bem no alto.

Angra intercedeu com um toque no braço de Theron.

— Basta. Podemos usá-lo.

Mather grunhiu. Theron parecia igualmente furioso, mas recuou, observando Angra.

— Esse foi meu erro da última vez — disse Angra a Theron, mas o tom da voz deixava claro que as palavras pretendiam agir como uma adaga na pele de Mather tanto quanto o condutor de Theron. — Deixei que governantes fracos vivessem embora tivesse a chave para um poder maior do que qualquer coisa que eles pudessem imaginar. Desta vez, vou até o fim, até sobrarem apenas aqueles que irão trazer um mundo novo, desperto. E esses garotos vão me ajudar a obrigar a rainha de Inverno a escolher um lado, principalmente ele.

Mather respirava com dificuldade.

— Nada que possa fazer vai me obrigar a ajudá-lo.

Angra, ainda encarando Theron, sorriu. Então ele abaixou a cabeça para Mather.

— E o que o faz pensar que estava falando de você?

A compreensão destruiu o autocontrole que restava a Mather.

Os olhos dele se voltaram para Phil.

— Não — disse Mather, chiando, então gritou. — Não toque nele!

A expressão de Phil se desfez. Ele cambaleou, tentando ficar de pé, mas os homens de Angra avançaram primeiro.

Mather se contorceu contra os soldados e conseguiu ficar sobre um dos pés a fim de impulsionar o corpo. Os homens logo o derrubaram no chão e prenderam seus braços às costas; a única coisa que ele podia ver eram as rodas da carruagem.

Ele não conseguiu fazer nada quando Phil começou a gritar.

Ceridwen

A RAINHA DE Yakim os tinha comprado dos homens de Raelyn.

Os soldados ventrallianos os deixaram às pressas e embora Giselle tivesse dado a Ceridwen e Lekan uma saída das garras de Raelyn, a rainha yakimiana jamais fazia nada sem um motivo calculado. Quando Ceridwen se plantou na rua escura da quadra sul de Rintiero, ela cruzou os braços e olhou com raiva para Giselle, que silenciosamente montou no cavalo e arrumou sua pesada saia de lã em volta da sela.

Um grito distante, mas poderoso, ecoou pela rua. Pânico disparou pelos músculos de Ceridwen. Uma sirene de aviso? Um grito de guerra?

Ela estava intimamente familiarizada com os ruídos corriqueiros de Rintiero, música e gargalhadas e conversas felizes tão diferentes da algazarra de Juli. A sirene chamou a atenção dela para a forma como os ruídos da cidade soavam subitamente... diferentes. Era noite, sim, mas mesmo nas horas mais avançadas, havia música vinda da companhia de músicos. As únicas coisas que Ceridwen conseguia ouvir agora eram gritos distantes, um chacoalhar metálico, os ruídos da guerra.

Uma onda fria percorreu o corpo dela da cabeça aos pés.

O golpe de Raelyn tinha se alastrado. Será que ao menos encontrar Meira e impedir Angra seria possível agora? Ela precisava chegar ao palácio. Imediatamente.

Lekan, montado com um dos soldados de Giselle, contraiu os lábios em uma linha fina e assentiu. Ele entendia. O que quer que Giselle tivesse planejado, Lekan poderia dar conta, e estava bem mais seguro com a incerteza de Yakim do que com a tortura garantida de Raelyn. Ceridwen poderia deixá-lo ali e...

A mão fria de alguém agarrou o ombro de Ceridwen — Giselle, inclinando-se para baixo da sela.

— Não faça nada tolo, princesa. Eles provavelmente já estão mortos.

Ceridwen grunhiu.

— Então vou destruir Raelyn.

Giselle revirou os olhos para o céu antes de tocar o flanco do cavalo com o pé.

— Não está exausta de toda essa paixão?

Antes que Ceridwen pudesse responder, soldados yakimianos se aproximaram. Com alguns movimentos ágeis, prenderam os braços de Ceridwen na frente do corpo e, com os pulsos para o alto, estava presa por uma corda à sela de um dos soldados. Lekan disparou para frente, mas o soldado no cavalo dele simplesmente golpeou o joelho ferido de Lekan com o cabo de uma espada, o que o fez gritar.

— GISELLE! — O urro de Ceridwen ecoou pelos prédios. — Assim que me desatar, vou matar você!

Alguns cavalos adiante, Giselle fez que não com a cabeça.

— Você é uma péssima negociadora.

— E você é uma péssima aliada. Durante décadas vendeu para Verão, e é *assim* que termina? Você me levando prisioneira? Eu sabia que Yakim era um reino egoísta, mas não achei que você não tivesse coração.

Isso fez com que Giselle parasse o cavalo subitamente. Depois de um momento, o grupo continuou, mas Giselle ficou para trás até que o cavalo se alinhasse ao lado de Ceridwen, atrapalhada entre caminhar e ser arrastada.

— Não somos sem coração... somos práticos. — As costas de Giselle estavam eretas atrás do machado lustroso de lâminas duplas que se apoiava contra a coluna dela: o condutor de Yakim. — E somos um dos poucos reinos, devo acrescentar, que não está, no momento, envolvido nesta guerra. Inverno está aqui, Verão, Ventralli, Cordell... Primavera. Outono foi invadido, ou foi o que ouvi, e Paisly jamais se incomodou em ser mais do que um reino de ratos da montanha. Ser prática é o que manterá meu povo vivo. Não finja que não faria o mesmo por seu reino se tivesse previsto que precisaria protegê-lo.

— Eu protejo meu povo!

— Você não tinha ideia de que essa tomada aconteceria até que se realizou diante dos seus olhos.

— Pelo menos ainda estou em combate. Mas e você, o que está fazendo? Fugindo para se esconder em Putnam? — Ceridwen encolheu o corpo. — Como você soube de tudo isso?

Giselle inclinou a cabeça.

— Demorou a perguntar isso.

— Eu sabia que você não me contaria.

— Não contaria? — Giselle voltou a atenção para a rua. Um toque de orvalho tingia o ar, certamente se aproximavam do rio Langstone. — Ele veio até Yakim. Depois da sua visita, há alguns dias. — Quando Ceridwen não perguntou quem, Giselle insistiu. — Angra. Ele veio com uma proposta para unir Primoria, mas diferentemente do resto do mundo, percebi o que realmente oferecia. E não era liberdade, como ele alegava.

Ceridwen arriscou olhar para cima. A noite os envolvera completamente àquela altura, mas ela ainda conseguia distinguir Giselle observando-a com aquele olhar irritantemente estudioso que os yakimianos fazem tão bem.

— Ele foi embora quando eu disse que iria pensar a respeito, como é a natureza de meu povo. Pensar e ponderar e viver em um mundo de ideias, o exato motivo pelo qual não posso permitir que Angra alastre a magia dele.

Ceridwen ficou boquiaberta.

— Já vi o que resulta de um governo dele. O mundo inteiro viu. — Giselle segurou as rédeas com mais força. — Primavera apodreceu durante séculos, estagnada mesmo para os parâmetros dos reinos Estação. E ele deseja espalhar o mesmo para meu reino? Angra sinceramente esperava que eu aceitasse algo que transformaria as pessoas cultas do meu povo em cascas possuídas e descerebradas. Não deixarei que nossas mentes sejam maculadas por *ele*.

Giselle sorriu como se fosse uma adulta falando com uma criança.

— E é aí que você entra.

Ceridwen hesitou.

— O quê? Como?

O sorriso de Giselle se suavizou.

— Quando perguntei quem mais estava envolvido nos planos dele, Angra deu uma lista impressionante, com planos ainda mais impressionantes para sufocar o resto do mundo até a submissão, exceto por Inverno. "Aquele reino vai queimar", disse ele. O único motivo pelo qual um homem destruiria algo assim seria considerar esse algo uma ameaça. Eles estão há tanto tempo em guerra que Inverno deve saber coisas sobre Angra que ele teme. E a rainha de Inverno chama você de aliada.

— Sim. Mas...

— E você tem um exército à disposição. — Giselle gesticulou com a mão antes que Ceridwen pudesse dizer que não, que Simon fora morto, e que Raelyn ou Angra sem dúvida tomariam os bens de Verão.

— Não, criança, *seu* exército. Aquele que acha que está escondido de todos.

O rosto de Ceridwen se contraiu antes que ela tropeçasse, se chocasse contra o cavalo de Giselle e se virasse de forma a ficar o mais longe possível da rainha.

Os refugiados dela. Os combatentes da liberdade. Giselle sabia sobre eles?

— Se tiver tocado neles... — disparou Ceridwen.

Giselle a impediu com outro gesto mínimo. Ceridwen queria muito decepar aquela mão.

— Não me importo com seus sobreviventes, mas é claro que sei sobre eles. Você achou que durante todos esses anos eu estava vendendo pessoas ao seu reino por *dinheiro*? Não, princesa, eu buscava um prêmio muito melhor... o próprio reino de Verão.

Ceridwen piscou.

— Do que você está falando?

— As pessoas que Verão comprou de Yakim. Algumas eram camponesas, bastante inúteis, mas a maioria não era tão inútil assim. — A sobrancelha de Giselle se arqueou para cima. — Soldados, princesa. Espiões, se prefere assim chamá-los, enviados para montar um exército dentro das suas muralhas. Não planejei a invasão tão cedo, mas eventos recentes me forçaram a reavaliar as prioridades de Yakim.

Suor se acumulou pela coluna de Ceridwen.

— Você estava... — A mente dela deu um estalo. — Você mandou seu povo para ser torturado! O que faz você pensar que esse mesmo povo ainda seria leal a você depois disso? Crianças, Giselle. Você vendeu *crianças* a meu irmão para que pudesse conquistar Verão?

Giselle emitiu um estalo com a língua.

— Não contei isso a você para que me questionasse. Contei porque você tem trezentos dos meus soldados em seu campo, e quero que os utilize.

— *Trezentos?*

Ceridwen não conseguia mais ver o rosto de Giselle. Ela não conseguia ver a rua ou as sombras da noite, ou Rintiero. A única coisa visível era o campo de refugiados. As centenas de escravos libertos que moravam no limite da floresta do sul de Eldridge, em segurança e anonimato, ou ao menos era o que pensava.

O sangue de Ceridwen ferveu.

Giselle pegou algo em um dos bolsos do vestido e se virou para Ceridwen com a mão estendida.

— Meu selo real, para que possa convencê-los de que dei a ordem para que lutassem por você.

O selo caiu da palma da mão de Giselle e Ceridwen o pegou. Um pequeno anel com um sulco no topo, o metal curvado no formato de um machado.

Ceridwen olhou para o objeto com raiva. Ela quase perdeu a calma com a rainha yakimiana, quase gritou o que realmente faria com aquela informação. Usaria para ajudar a impedir Angra, sim, mas no exato segundo após sua queda ela convenceria cada escravo yakimiano a passar para seu lado. Contaria aos inocentes o que a rainha tinha feito com eles, e os reuniria contra a megera insensível que tentara usá-los. Malditos condutores de magia... Ceridwen tinha a impressão de que em qualquer lugar que olhasse encontraria pessoas corruptas fazendo mau uso de um poder que ela daria tudo para ter.

— Você é doente — sibilou Ceridwen. Então puxou a corda, atraindo a atenção de Giselle para ela. — Se fez isso para ajudar, por que sou sua prisioneira?

O grupo virou em uma esquina e o porto se estendeu adiante, longos dedos de madeira que tocavam a água azul-acinzentada do rio Langstone. Barcos oscilavam ao longo das docas, pequenas embarcações ao lado de outras maiores e imponentes, suas velas recolhidas contra o vento da noite e bandeiras ondulando nos mastros. Um barco, com as velas abertas, estava no fim de um pequeno cais. Soldados corriam pelo deque e os olhos de Ceridwen se voltaram para a bandeira tremulando acima. Um machado em um fundo escuro.

— Se eu a libertar agora, você vai correr de volta em uma tentativa inútil de salvar Ventralli, e não me importo com Ventralli — disse Giselle. — Você será levada até seu campo para se preparar para a batalha. Espero que o povo da rainha de Inverno esteja trabalhando com agilidade para ajudá-la a escapar também, mas mesmo que ela não sobreviva a esta noite, espero que você seja aliada de Yakim. Eu mesma a acompanharia, mas tenho a sensação de que Angra tentará se aproximar do meu reino, então preciso partir.

— Terá que me matar se quiser me tirar de Ventralli — grunhiu Ceridwen. — Não vou deixar ninguém aqui para ser morto.

Giselle abaixou o rosto para ela.

— Você é útil demais viva. Já *consciente*...

Ceridwen se abaixou em um rompante de instinto. O soldado que tinha vindo de fininho por trás dela avançou e o cabo de sua espada golpeou o lugar em que estivera a cabeça de Ceridwen segundos antes.

Lekan gritou, mas o soldado que o acompanhava não apenas o golpeou dessa vez — ele enterrou os dedos no ferimento de Lekan, incitando gritos que espiralaram nos ouvidos de Ceridwen.

— Pare! — gritou ela.

O soldado que segurava Lekan estava dois cavalos adiante, inalcançável. Mas se o que estava atacando golpeasse e errasse, Ceridwen poderia usar a distração para arrancar a espada das mãos dele e se armar.

Ceridwen se inclinou com os punhos na altura do peito, as pernas abertas para se manter no lugar. O soldado golpeou de novo, com o cabo da espada se arqueando na direção de Ceridwen, a lâmina para trás, e ela contou os segundos até o último momento possível...

Tac.

O soldado grunhiu e estremeceu quando uma flecha se enterrou em seu ombro. A espada caiu das mãos dele, tilintando no chão da rua, e não tinha parado completamente sobre os paralelepípedos quando Ceridwen a pegou, segurando com as duas mãos atadas, e se virou na direção de Giselle.

— Solte-o — exigiu Ceridwen, com os olhos se voltando por um segundo para Lekan. Ele mal estava consciente agora, mas o soldado tinha parado de torturá-lo.

A maioria das pessoas sentiria pânico se um prisioneiro estivesse armado e alguém tivesse atirado contra um de seus soldados, mas Giselle pareceu apenas curiosa enquanto analisava a rua atrás de Ceridwen.

— Eu obedeceria a ela, Giselle — disse uma voz. — Achei que a tivesse perdido duas vezes hoje. Esse tipo de estresse mexe com a cabeça de um homem.

Ceridwen soluçou e mordeu os lábios antes que mais lágrimas viessem.

Jesse.

Ela não foi capaz de se virar para vê-lo, por medo de que pudesse ser uma alucinação, de que, se tirasse os olhos de Giselle, perderia sua única e breve vantagem. Então Ceridwen ficou parada ali até que Jesse surgisse em sua visão periférica, com a flecha engatilhada no arco em suas mãos, um dos dedos segurando o fio perto do canto da boca.

Ele tinha atirado a flecha no soldado? E acertado?

O fato de *esse* ter sido o pensamento de Ceridwen a fez querer rir. Mas então ela reparou na forma como Jesse tremia, nas vibrações que oscilavam até a ponta da flecha. Pela chama e pelo calor, será que ele por algum momento tinha de fato mirado no soldado? Jesse era completamente inútil quando se tratava de armas.

Por sorte, Giselle não sabia disso.

— Você escapou — observou Giselle.

Jesse aumentou a tensão no arco, dessa vez mirando no soldado que segurava Lekan.

— Desculpe desapontar você.

Giselle gargalhou.

— Desapontar a mim? Certamente não. Isso torna as coisas muito mais fáceis.

Ela gesticulou para o soldado, que rapidamente jogou Lekan para fora do cavalo.

Ceridwen saltou para frente e passou o braço de Lekan por cima do próprio ombro para ajudá-lo a se erguer. Ele oscilou contra Ceridwen, o corpo frio de suor, e ela o puxou para o mais perto possível, esperando que parte de seu calor emanasse para Lekan. Ele caíra no meio dos homens de Giselle, e Ceridwen lutava para mantê-lo de pé com apenas um dos braços, já que segurava a espada com o outro. Jesse estava a postos do lado de fora do círculo de soldados.

— Ainda pode usar meu barco. Ele a levará para o campo bem mais rápido — disse Giselle.

Ceridwen grunhiu.

— Pode pegar seu barco e enfiar no...

— Campo? — Jesse baixou levemente o arco. — Você estava levando Ceridwen para o campo de refugiados?

Giselle assentiu.

— Agora que você está aqui ela não ficará tentada a fugir para perseguir objetivos menos produtivos. — Curvou a sobrancelha outra vez. — A não ser que tenha restado mais alguém no palácio que você sinta a necessidade de resgatar? Porque o mundo está se dissolvendo, rei Jesse, e para mim não é problema mostrar a você a mesma força. — Giselle inclinou a cabeça na direção de Lekan e Ceridwen.

Jesse sacudiu a cabeça.

— Não. Não temos motivo para retornar. — Ele parou. — Por enquanto.

Giselle agitou a cabeça.

— Excelente. Vamos?

Ela seguiu para o cais, deixando alguns dos homens para se certificar de que ninguém que lhe fosse útil se desgarrasse para Rintiero. Ceridwen teria mostrado mais algumas caretas a Giselle não fosse por Jesse, naquela rua, *ali*.

A escuridão da noite e o surgimento de nuvens de tempestade tornaram difícil para Ceridwen discernir a imagem de Jesse, então era quase possível imaginar que ele fosse parte de um sonho. Solto, o cabelo de Jesse oscilava e as mangas de sua camisa preta estavam enroladas até os cotovelos, mostrando a forma como os antebraços de Jesse seguravam o arco.

Ele pigarreou e colocou a flecha de volta na aljava.

Os soldados em torno deles estampavam o ar de distanciamento habitual dos yakimianos. Recostado em Ceridwen, Lekan permanecia em silêncio, o que subitamente deu a ela a sensação de estar sozinha com Jesse. Sua cabeça latejava, um calor atordoante, inominável. Seria ódio? Alívio? Ceridwen não sabia o que sentia.

Ela só sabia que ele parecia... diferente.

Jesse pigarreou de novo.

— Encontrei a carruagem. Não achei que Giselle seria ousada o bastante para aportar onde sempre aporta quando visita, mas precisava tentar. Eu precisava... salvar você.

Ceridwen ajustou o peso de Lekan.

— Não preciso ser salva.

Jesse avançou para passar o outro braço de Lekan pelo pescoço, tomando parte do peso dele.

— Não, você não precisa me ajudar — protestou Lekan, inclinando-se mais sobre Ceridwen.

— Por favor — interrompeu Jesse. — Me deixe ajudar.

Mas os olhos dele estavam sobre Ceridwen.

Ela não conseguia respirar.

— Seus... seus filhos? — Ceridwen ousou perguntar. A voz dela ficou mais forte. — E os invernianos? Soube de alguma coisa sobre eles? Como você escapou?

Ceridwen e Jesse começaram a puxar Lekan para o cais, um trabalho lento que fazia doer a coluna de Ceridwen. Quanto antes entrassem no barco de Giselle, mais cedo poderiam encontrar um lugar onde pudessem ficar sozinhos, longe de Jesse.

Fora ela quem terminara o relacionamento com ele. E o único motivo pelo qual pretendia voltar para salvar Jesse era para consertar as injustiças de Raelyn. Ceridwen estava preparada para ver Jesse sob tais circunstâncias, quando teria sido ela a salvadora, e ele quem precisaria dela.

Não estava preparada... para o que estava acontecendo.

Jesse se encolheu à menção dos filhos, mas pareceu fazer um esforço físico para afastar a preocupação.

— Estão bem. Os invernianos também, na verdade. Eles me ajudaram a fugir. Todos nos separamos, mas vamos nos encontrar em seu campo de refugiados.

A tensão em volta da boca de Jesse chegou aos olhos dele.

Ceridwen engasgou.

Era por isso que parecia diferente. Não estava usando máscara.

Quando Jesse viu que Ceridwen o observava, os cantos dos olhos dele se levantaram.

— Eu a quebrei — sussurrou Jesse. — Minha máscara. Acabou, com Raelyn.

Ceridwen não conseguia se lembrar de quando tinha respirado profundamente pela última vez. Antes de Jesse aparecer, provavelmente, e agora seu peito chiava ao respirar e flashes de luz giravam em seu campo visual.

Jesse quebrara a máscara. Tinha terminado o relacionamento com Raelyn.

Ele tinha feito. Finalmente tinha feito o que Ceridwen queria que ele fizesse há tanto tempo que o desejo tinha se tornado um nó permanente em seu coração.

Mas Jesse não fizera aquilo até *agora*. Depois que Ceridwen o deixara. Depois que Raelyn se revelou perigosa.

Por uma tábua de madeira que o ligava ao cais, entraram no deque do navio. Em um canto havia uma pilha de sacos vazios, e quando apoiaram Lekan sobre ela, Jesse se agachou ao lado dele, mantendo os olhos nos de Ceridwen.

Ela não conseguia retribuir. Não agora, enquanto Lekan precisava dela, enquanto a guerra de Angra ainda era travada — enquanto desejava odiar Jesse. Pela chama e pelo calor, Ceridwen queria muito odiar Jesse — e assim que reconheceu essa necessidade, o sentimento rugiu forte e dolorosamente por seu corpo.

Ceridwen tinha esperado por Jesse durante quatro anos. E fora preciso um golpe e o retorno da magia sombria para que ele lutasse por ela de volta.

— Cerie — disse Jesse. — Por favor, fale comigo. Me deixe...

— Não. — Ceridwen se esforçava para verificar a perna de Lekan. Ele precisava de um curativo decente, e ela quase agradeceu ao homem por ter se ferido, pois assim tinha algo para fazer.

Jesse não cedeu.

— Por favor, eu sei que...

— Não! — disparou Ceridwen. — Não, você não sabe. Vá embora, Jesse. Me deixe *sozinha*.

As últimas palavras dela perderam o calor, esmaecidas como uma chuva fina caindo do céu.

Os olhos de Jesse se voltaram para os de Ceridwen. Algumas lanternas pendiam em torno do deque do navio, não o suficiente para chamar atenção indesejada ou para fazer mais do que destacar o brilho acobreado da pele de Jesse.

— Tudo bem — concordou ele, arrasado.

Jesse hesitou, esperando que talvez Ceridwen mudasse de ideia. Mas, por fim, ficou de pé e seguiu pelo deque a passos firmes, até onde Giselle conversava com seus homens.

Os dedos frios de Lekan tocaram o braço de Ceridwen.

— Ele veio atrás de você.

Ceridwen enrijeceu o corpo.

— Você precisa de curativos.

Ela começou a gesticular para um soldado que passava para pedir suprimentos quando Lekan lhe segurou a mão.

— Você também — sussurrou ele. Com uma respiração profunda e um estremecer do corpo, Lekan afrouxou o toque. — Ele buscou uma aliança com a rainha de Inverno. Antes do golpe, logo depois de você terminar tudo com ele. Pretendia destronar Raelyn antes que tudo isso acontecesse.

Ceridwen ficou boquiaberta e quase imediatamente fechou a boca. Lekan a conhecia bem demais, e isso iria obrigá-la a confrontar coisas para as quais ainda não tinha forças.

Ceridwen tinha uma guerra a ser planejada. Os soldados de Giselle no campo de refugiados. A ameaça de Angra se espalhando pelo mundo. Dezenas de outros problemas, todos muito mais imediatos e terríveis do que... *Jesse*.

Então Ceridwen encontrou ataduras e água, limpou o ferimento de Lekan, e enquanto isso, continuou ignorando a forma como Jesse observava cada movimento dela.

Meira

Acordo no quarto para o qual Oana me trouxe, incapaz de me lembrar da última vez que dormi tão bem. Tudo em mim oscila como um saco vazio ao vento, e percebo que é exatamente como estou agora: vazia. Ainda me lembro de cada emoção, de cada preocupação, dos rostos de todas as pessoas que eu precisava proteger, mas isso não está mais me consumindo. Está apenas pairando em minha mente.

Penso nessas pessoas, hesitante. Sir ainda está em Inverno, e quem sabe se está vivo ou morto? Theron poderia estar saqueando meu reino nesse exato momento a pedido de Angra. Mather... pode ser que não tenha tirado todos do calabouço. Pode ser que não tenha fugido.

E embora esteja ciente da preocupação que cada pensamento me traz, não sou freada por ela. A emoção que prevalece em minha mente é apenas... nada. O que me permite me concentrar nas coisas pequenas e insignificantes que não esqueci.

Como os calos em minhas mãos, agora já ficando macios porque há muito tempo parei de atirar meu chakram com frequência. Ou a magreza assustadora em minhas pernas e na barriga — tenho comido? Sinceramente não me lembro.

Então como. Pratos estão à mesa, frescos e fumegantes, e pela neve, nada nunca me pareceu tão saboroso. Eu sequer consigo identificar o que são — algo salgado que parece com batatas, e algo doce que tem a textura de mel e bolo ao mesmo tempo. Como até meu estômago inchar, e sigo para a pia no canto.

Depois de esfregar a pele, abro o baú encostado na parede e encontro roupas. Túnicas; calças finas e esvoaçantes; botas de couro macio que sobem além dos joelhos; longas echarpes com um arco-íris de cores, trançadas para usar como cinto. Vasculho o baú até encontrar uma túnica azul-celeste com espirais azul-marinho nas mangas e no colarinho, os tons combinam com meu único acessório, o medalhão. Um cinto prateado completa o modelito, e de pé no centro do quarto, de olhos fechados, me permito alguns momentos respirando tranquila e silenciosamente.

Pela primeira vez em meses, anos até, consigo respirar. Consigo sentir coisas além da dúvida que me engessa, além do esforço desgastante para manter as emoções controladas.

No fundo da minha consciência ouço a batida na porta.

— Você está pronta para a próxima lição — diz a voz de Rares, e sei que ele se refere a algo além de estar acordada e vestida.

— Sim — começo a rir. — Estou.

Ao que parece, dormi durante dias. Três dias, para ser exata. Não importa o quanto meu corpo se sinta bem, minha mente lateja com culpa ao pensar em quanto tempo desperdicei.

Lembro-me da visão de Angra, do plano dele para o mundo. Será que ainda está em Rintiero? Ou será que seguiu em frente, espalhando o medo e a escuridão dele para Yakim, Verão, Outono...?

Corro atrás de Rares, esperando que ele me leve até o pátio de treino que vi na entrada, para que possamos mergulhar no tipo de treinamento que precisarei para enfrentar Angra. Quando Rares me leva para outro quarto não longe do meu, paro à porta, confusa.

É pequeno, tem a metade do tamanho daquele em que estou instalada, com uma escrivaninha entulhada de papéis e livros no chão. Mapas cobrem as paredes — mapas de Verão, Ventralli e Yakim; mapas de Inverno e Primavera. Linhas traçam caminhos desde Abril até Jannuari e Juli e...

— Você estava me rastreando — digo, sem fôlego.

Rares dá um passo adiante.

— Depois que a Ordem descobriu que Hannah estava no caminho certo, torcemos para que alguém em sua linhagem tomasse a decisão de se livrar de vez da magia. Eu só fiquei de olho até você encontrar seu poder. O que fez, aqui. — O dedo de Rares vai até Abril no mapa. — E aqui é o ponto onde encontrou a porta na mina Tadil — Rares desliza o dedo até Gaos — e aqui onde...

— Tudo bem, entendi. — Tiro a mão dele do mapa. — Você é um homem mágico, com séculos de idade, que tem usado o tempo livre para espionar uma adolescente.

Rares ri.

— Alguém recuperou a ousadia! Mas não, não tenho espionado... estava rastreando. Os únicos pensamentos que obtive de você foram relacionados à magia, e a ocasional preocupação com a guerra. Preciso lembrá-la de que certos membros da Ordem têm rastreado os monarcas de Primoria há *milhares de anos*, esperando que um decidisse o que você decidiu?

Desabo em uma poltrona acolchoada, mas todas as outras funcionam como mais espaço para livros e papéis.

— Bem, é estranho.

Ele dá de ombros.

— Vou deixar que você desconte em mim depois. Até lá...

Eu me inclino para frente, a ansiedade me deixando mais atenta. Sim, treinamento — *não há tempo a perder.*

Rares se senta na beirada da escrivaninha, movendo uma pilha de livros para o lado. Um deles me chama a atenção — *Magia de Primoria*.

— Esse livro!

Rares abaixa o rosto para o livro antes de me lançar um sorriso.

— Já o viu antes?

Faço que sim enquanto meus olhos percorrem as letras douradas familiares. Essa cópia está tão gasta quanto a que li em Bithai, meses antes. A Ordem o escreveu; faz sentido que Rares tenha um exemplar.

Eu me mexo na poltrona, pronta, esperando, *desesperada*.

Dormi por três dias. Faz quatro dias desde que Angra tomou Ventralli.

Fique calma. Estou aqui. Estou fazendo o que preciso fazer.

Estico os ombros e ergo o rosto para Rares.

— Qual é a próxima lição?

Os olhos de Rares brilham.

Meus lábios se abrem em um ínfimo sorriso.

— Surpreendi você?

Ele gargalha.

— Você se surpreendeu?

A pergunta de Rares me desconcentra e agora sou eu quem dá de ombros.

— Estou... cansada, em grande parte — admito. — Estou cansada de ter que lutar por tudo na minha vida. Sou o condutor de Inverno; sou a rainha de Inverno; sou aquela que pode impedir Angra e a Ruína. Não que eu tenha aceitado meu destino, só estou cansada de negá-lo. Passei anos analisando cada escolha e resistindo a cada mudança. Não gosto da pessoa na qual isso me transformou. Não é essa a pessoa que quero ser.

— Quem você quer ser? — pergunta Rares, a única pergunta que estou evitando há semanas.

Não achei que importasse. Eu *disse* a mim mesma que não importava para não desmoronar ao me dar conta do quão longe eu estava de quem eu realmente queria ser. Mas já cheguei tão longe, me desapeguei de tantas coisas, que talvez também consiga me desapegar dos obstáculos que eu mesma criei.

Então encaro Rares.

— Quero ser o bastante.

Ele dá um leve sorriso.

— Você já é, coração. *Sentir-se* como se fosse o bastante não tem nada a ver com de fato *ser* o bastante, você escolhe se é ou não.

Outra escolha. Isso me leva de volta ao assunto em questão, e pigarreio, trocando esse tópico por outro igualmente sério.

— A próxima lição? — Tento de novo, e Rares gesticula com a mão em concordância.

— Sim, a lição quatro, sabe o que aconteceu com o abismo de magia?

Semicerro os olhos.

— Não estamos prontos para seguir para o uso de magia? — É assim que Angra será derrotado, afinal de contas. Ele é poderoso demais para ser derrubado com uma simples espada. Precisarei combater a

Ruína de Angra com magia, bloquear qualquer um de meu povo usando magia, salvar o mundo *com magia*.

Rares ergue uma sobrancelha para mim.

— Paciência, coração. Sabe o que aconteceu com o abismo de magia?

Ansiedade estremece em meu estômago — *três dias aqui, quatro dias desde a tomada...*

Mas obrigo meus olhos a encararem os de Rares.

— Ele desapareceu há séculos. Ninguém sabe como. — Paro. — Mas acho que você sabe.

Ele sorri.

— Se alguém cavasse fundo o bastante nas montanhas Klaryn, em qualquer reino Estação, não apenas em Inverno, encontraria a mesma porta que você encontrou. Você só a encontrou graças à habilidade do povo de Inverno na mineração; a Ordem orginalmente construiu a porta pelas montanhas de Verão, pronta para surgir onde qualquer um escavasse além de certo ponto, em qualquer local das Klaryn. Mas esse é apenas o primeiro de muitos obstáculos para evitar que o abismo de magia fosse facilmente acessado. Você encontrou outro desses obstáculos em sua busca pelas chaves.

Rares mexe no colarinho e puxa de dentro da roupa a chave em uma longa corrente. Ele a remove do pescoço e estende para mim. Seguro o objeto com delicadeza pela corrente enquanto Rares continua.

— As chaves foram deixadas em Verão, Yakim e Ventralli à medida que os criadores do abismo foram viajando por esses reinos a partir de Paisly. Separar as chaves foi um modo de se certificarem que não seria fácil encontrar o abismo de magia e de que se alguém tentasse abri-lo, a busca pelas chaves desse tempo à Ordem de garantir que alguém que nós *quiséssemos* chegasse ao abismo. Mas a dificuldade seguinte que encontrará, além de recuperar as outras duas chaves, é o labirinto que está atrás da porta.

Faço uma conexão.

— A Ordem escondeu o abismo de magia. *Paisly* o escondeu.

Rares suspira.

— Só queríamos evitar que a pessoa errada chegasse à magia até que pudéssemos destruí-la. Não pretendíamos que seus reinos Estação levassem a culpa pelo sumiço do abismo. Mas muitas coisas que não pretendíamos aconteceram, coração.

Um reino *Ritmo* é responsável pelo ato que fez o restante do mundo odiar os reinos Estação.

E embora eu pudesse facilmente nutrir essa chama de raiva, não o faço. Deixo que se esvaia, porque é parte de outras coisas que já aconteceram. Tudo para que tenho espaço, tudo que consigo ver, é o que está adiante. A única meta em torno da qual as demais fervilham: destruir toda a magia.

— Esse labirinto — começo a dizer, com os dedos fechados em torno da corrente da chave. — Precisarei usar magia para ele também? Mas você não pode vir comigo? Você virá, certo?

Rares se vira para uma pilha de livros no canto. Quando ele se vira de volta, segura um papel velho e amarelado que parece a um sopro de se desfazer em milhões de partículas de poeira.

— O labirinto foi criado por um pequeno grupo formado pelos condutores mais poderosos da Ordem. O objetivo era proteger a magia de ser facilmente acessada, e caso ainda assim ela fosse, o labirinto foi elaborado de modo que apenas aqueles dignos pudessem alcançá-la. Eles mantiveram cada detalhe em segredo. Mesmo quando o criaram, eles... — A voz de Rares falha e ele contrai os lábios. — Bem. Eles levaram os segredos ao túmulo.

Meu maxilar se contrai. Não sou a única que sacrificou tudo para proteger Primoria. A Ordem dos Ilustres não esperava que eu fizesse nada que eles mesmos não tenham feito.

— Mas — Rares ergue uma sobrancelha — eles nos deixaram uma pista.

Rares estende o papel para mim e fico de pé para pegá-lo.

Três pessoas o labirinto clama
As que nele entrem com intuito sincero
Para enfrentar um teste de liderança,
Um labirinto de humildade,
E purificação do coração.
Que será concluído apenas pelos verdadeiros.

Leio duas vezes. Três vezes. E antes de conseguir me impedir, sou atingida por um pensamento doloroso:

Theron saberia o que isso quer dizer.

Solto o papel sobre a escrivaninha.

— Uma charada. — Recuo e esbarro na poltrona; ao tropeçar, consigo me apoiar no braço dela. A corrente da chave dói na palma da minha mão, a própria chave acerta minha coxa. — É só isso? Porque eu... eu preciso...

O cômodo é pequeno demais. Apesar de todo meu progresso, não consigo tomar fôlego e caio na poltrona, sem ar devido à familiaridade de ler passagens antigas sobre magia. Minhas memórias de Theron se agitam, sentada na biblioteca dele, ouvindo-o falar do outro lado daquele livro, *Magia de Primoria*. Eu me permiti contemplar a ideia de amar Theron porque ele era doce, bondoso e nós dois queríamos mais das nossas vidas. Embora fosse um casamento arranjado, embora fosse político, embora eu soubesse que jamais poderia ser a pessoa que precisava ser para amar Theron.

Ele sempre seria o herdeiro de Cordell; eu sempre estaria presa a Inverno.

Pressiono a mão livre contra a testa, engolindo os rompantes gélidos de magia que sobem rodopiando pela minha garganta. Não quero mais combater essa culpa, mas não sei como consertar isso — porque não posso salvar Theron. Tudo que aconteceu com ele ficará com ele para sempre, da mesma forma que todos os invernianos ainda estremecem depois de anos de escravidão.

Então o que posso fazer?

Poderia fazer o que fiz recentemente com todo o resto. Reconhecer, *sentir*, e então deixar que caia no abismo, uma presença constante, mas que não me paralisa.

Rares não se moveu da posição ao lado da escrivaninha, o que me dá espaço para respirar. E quando levanto o rosto para ele, Rares faz que sim, mas em silêncio. Ele me permite me curar sozinha.

— O que isso quer dizer? — Gesticulo para o papel, minha voz falha.

— Primeiro, significa que apenas duas pessoas podem acompanhar você. O labirinto só aceita três pessoas de cada vez, para limitar aqueles que podem ter acesso à magia.

— Então você pode vir comigo?

— A porta e o labirinto foram feitos de modo que apenas os dignos alcancem o abismo de magia. Você reparou na barreira que repele qualquer um que tente se aproximar da porta? A única forma de passar por ela é se três pessoas passarem juntas, todas acreditando que são dignas de alcançar a magia. A segunda parte do enigma, *As que nele entrem com intuito sincero*. Um esforço conjunto. Bem simples, não? Mas não completamente. Pois assim que passar pela porta, o labirinto a fará provar essa crença. Testará todos os três em aspectos que meçam esse merecimento: liderança, humildade e coração. Não sei quais são os testes exatamente, além das pistas no enigma, mas você deve estar o mais preparada possível para isso. De todas as pessoas no mundo, quais duas vai querer ao seu lado quando enfrentar tais provações?

Rostos lampejam em minha mente. *Mather e Sir*.

Enrugo a testa. Mather, sim. Já Sir... Há um abismo entre nós. Mas sei que se fosse necessário ele me defenderia com a própria vida.

— Depois que completar o labirinto e chegar ao abismo, terá apenas alguns segundos para destruí-lo — continua Rares. — Quando os criadores o elaboraram, começaram pela construção de uma saída que se abre apenas quando alguém acessa o abismo. Um modo de qualquer alma digna que alcance a magia sair. Mas a quantidade de magia necessária para selar essa saída foi imensa, e assim que se abrir, cada condutor de Primoria vai sentir. Saberão onde está, e conseguirão acessar a magia também. Por isso que você não pode hesitar em sua missão, coração.

Minha missão. *Morrer*.

Engulo em seco. Não posso pensar nisso — não posso me permitir enfraquecer mais.

— Mas para completar com sucesso as tarefas do labirinto, você precisará daquilo que veio até aqui obter: o controle da sua magia. — Rares gesticula com a mão e um armário do outro lado do quarto se abre. Uma adaga sai de dentro, o cabo desce na palma da mão de Rares. Ele fecha os dedos em torno da arma, sorrindo.

O barulho que faço é totalmente patético, algo entre um gritinho e um soluço.

Quero entender de que formas ele consegue controlar a magia — não apenas para poder enfrentar Angra e proteger aqueles que amo, mas porque não fazia ideia de que podia usar essa energia turbulenta de maneira tão graciosa. A magia fez muito mais mal do que bem, mas como Nessa observou em Putnam, precisaremos de todas as armas que pudermos obter. Qualquer ferramenta que eu puder reunir será valiosa.

— Ah, coração — diz Rares, e o entusiasmo dele é contagioso. — Você ainda não aprendeu o significado da palavra *valiosa*.

Meira

Finalmente, Rares me leva para fora, para o pátio de treino. O sol do fim da manhã brilha forte no estábulo e nos ringues de terra marcados no chão. A grama oscila ao ar frio, me preenchendo com os cheiros de feno e madeira velha e quebradiça — aromas que compuseram tanto de minha infância. Tudo o que falta é o odor pungente de terra do gramado das pradarias e Sir gritando comigo por causa da minha postura.

Meu coração se aperta, e observo Rares quando ele para no meio do ringue mais largo. Meses antes, não teria questionado meu instinto de querer Sir comigo no labirinto. Mas a incerteza abre um buraco em minha barriga. Tanta coisa mudou. Meu relacionamento com Sir não é o que costumava ser, ou o que quero que seja. Mas o que é agora?

Rares me olha, ignorando meus pensamentos, e cruza as mãos às costas.

— Há armas naquela caixa. — Ele indica uma caixa de madeira, com a cabeça. — Pegue uma.

Passo a corrente da chave em volta do pescoço e enfio dentro da túnica, entre ela e a camisa que uso por baixo, para evitar contato com a pele. Quando toquei as outras chaves, tive visões poderosas do que precisava saber para acessar o abismo de magia. O que quer que essa chave possa me mostrar, não quero no momento, quero aprender como controlar minha magia, estar um passo mais perto de partir para ajudar meus amigos.

Chega de distrações, chega de outras lições, chega de crises emocionais. Apenas ação.

Começo a caminhar na direção da caixa quando Rares emite um estalo com a língua.

— Não — cantarola ele. — Sem sair do lugar. Você trata sua magia com confusão, incerteza e medo, e, por isso, ela responde com o caos. Para usar magia de condutor, você precisa *saber* o que quer. Precisa acreditar que é digna sem hesitar. Confiança é essencial para dominar a magia, e você já usou sua magia de tal forma quando olhou dentro da mente de Angra. Ao usar sua magia para tocá-lo, foi uma vontade canalizada. Você é capaz, coração. Confie em si mesma.

Reviro os olhos.

— Confiar em mim mesma... Você me conhece, não é?

Rares ri.

— Você consegue. E se perder o controle, não se preocupe, sou mais do que capaz de controlar você. — Ele gesticula para o complexo. — Este é o único lugar em Primoria em que você não precisa temer usar sua magia.

Coloco o corpo em uma posição mais firme e olho para a caixa, a tampa torta que está entreaberta no topo. Consigo fazer isso. Mesmo que estrague tudo, Rares está certo, este é o único lugar em que estou livre para cometer erros. Não há muitos invernianos por perto que eu conseguiria ferir.

Ou será que poderia acidentalmente afetar Rares e Oana, de alguma forma, pois eles também são condutores?

— Não pense demais — diz Rares, em uma repreenda ríspida. — Apenas *queira*.

Solto o ar longa e lentamente, e estendo a mão.

Quero poder enfrentar Angra e obter aquelas chaves. Quero poder proteger Inverno. Quero poder impedir isso, tudo isso...

Quero sobreviver.

Ao fazer isso, protegerei todos que amo. Roubarei as chaves de volta e passarei pelo labirinto e salvarei o mundo de se tornar uma prisão de medo governada por Angra. Mas Mather virá comigo para aquele labirinto. Ele não hesitará se eu pedir, e estará lá até o fim. *Não é esse o fim que quero para nós.*

Eu sequer quero um fim em relação a ele.

Tapo o rosto com as mãos em concha.

Quero Sir lá comigo também. Mas será que virá? Eu sinceramente não sei mais. Da última vez em que nos falamos eu estava muito magoada — a que Sir é leal agora? Eu quero...

Eu quero, eu quero, eu quero...

Com um grunhido curto, estendo a mão. A tampa da caixa se abre com um rangido. E quando meus olhos se arregalam, uma espada dispara para fora. O cabo se choca contra minha mão, mas meu choque me consome tanto que me esqueço de segurar a arma e a lâmina cai na terra.

Rares aplaude.

— Demorou para chegar lá, e o final precisa de ajustes, mas é um começo.

Encaro a espada, depois minha mão. Meus dedos formigam, gelados e enrijecidos, com a magia que disparou por meu braço ao comando não dito.

É um começo.

Aqui estou eu, lançando espadas em um pátio de treino, enquanto lá fora, além de Paisly, o mundo poderia estar em chamas.

— Não é bom o bastante — disparo, e estico a mão sobre a espada. Como fiz aquilo. Sequer foi um pensamento, mas veio do fundo de emoções como todas as outras vezes em que usei magia. Que emoção?

Mather, Sir, o labirinto, meu destino...

Não tiro os olhos da espada.

— Teve alguma notícia de Angra? A Ordem ainda está monitorando ele, certo? Eles informaram algo a respeito do que Angra está fazendo?

Rares percebe o que quero e pigarreia.

— A barreira da Ordem o tem mantido longe de Paisly, e parece que ele desistiu de tentar derrubá-la. A magia de Angra parou de testar nossas defesas. O que é bom, mas também é preocupante. Ele sabe que você vai ressurgir em algum momento, então, por enquanto, voltou a atenção para o restante do mundo. Durante os quatro dias desde a tomada, as forças de Angra asseguraram Ventralli para ele; com Raelyn supervisionando o reino no lugar de Angra. Ela está preparando o exército, supõe-se que para se juntar a ele. Angra está seguindo na direção dos reinos Estação com Theron ao seu lado, provavelmente para solidificar o poder deles sobre Verão ou... — Rares hesita. — Ou Inverno.

Sinto uma pontada no coração. Angra fez de Theron um aliado, não um prisioneiro. O que mais será que o obrigou a fazer?

— As tomadas dele, com sorte, não envolverão derramamento de sangue — continua Rares, com o tom de voz ainda ríspido e distante, como se soubesse que não demonstrar emoção vai me dar espaço para acumular emoções próprias. — O método dele é se aproximar de uma cidade, assim como fez em Rintiero, e espalhar a magia entre os residentes. A maioria será levada voluntariamente e se curvará a Angra. Irão se juntar ao exército dele ou cederão ao medo que a magia de Angra incute. As pessoas não sabem como resistir a ela. Por que saberiam? Acontece tão rápido que elas não têm tempo de entender quem ele é. Mas aqueles que resistem...

Aqueles que resistem. Mather. Ceridwen e Nessa e Conall...

Quero impedir isso. EU VOU impedir isso. Vou me tornar ainda mais poderosa do que Angra é e devolverei cada gota de preocupação que ele me causou vezes dez.

A espada oscila, disparando direto para cima com o cabo na minha direção. Seguro a arma.

Rares solta um uivo de aprovação e, em meio ao suor que agora escorre por meu rosto, olho para ele. Frustração, ódio e determinação formam um redemoinho tóxico que por pouco não me cega. Preciso estar no controle das minhas emoções para melhor utilizar a magia — e essas emoções são, no momento, as mais fáceis de controlar.

Quero sobreviver a isso. Mas quero também acabar com isso.

Preciso acabar com isso.

Infelizmente, preciso manter esse desejo o tempo todo na mente.

Rares não passa direto para a luta — por dois dias, ele me obriga a recuperar cada espada da caixa e colocar de volta para se certificar de que eu "entendo os fundamentos da magia".

Dois dias.

Três que passei dormindo.

Seis, no total, desde que Angra tomou Rintiero.

Cada minuto que passa me lembra de tudo que estou deixando acontecer em minha ausência, e isso é potencializado quando peço a Rares que inclua notícias de Angra em nosso treinamento.

Rares só consegue me atualizar com base no que a Ordem observa — o que significa que ele não pode me contar nada específico a respeito de meu reino ou meus amigos. Embora isso também queira dizer que Angra não espalhou o mal até eles ainda, o que é infinitamente preferível a ter notícias mais concretas a respeito de meus amigos. Eles escaparam de Rintiero. Angra não chegou a Inverno ainda. Preciso acreditar que estão todos bem.

As outras notícias basicamente não se alteram — Angra se aproxima de Verão; Ventralli está sob o controle dele, as tropas de Raelyn se preparam para avançar; Cordell mandou soldados extras para complementar o exército de Angra; outra força se reúne em Primavera, presume-se que para se unir a Angra também. Yakim permanece intocado; Outono é um mistério. Rares pode me dizer o estado dos cidadãos em cada reino que Angra tomou conforme alastra a magia dele. A conexão é fraca — pequenas correntes que permitem apenas que Rares saiba que sucumbiram a Angra —, mas é o suficiente para me tornar muito, muito boa em recuperar espadas.

Quando a última espada se choca contra as demais sob o céu alaranjado da noite do segundo dia, suor escorre por meu rosto apesar da frieza do ar da primavera verdadeira. Fecho a tampa com um ínfimo pensamento e volto o olhar irritado para Rares.

— Quantas vezes mais...

Mas ele não está me olhando. Durante cada espada que ergui atrapalhadamente, ele me observou, com braços cruzados e os olhos brilhando. No momento, contudo, Rares encara a parede principal do complexo. Pela primeira vez desde que o conheci ele parece preocupado e o pânico incendeia meu coração.

Estou buscando a caixa para atrair outra espada de volta para mim quando Rares se vira.

— Não — diz ele. — Alin encontrou...

Rares diz uma palavra que não processo, não aqui, então sacudo a cabeça.

— O que você...

— Invernianos — repete Rares.

Meus músculos ficam inertes.

— O quê? — É tudo o que consigo dizer.

— Dois — diz ele para mim. — Alin diz que um está ferido, está inconsciente.

Todo o choque que me paralisou se dissolve diante dessa afirmação, permitindo que um turbilhão se inicie.

Invernianos.

Ele está inconsciente.

Mather?

Disparo para o portão, as barras de ferro já estão rangendo ao se abrirem ao meu comando. Antes que eu dê dois passos adiante, Rares aparece, cravando as mãos nos meus ombros.

— Alin os trará até aqui — assegura ele. — Está a caminho.

Olho com irritação para Rares.

— Mas como eles chegaram aqui?

A pergunta atinge Rares, fazendo com que ele se encolha.

— O quê? — Eu o sacudo. — *O quê?*

— Assim que chegamos em Paisly — diz Rares — Angra encontrou você imediatamente. Como ele sabia onde procurar por você? Simplesmente supus que tivesse descoberto por conta própria onde estaríamos. Mas e se... alguém contou a ele?

Fico entorpecida. Como um rio totalmente congelado.

Ainda não sei toda a história — pode ser que Mather e um dos membros do Degelo dele tenham me seguido sozinhos.

Não é... *não pode ser...* porque Angra os capturou, arrancou deles minha localização e os infiltrou aqui para mim.

Mas meu coração sussurra a verdade, e olho por cima da muralha.

Rares aperta meus ombros de novo.

— Alin os trará aqui — promete ele de novo.

Eu me desvencilho de Rares e o portão desce e bate na terra.

— Apenas os traga até aqui — digo, antes de me plantar diante do portão de braços cruzados, dentro do peito o murmúrio de uma emoção que conheço muito bem: terror.

E dessa vez, não é algo que consigo afastar, porque a ideia de Mather inconsciente fica mais insuportável a cada segundo.

Mather

Quando Mather era criança, podia treinar com armas todos os dias; podia ouvir com atenção inabalável as lições de William sobre estratégia de guerra, economia e história; podia ser bondoso e justo. Mas nenhuma dessas coisas o tornava o herdeiro do sexo feminino de que Inverno precisava, e com cada lição ele sempre sentia aquele puxão insistente no fundo da mente sussurrando seu verdadeiro valor — o qual era, na época, meramente algum dia dar continuidade à linhagem do sexo feminino do reino dele.

E nas noites escuras e silenciosas, quando o acampamento inteiro dormia nas tendas improvisadas em qualquer que fosse o local que William tivesse escolhido, Mather se via desejando algo impossível. Algo que não ousava dizer em voz alta, não quando a salvação do reino dele dependia disso:

Ele desejava que a magia desaparecesse. Desejava um mundo livre dela, onde o valor de um líder se baseasse em quem ele era de verdade, não em gênero.

Mather acalentara esse desejo até que Angra fosse deposto e Meira se revelasse a real herdeira. Então, quase pareceu que no final das contas magia poderia ser algo realmente bom — ela salvara o reino deles. Então Mather afastou aquele desejo, e tentou aceitar o mundo como ele era.

Mas quando os gritos de Phil se transformaram em um choro que era mais sentido do que ouvido, Mather desejou mais do que nunca que a magia não existisse.

Mather ficara preso ao chão a cada uivo torturante de Phil, incapaz de sequer ver o que estavam fazendo com o amigo. E quando o silêncio finalmente recaiu, enfiaram uma sacola em sua cabeça, seus pulsos e pernas foram atados e tudo apertava, sufocava e *doía*.

Mather foi atirado sozinho dentro de algum recipiente de madeira e o ar tinha um leve cheiro de orvalho, o que significava que estavam no rio Langstone ou ele estava em algum tipo de caixa que estivera em um navio. O balanço e o arrastar da caixa eram irregulares demais para que Mather supusesse estar sendo puxado por uma carruagem ou um barco. Mas eles viajaram, e viajaram, e viajaram mais um pouco, e assim que Mather achou que desmaiaria por causa da péssima ventilação dentro da caixa, o movimento parou.

O peso da caixa o lançou contra uma das paredes. O ombro de Mather só tocou a madeira por meio segundo antes que a parede desaparecesse; a madeira era uma porta que se abriu e o lançou. Embora Theron tivesse enfiado o condutor de Cordell de volta no cinto de Mather, ele não conseguira se curvar no ângulo necessário para alcançá-lo, e, por isso, não tivera como soltar as amarras durante a viagem. Não tinha nada que escorasse a queda quando se chocou com o chão.

Pedras. Cascalho, em grande parte. Nenhuma grama.

Onde estavam?

Mãos ergueram Mather pela parte de cima dos braços, e depois de tanto tempo amarrado, ele sibilou de dor com mais essa contorção. Levaria semanas até que seus músculos o perdoassem.

Tais pensamentos eram os únicos que Mather se permitira durante a jornada. Qualquer outra coisa...

Mather trincou o maxilar.

Seus captores arrancaram a sacola da cabeça dele, cortaram as amarras nas pernas e até mesmo soltaram os grilhões dos punhos. A liberdade morreu mesmo antes de ter tempo para florescer — se eles se sentiam confortáveis em soltar as amarras, Mather devia estar intensamente cercado.

— *Pelo gelo* — xingou ele, baixando a cabeça até o peito e com os olhos se enchendo d'água devido à intromissão lancinante da luz. Mather piscou para clarear a visão e ergueu novamente a cabeça para observar os arredores.

Mather estivera em uma carruagem durante aquela parte da viagem, ao menos. Penhascos se erguiam em volta e um céu azul forte com o cinza de pedras sombrias. Se não soubesse, teria dito que estavam nas montanhas Klaryn, mas não tinham viajado tanto tempo assim.

Um *tum* chamou a atenção de Mather para a carruagem. Alguns dos soldados — dez no total, e nem Angra nem Theron estavam entre eles, o que era tanto um alívio quanto assustadoramente preocupante — abriram outro compartimento perto dos fundos da carruagem, do qual arrastaram Phil.

Espantosamente, ninguém impediu Mather quando ele se colocou de pé com dificuldade e então caiu, seus joelhos cedendo devido à falta de uso. Mas a determinação venceu, permitindo que Mather em parte se arrastasse e em parte se atirasse contra Phil, que caiu no chão pedregoso sem ao menos gemer.

Mather segurou Phil de pé, as mãos se enterrando nos ombros dele. Um dos olhos de Phil estava tão inchado que não se abria; o outro piscava para afastar o sangue que escorria de um corte na sobrancelha.

Mas era isso. Não havia outros ferimentos que Mather conseguisse ver, e Phil não mancava de nenhuma das pernas ou apoiava as mãos sobre qualquer corte.

— O que fizeram com você? — indagou Mather.

Phil olhou para ele com lágrimas escorrendo dos olhos.

— Eu... contei a eles... aonde ela foi...

O rosto de Phil exibiu pesar quando os soldados agarraram Mather e o puxaram para trás, atirando-o contra uma das muitas rochas que ladeavam a clareira. As mãos de Mather estavam cobertas com o musgo poeirento das pedras e, quando ele se virou, fechou-as em punhos, posicionando as pernas na melhor pose defensiva que o corpo ainda sem equilíbrio conseguia fazer.

Phil tinha apenas três soldados por perto — os últimos sete estavam reunidos em torno de Mather.

Um dos soldados atirou algo aos pés de Phil. Mather piscou. Aquilo era...

Phil franziu a testa para o objeto, ergueu o olhar para os soldados, então para Mather.

Era o chakram de Meira.

O soldado mais perto de Mather falou, com escárnio:

— Angra quer que ela o tenha de volta. Que considere isso como um presente, uma prova da leniência dele. Ele também quer que ela reencontre *você*, para que possa mandar uma mensagem dele.

Exaustão e fome e uma infinidade de preocupações fizeram com que o cérebro de Mather observasse detalhes como um cavalo em um campo lamacento. Um soldado lançou o punho e Mather se abaixou, mas outro soldado interrompeu o desvio com um soco no estômago. Mather ofegou e curvou o corpo quando o ar lhe foi sugado dos pulmões.

O soldado se abaixou por cima de Mather enquanto ele se curvava de joelhos.

— Se sobreviver a isso, diga a ela que é isso que vai acontecer a todos que se colocarem contra Angra. E mesmo que você não sobreviva, bem, imagino que isso também servirá de aviso para ela.

Com isso, o soldado golpeou a coluna de Mather com o cotovelo e o jogou de barriga no chão. Mather caiu com um gemido fraco.

Phil soluçou, inerte nos braços dos soldados.

Os demais atacaram. Sete contra ele — Mather tentou revidar, mas mesmo ao fazer isso, sentiu o quanto era inútil a cada soco que recebia.

Angra sabia onde Meira estava. E Mather perderia aquela luta.

Não estaria lá para ajudá-la.

Mather saltou de pé e disparou contra o homem mais próximo. Um lampejo forte interrompeu sua visão e fez cada nervo em seu corpo entrar em choque. Um clarão branco e depois um silêncio sepulcral.

Mather desabou no momento em que um soldado atirou outra pedra, mas nada mais lhe veio — apenas dor.

Ceridwen

Depois que Giselle desembarcou em Putnam, os yakimianos deixaram Ceridwen, Jesse e Lekan onde a floresta ao sul de Eldridge encontrava o rio Langstone. O grupo ficou com cavalos, suprimentos para um dia e lembretes dos desejos da rainha deles — impedir Angra antes que ele destruísse Yakim. Nenhuma pista de *como* poderiam fazer tal coisa. O que era quase preferível — Ceridwen não estava disposta a seguir mais ordens de Giselle —, embora não tivesse ideia de como impedir Angra. Deveria esperar que Meira aparecesse e torcer para que ela tivesse um plano? Rastrear a localização de Angra e armar uma tentativa de assassinato?

Ceridwen guardou o selo de Giselle no bolso e fingiu que o peso da guerra iminente era o bastante para distraí-la da presença de Jesse.

Ela sabia que a capacidade de ignorá-lo se esgotaria. Mas, pela chama e pelo calor, Ceridwen lutaria para ser capaz de fazê-lo até o amargo fim.

O campo de refugiados ficava a apenas um dia de viagem do rio Langstone, e Ceridwen se sentia grata por não precisarem passar uma noite acampados na floresta. Assim que o sol e o céu noturno começaram a se enfrentar no horizonte, o grupo deixou as árvores e saiu nas planícies Rania.

O marido de Lekan tinha ajudado a escolher aquela localização. Tinham um campo mais no interior de Eldridge antes, mas com tantos refugiados veranianos, o clima frio e úmido estava longe de ser ideal. O campo agora ladeava o limite da floresta, perto o bastante das árvores para permitir que recursos fossem recolhidos, e perto o suficiente das planícies para dar aos veranianos o descanso necessário do calor e da secura. Ceridwen inspirou aquele vento árido, com o peito doendo diante da lembrança que tais odores incitavam. Lembranças de Verão, da terra rachada de seu reino, bronzeando-se ao sol.

Ceridwen apertou o selo de Giselle. A rainha yakimiana não era a única com um reino a proteger de Angra. E agora que Simon estava morto, e que Ceridwen era a única herdeira viva de Verão...

Ceridwen fechou os olhos, contendo o arquejo que surgiu em sua garganta. O irmão dela tinha *morrido*. Lentamente, mas ainda assim de forma persistente, Angra estava escravizando o mundo. Só que em algum lugar profundo e doentio dentro de si, Ceridwen se deliciava ao saber que uma de suas metas mais antigas tinha finalmente sido alcançada. Durante anos, Ceridwen ansiara ser a única governante de Verão.

Era uma legítima veraniana — capaz de encontrar alegria em qualquer situação.

Ceridwen se forçou a abrir os olhos. Em meio ao azul-escuro da noite e à grama marrom-claro, algumas formas se moveram na direção deles.

— Lekan!

Kaleo surgiu em meio à grama alta. Alguns soldados vieram logo atrás — e Ceridwen suspirou aliviada ao ver que eram veranianos, não yakimianos se fazendo de refugiados. *Maldita Giselle.* Os soldados, no entanto, voltaram para o campo quando ouviram a confirmação de Kaleo de quem se aproximava.

Lekan afastou o cavalo, mas não muito antes de puxar as rédeas. A perna ferida tinha parado de sangrar, mas ainda deve ter causado dor quando Lekan desceu. Ele não hesitou na corrida alucinada para encontrar Kaleo no gramado e os dois se chocaram. A força de Kaleo lançou Lekan cambaleando para trás e os corpos dos dois desapareceram na grama alta em meio a um coro de gargalhadas — que rapidamente viraram um silêncio que fez Ceridwen desviar o olhar para Jesse.

Ele parecia tão diferente sem máscara, e entre as coisas sobre as quais ainda não tinham conversado era se ele queria ou não uma nova máscara. Ela não podia negar que algo em si amava poder ver as emoções de Jesse enquanto ele observava Lekan e Kaleo, um sorriso erguendo os lábios dele, seu rosto todo sendo consumindo pela luz.

Então Jesse enrijeceu o corpo na sela e os músculos em seu pescoço se retesaram quando ele engoliu em seco e olhou para Ceridwen. Jesse fez uma reverência com a cabeça como se Ceridwen tivesse lhe dado uma ordem e então mandou o cavalo seguir, sumindo para dentro do campo. Ceridwen esperava conseguir respirar com mais facilidade depois que Jesse se fosse. Mas nada mudou, nem mesmo uma faísca de alívio.

Ela avançou para perto de Lekan e Kaleo. Quando os cascos do cavalo dela trotaram bem ao lado dos dois, Kaleo se esticou, montado na cintura de Lekan.

— Princesa! Você o trouxe de volta ferido. De novo.

Ceridwen deu de ombros.

— Apenas porque sei o quanto Lekan adora quando você cuida dele.

Lekan se deitou completamente, os braços estendidos.

— É melhor você me amarrar. Para o meu próprio bem, preciso de repouso, já que não sou confiável para me manter seguro e ileso em nenhum outro lugar.

Kaleo segurou o tecido da camisa de Lekan com o punho, inclinando-se mais para perto dele com um olhar que fez Ceridwen rir.

— Eu dormi em tendas ao lado de vocês dois — disse ela. — Não tenho certeza se a ideia de *repouso* de vocês é mais segura.

Kaleo deu uma gargalhada alta e Lekan usou a distração para se virar e ficar por cima dele, mas o movimento o fez cair de mau jeito sobre o ferimento e ele gritou de dor. Quando Kaleo se moveu para verificar o joelho de Lekan, as palavras deles se suavizaram, mais provocações que, caso Ceridwen não estivesse tão acostumada com os dois, a teriam feito corar.

Ela seguiu adiante, deixando os dois à vontade. O campo se estendia em um círculo irregular, mais tendas eram acrescentadas sempre que novos refugiados se uniam ao grupo, criando estradas e caminhos sinuosos. Um campo desordenado e caótico para um grupo desordenado e caótico.

Ceridwen desceu do cavalo e o levou até um curral no limite do campo. Todos tinham se recolhido para a noite. Apenas soldados patrulhavam, acenando com a cabeça conforme a reconheciam. Ceridwen observou cada tenda. Tudo em seu devido lugar.

Os punhos dela se fecharam involuntariamente.

Bem, quase tudo. Trezentos dos refugiados ali presentes eram soldados yakimianos. Não havia mais do que oitocentas pessoas ao todo.

Ceridwen grunhiu. Isso queria dizer que havia trezentos lugares naquele campo que poderiam ter sido ocupados por escravos que precisavam de fato ser salvos.

Maldita Giselle.

Quantos dos espiões yakimianos tinham se feito de soldados ali? Quantos tinham ficado escondidos nos grupos de famílias e trabalhadores? No pior dos casos, se cada soldado yakimiano tivesse assumido posições como combatentes de Ceridwen, ela teria apenas cerca de cento e cinquenta soldados não yakimianos. *Cento e cinquenta.* Para enfrentar Angra... era um número risível. Ceridwen *precisaria* usar os soldados yakimianos. Mas para quê?

Durante anos, apesar do número reduzido, os combatentes refugiados vinham causando o caos — poderiam continuar o tipo de ataques de guerrilha que tinham frequentemente afetado as forças de Verão. Ataques surpresa do alto de árvores, armadilhas construídas em estradas difíceis.

Ceridwen esfregou a testa.

Será que isso realmente faria diferença contra Angra? Será que ela conseguiria remover qualquer que fosse o domínio dele sobre Verão com guerrilheiros? Porque Ceridwen iria atrás de Verão primeiro, independentemente da súplica de Giselle. Que Yakim sofresse um pouco diante da ameaça de Angra.

— Wennie!

Ceridwen sorriu. Apenas uma pessoa a chamava daquele jeito, e da primeira vez que ouviu, o nariz de Ceridwen se enrugou. Mas aquilo apenas encorajou Amelie, agora com oito anos. A menina yakimiana tinha apenas dois anos quando foi vendida a Verão, e não levara muito tempo para que Kaleo e Lekan se apaixonassem por ela e a levassem para sua família.

Lekan não dissera uma palavra sobre a revelação de Giselle. Nenhuma vez ele disse: "A vida de minha filha foi a moeda que aquela cadela usou para financiar seu ataque planejado contra Verão."

Embora Ceridwen conhecesse Lekan bem o suficiente para saber que ele jamais pensaria em algo assim. Ceridwen simplesmente precisava se encher de cólera por ele.

Ela abriu os braços para Amelie, que deslizou para dentro do abraço.

— Lekan voltou — disse Ceridwen, e os olhos castanhos já grandes de Amelie se arregalaram ainda mais. A cicatriz sob o olho esquerdo dela, o *V* marcado com ferrete, se enrugou com o sorriso. A marca era velha o bastante para estar mais suave e menos evidente do que aquela que tinha sido feita em adultos. Mas ainda estava ali, um testemunho gritante de que, caso Amelie tivesse retornado a Yakim, teria sido rapidamente levada de volta a Verão. Ela era propriedade de verão agora — então Amelie, assim como todos os demais que Ceridwen e o grupo dela tinham libertado, precisava ficar naquele campo escondido, a salvo de qualquer um que a forçasse a uma vida de inexistência.

Uma máscara esconderia aquela marca. Ceridwen engoliu em seco. Mandar os refugiados para Ventralli era opção que ela certa vez considerara, mas não por muito tempo.

Amelie bateu palmas, os cabelos pretos embaraçados oscilaram na altura do ombro e então a menina saiu correndo.

— Papa! — gritou Amelie, e das planícies, a voz de Lekan ecoou de volta.

— Amy!

Ceridwen sorriu. Era revigorante ver uma criança ainda capaz de ser uma *criança*, feliz e inocente de todas as melhores formas.

Uma silhueta se moveu à esquerda dela, e quando Ceridwen se virou, Jesse avançou para a luz de uma lanterna próxima. As mechas escuras dos cabelos dele tocavam os ombros, o colarinho, o trecho de pele em que Jesse desabotoara a blusa. O ângulo do maxilar dele refletia a luz, marcante sob uma camada de barba que tinha crescido depois de dias sem um barbear decente. Jesse jamais parecera tão desleixado, embora exibisse esse aspecto como uma roupa escolhida de propósito, e os lábios de Ceridwen ameaçaram um sorriso diante do quanto era uma atitude ventralliana da parte dele. Fazer algo belo apesar dos desafios.

— Seus filhos já chegaram? — perguntou Ceridwen, com a voz falhando no meio da pergunta quando se deu conta de que... estava falando com ele.

Jesse pareceu tão chocado quanto ela. O corpo já tenso estremeceu de surpresa, mãos nos bolsos, ombros curvados em um estado de rendição frágil.

— Não... verifiquei com alguns dos soldados. — Tristeza tingiu as feições de Jesse, mas ele a afastou dando de ombros, forçando o otimismo. — Talvez não tenham vindo de barco. Talvez demore alguns dias.

— Podemos mandar alguém para procurar por eles.

— Sim. Sim, por favor. — Jesse se interrompeu e segurou a ansiedade. Com medo de insistir demais, de mostrar emoção demais.

Quatro anos, debateu a mente de Ceridwen. *Esperei que ele agisse durante quatro anos.*

Quatro anos, replicou o coração dela. *Esperei* por ele *durante quatro anos.*

— Você... — Ceridwen pigarreou. — Você já recebeu uma tenda?

Ele fez que não com a cabeça.

— Deveria ter pedido quando fui procurar meus filhos. — Jesse coçou o pescoço. — Não estou pensando direito agora.

— Quem está? — resmungou Ceridwen, e seguiu para o campo.

Jesse seguiu um passo atrás.

— Já considerou como usará os soldados de Giselle?

Ceridwen fechou as mãos e disparou as palavras por cima do ombro.

— Sério? *Você* quer falar sobre guerra?

— Só porque Ventralli não vê guerra há anos não quer dizer que não posso ser útil. Passei muitas noites observando você...

Ceridwen se virou para ele. Estavam do lado de fora de uma tenda não muito longe do círculo mais externo, uma das muitas reservadas aos refugiados nas primeiras noites, quando o alojamento permanente ainda não estava amontoado. Tecido pendia do telhado pontudo até o chão, faixas sobrepostas estavam pregadas para permitir que a brisa entrasse e manter longe os olhos curiosos.

— Não — disparou ela. — Não esperaria que alguém soubesse como trabalhar vidro simplesmente por ter observado um vidraceiro durante algumas horas, certo? O que quer que aconteça a seguir não diz respeito a você. — Ceridwen segurou a aba da tenda dela e a abriu. — Deve haver uma cama e um balde com água doce...

— Não foi o que eu quis dizer. — A voz de Jesse estava falhando. — Passei anos observando você lutar por Verão, então sei do que *você* precisa. E se precisar de alguém para conversar, posso ouvir.

— Lekan também pode.

— Justo. — Jesse fez uma reverência com a cabeça. — Mas eu... estou aqui, Cerie.

Ela olhou para a estrada, com uma das mãos presa à aba da tenda. Era uma estrada mais escura do que a maioria e só havia uma lanterna por perto. O que tornava tudo indiscernível, a grama batida, as tendas inclinadas e a extensão do céu salpicado de estrelas acima.

— Soldados vêm a cada quinze minutos — disse ela. — Qualquer um deles poderá ajudar se você precisar de mais...

— *Cerie*.

Ceridwen soltou a aba da tenda, mas não conseguiu fazer os pés se moverem. Havia uma dezena de coisas diferentes que precisava fazer — planejar um modo de confrontar os soldados yakimianos; mandar que alguém fosse atrás de notícias dos filhos de Jesse... Isso sem falar de Meira. Ceridwen precisava descobrir qual seria o próximo passo dela. Se Meira não tinha conseguido sair de Ventralli, aquela guerra estaria nas mãos... dela.

Jesse estava certo. Ela precisava conversar com alguém —, mas, mais do que isso, ela simplesmente *precisava* de alguém.

E isso, mais do que qualquer coisa, a manteve parada no lugar.

— Cerie. — Jesse a chamou de novo, como se isso pudesse consertar cada ferida que ele provocara. — Desculpe. Por Raelyn, por Verão, por... você. Desculpe por ter magoado você várias e várias vezes. — Ele conseguiu dar um risinho frágil, esmaecido. — Ainda não entendo por que você me tolerou por tanto tempo.

Ceridwen perdeu o fôlego. *Nem eu.*

Mas cada motivo estava tão marcado no coração dela quanto a dor que Jesse tinha lhe causado. Cada cicatriz tinha uma desculpa contraditória correspondente, e durante muitas noites Ceridwen caíra no sono contando todas elas.

Amo você porque você foi o único que me ouviu quando eu fui como embaixadora veraniana até Ventralli, e embora seu conselho tenha negado ajuda a meu país, você se esforçou muito por meu povo. Amo você porque você me mostrou o tipo de devoção que eu queria que meu rei praticasse. Amo você porque você ama seus filhos. Amo você porque você ama a tradição de usar máscaras e todas as coisas que seu povo cria.

Amo você pelo mesmo motivo que amava meu irmão — porque também sou fraca.

— Pare — disse Ceridwen, com a voz rouca.

— Não mereço você — insistiu Jesse. — Foi por isso que obedeci à súplica de minha mãe para que me casasse com Raelyn. Eu sabia que não merecia você, e achei que seria melhor para nós dois se eu me casasse com outra pessoa. Mas você ainda me amava, mesmo depois desse casamento. Como eu queria ser digno de você, então a mantive por perto na esperança de me tornar o homem que eu era quando estava com você *sempre.*

— Pare — disse ela, de novo, mais alto, e soube que Jesse a ouviu dessa vez.

— E me desculpe, Ceridwen. — A voz de Jesse falhou. — Quando Raelyn quebrou meu condutor, eu sequer me importei com a magia, eu só queria você. Deveria ter permitido que esse desejo me guiasse durante todos esses anos, mas não permiti. Não vou simplesmente pedir desculpas, no entanto... já falei coisas vazias demais ao longo dos anos. A única coisa que já disse que realmente importa é que amo você. Então repetirei isso a todo momento, todos os dias, à medida que eu *fizer* coisas, não apenas *disser* coisas, para provar o quanto me arrependo de não ter tratado você como merece. Eu te amo, Ceridwen. *Eu te amo.*

Ceridwen queria correr até a tenda e deixar Jesse ali com as desculpas dele. Queria gritar com ele para que parasse de atirar suas emoções contra ela. Equilibrada na beira de um abismo sem fundo, escuro e pútrido com os eventos dos últimos dias, Ceridwen queria demais. Cada palavra que Jesse dizia a empurrava para mais perto da queda.

O irmão dela morrera antes que Ceridwen pudesse dizer algo verdadeiro para ele. Ela queria gritar com o irmão a respeito de todas as coisas terríveis que ele fizera, de como fora ele quem a forçara para uma vida de solidão. Era culpa de Simon — ele escolheu ser inimigo de Ceridwen.

Ela olhou com raiva para Jesse.

— Você diz isso *agora*. Foi preciso o fim do mundo para você descobrir que vale a pena lutar por mim.

— Eu sempre soube que valia a pena lutar por você — resmungou Jesse. — Simplesmente nunca fui digno de fazê-lo.

— Eu sempre soube que você não era digno de mim. Sempre soube que era fraco, Jesse, e não quero precisar recolher seus cacos. — A acusação tocou nas próprias inseguranças de Ceridwen. — Você é fraco, e está magoado, e *está sozinho*. Por que algum dia pensou que alguém o ajudaria? Você é um nada, e é por isso que está sozinho, por isso que fracassou *tantas vezes*... porque jamais houve nada dentro de você desde o início.

O chão segurou Ceridwen quando ela caiu de joelhos.

Ceridwen estava sozinha de tal maneira que não conseguia compreender totalmente. A mãe dela provavelmente ainda vivia, mas que utilidade sequer já tivera? Simon estava morto, e sinceramente... o que esperava que o irmão tivesse se tornado? Que um dia ele acordasse e percebesse o quanto se tornara uma pessoa perigosa? Não, jamais haveria um final feliz para o irmão de Ceridwen. Nem para Verão, nem para ela mesma.

Braços se estenderam às costas dela. Braços hesitantes, trêmulos que lentamente a puxaram para frente e balançaram-na contra o peito de Jesse. Ela conhecia tão bem aquela posição, cada linha tensa na musculatura dele, cada trecho de pele. E Jesse conhecia o corpo de Ceridwen também. Sabia onde fechar os dedos em volta do braço dela, além do ponto no ombro esquerdo em que um ferimento antigo ainda doía se fosse tocado. Ele sabia que deveria acariciar a base do maxilar dela com o polegar, logo abaixo da orelha, carícias firmes e ritmadas que emanavam ondas por todo o corpo de Ceridwen.

Ela conhecia Jesse e ele a conhecia, e ele estava *ali*.

O corpo de Ceridwen ficou inerte.

— Não confio em você — sussurrou ela.

— Não confie — disse Jesse. — Deixe que eu me prove. Devo a você uma vida de penitência, Cerie.

Uma vida de penitência poderia significar um monte de coisas. Mas o que Ceridwen viu foi a cabeça do irmão se separando do pescoço. A vida dele tinha acabado muito depressa, antes que Ceridwen tivesse a chance de dizer que o amava, apesar de tudo o que tinha feito, porque ele era *dela*, parte do reino dela, parte da família dela, e Ceridwen não conseguia evitar.

Se soubesse que viveria uma vida segura e longa, Ceridwen conseguiria racionalizar e se convencer de que precisava de algo melhor do que Jesse. Mas agora, essa vida que levava — ela sabia o quanto era frágil, o quanto provavelmente morreria jovem, em batalha. Nesse tipo de vida, só havia tempo para desejos, não para necessidades. E Ceridwen desejava Jesse.

Ela o desejava porque não queria acordar sozinha todas as manhãs. Não queria saber que Jesse estava por aí, que não era dela, quando poderia tê-lo naquele momento. Era egoísta, sim — mas também perigoso e inconsequente e uma estupidez.

Mas a guerra fazia essas coisas. Fazia com que as pessoas percebessem a importância das coisas estúpidas.

Uma cama rangeu sob Ceridwen. Os lábios de Jesse tocaram a testa dela, as mãos dele alisaram seu cabelo e antes que conseguisse formar qualquer palavra, Ceridwen se desfez.

Meira

A tensão no complexo torna impossível respirar. Só consigo ficar de pé e encarar a parede, enquanto Oana corre para fora e passa o braço sobre meus ombros. Rares permanece posicionado ao meu lado, com a cabeça inclinada, como se estivesse ouvindo.

Rares pode se comunicar com Alin — sendo assim eu deveria ser capaz de me comunicar com Mather e quem quer que tenha vindo com ele? Não são condutores, mas governantes podem usar a magia para canalizar vontade e força para outras pessoas, então talvez eu pudesse... o quê? Canalizar um rompante aleatório de força para eles? Ou poderia viajar até lá e usar minha magia para trazê-los de volta para o complexo imediatamente. A questão é que acrescentar tontura e vômito aos ferimentos deles não ajudará em nada.

Cambaleio para mais perto de Rares.

— Onde eles estão? Aconteceu alguma coisa?

Rares abre a boca e ergue um dedo ao mesmo tempo. Depois de um segundo, ele aponta para o portão.

— Agora.

Lanço o portão para cima com toda força e ao mesmo tempo disparo com os olhos fixos em Alin, que está agachado no assento do condutor de uma carruagem. Quando Rares e Oana puxam a carruagem até o complexo e baixam o portão, já estou dando a volta pelo vagão.

Olhos azuis piscam para mim, um deles enterrado sob um inchaço roxo e vermelho, o outro está sob um corte que atravessa a sobrancelha. É um dos membros do Degelo de Mather, seu cabelo branco pende em torno do rosto em mechas grudadas.

— Phil? — adivinho.

Ele assente, tremendo como um cão com medo do dono.

— Minha... minha rainha... — murmura Phil, e dizer isso o deixa arrasado. Ele dispara para fora da carruagem, com as mãos sobre a cabeça e os joelhos fraquejando até cair, enroscando-se como uma bola no chão.

— Desculpe... Não queria... Tentei tanto...

Eu o observo, incapaz de respirar.

O que *aconteceu*?

No fundo da mente, ouço a voz tranquilizadora de Oana, o burro zurra para o ar, o vento sibila em minhas orelhas. Tudo se dissipa em um zumbido surdo quando meus olhos se fixam em Mather.

Ele está deitado no chão da carruagem, enroscado sobre sua lateral como se tivessem atirado o corpo dele ali dentro e saído com o veículo o mais rápido possível. Sangue seco cobre todo o lado direito da cabeça dele, mais escuro perto de um ferimento na têmpora. Uma atadura encharcada está em torno da testa de Mather e seu peito sobe e desce em uma respiração entrecortada.

Já o vi ferido antes, depois de missões em nosso campo de refugiados; depois de sessões de treino especialmente violentas. Nessas circunstâncias ele até se encolhia e gritava de dor, mas jamais ficou inconsciente, e nunca percebi até agora o quanto isso era necessário para que meu coração permanecesse tranquilo.

Oana toca meu ombro.

— Precisamos levar ele para dentro, querida — suplica ela, e percebo que estou bloqueando Rares e Alin de tirarem Mather da carruagem.

Salto para trás, para perto de Phil, que chora, e quando me viro, ele está de pé. Ele aperta o corpo com os braços com tanta força que temo que se parta ao meio.

— O que aconteceu? — Minha pergunta se choca contra Phil, fazendo-o cambalear.

— Não... — Phil cobre os olhos pressionando as bases das palmas das mãos com força. Cada momento que Phil não fala deixa que possibilidades me atinjam. Imagens de Mather subindo as montanhas atrás de mim e caindo; imagens dele tentando escapar de Rintiero e sendo atacado pelos homens de Angra...

Phil murmura algo contra os pulsos.

— O quê?

Ele abaixa as mãos. Olha para mim. Então para Mather, que agora pende, inerte, entre Alin e Rares conforme os dois o puxam na direção do castelo.

— Eu precisava fazer as vozes pararem — sussurra Phil.

Meu corpo fica quente.

— Angra? — adivinho.

Phil geme baixinho e faz que sim.

— Eu contei a eles... aonde íamos — diz Phil, com ânsia de vômito entre as palavras. — Eu contei a eles... onde você estava... e eles nos levaram para as montanhas... e Angra, ele não veio. Ele disse... disse que nós seríamos o suficiente para fazer você voltar. Ele fez com que os homens espancassem Mather para mostrar a você o que fará com todos que se voltarem contra ele. — Phil se curva, com as mãos nos joelhos. — Eu contei a eles onde você estava para fazer as vozes pararem, mas eles espancaram Mather na minha frente, e eu... eu preferia ter ficado com as vozes...

A porta do castelo se abre e Rares entra, a cabeça de Mather pende sobre a barriga.

Engulo as palavras de Phil, minha própria dor, qualquer coisa para evitar que eu me desfaça.

Em meio a tudo que preciso fazer, ao sacrifício que me é exigido, minha vida é a única que será tomada. Eu me recuso a perder mais pessoas para isso.

Atiro essa necessidade para as profundezas da magia, permito que se espalhe pelo vazio.

Mather viverá. Está me ouvindo?

Ele viverá.

Rares e Alin colocam Mather em uma cama de um quarto estreito com mesas, uma pia, cobertores e velas. Alin murmura um pedido de desculpas ao sair, retornando ao posto dele, e Rares e eu permanecemos à porta, tão silenciosos que conseguimos ouvir as palavras abafadas de Pana cuidando de Phil alguns quartos adiante.

Rares cruza os braços e, pela primeira vez desde que o conheci, não encontro uma pontada de bom humor no comportamento dele.

Falo antes que Rares consiga.

— Angra não veio até Paisly.

Rares desvia os olhos de Mather.

— Ele sabe que não sobreviverá a um ataque direto, pelo menos não sem o restante dos exércitos de Primoria ao lado. Algo que ele está quase conseguindo.

Olho de volta para Mather. Para o sangue na cabeça dele, pulsando fresco e forte.

— Ele não vai se curar sem sua ajuda — diz Rares.

— Não. — Sacudo a cabeça. — Não posso... *não vou* arriscar a vida dele ferindo-o mais do que ele já...

Rares agarra meus braços e a tristeza nos olhos dele me arrasa.

— O melhor que posso fazer é deixá-lo confortável enquanto ele morre devagar. Perdeu sangue demais, o ferimento é profundo demais e a única forma de sobreviver a isso é magia inverniana.

Um segundo é todo o tempo necessário — menos do que isso, na verdade. Um lampejo de Mather, partido, sangrando, pelo canto do olho.

— Vou evitar que você perca o controle — assegura-me Rares, mas já estou concordando. — É igual a atrair objetos. Relaxe a mente e deixe que sua escolha ecoe.

Forço a entrada no quarto até parar subitamente ao lado da cama. A pele de Mather, em vez do brilho vibrante e saudável, exibe um tom de cinza. O peito dele se move quase imperceptivelmente, e o meu dói na cadência de seus fôlegos trêmulos.

A cama range quando me sento nela e pego a mão de Mather. Está cheia de um suor pegajoso, mas entrelaço meus dedos nos dele mesmo assim. Determinada, seguro sua mão sem vida.

Rares estava errado, no entanto. Esse uso de magia é muito diferente de atrair espadas até mim no pátio de treino. Nessas ocasiões a questão era simplesmente entender como a magia funciona.

Aqui tem a ver com a guerra.

Angra trouxe a luta até mim. Ele me arrastou para ela, estivesse eu pronta ou não.

Mas ele não vencerá.

E da próxima vez, a luta acontecerá nos *meus* termos.

Olho fixamente para as pálpebras fechadas de Mather, observando qualquer tremor de consciência, apertando a mão dele com mais força a cada batida súbita do coração.

Ele sempre esteve em minha vida, e jamais pedi por mais do que isso. Porque nosso povo precisava ser salvo; porque eu achei que ele fosse o rei de Inverno; por centenas de motivos diferentes que sempre me deixam manter Mather circundando minha vida, constante e imutável.

E com o peso do abismo de magia pairando sobre mim, percebo o que quero agora.

Quero *ele*.

Não quero Mather circundando a minha vida — eu o quero no centro, dando aquele sorriso que sempre disparou por dentro de mim. Quero que sejamos *nós* de novo, Meira e Mather.

Quero que ele olhe para mim.

A magia desliza para a frente e eu me abro para ela, desejando que cada gota escorra para fora de mim. Tendões frios serpenteiam pelo corpo de Mather. Fico maravilhada com o quanto conheço bem cada parte dele, o quanto é fácil canalizar a magia para longe de ferimentos pequenos — aquele corte se curará sozinho; aquela dor no joelho é resultado de uma luta de espada há anos, nada que ameace a vida de Mather — e forçar o verdadeiro poder sobre o ferimento na cabeça. Eu mantenho a magia ali, encarando o ferimento ensanguentado, apertando a mão dele com mais e mais força...

Mather se levanta subitamente, inspirando como se tivesse ficado debaixo d'água por tempo demais.

E me olha, finalmente, com os olhos cor de safira percorrendo meu rosto de uma forma muito familiar.

— Meira — sussurra Mather, e o alívio drena o estresse de suas feições. Os olhos de Mather se voltam para trás de mim, para Rares, e ele se endireita um pouco mais, encolhendo o corpo. — Onde... o que aconteceu? Onde está Phil?

— Ele está bem. — Rares dá um passo adiante. — Será curado em breve. Angra não conseguirá acrescentar as vidas de vocês à lista de mortes de hoje.

Mordo os lábios, lutando contra a ânsia de entrar nesse assunto. Rares não me dá a chance.

— Deixarei que vocês dois fiquem a sós. Tenho certeza de que há... — Ele para, o olhar recaindo para onde ainda seguro a mão de Mather. Enrijeço o corpo, incapaz de decidir se puxo ou não a mão.

— Temos tempo — conclui Rares. Essas palavras deixam um peso em meu coração conforme ele fecha a porta atrás de si, e quando me viro para Mather, ele está inclinado na minha direção.

Mather não me olha com tamanha sinceridade há meses.

Engulo em seco e verifico cuidadosamente o ferimento dele, sem confiança de ter sido realmente capaz de curá-lo. Mather fica parado durante minha análise, os olhos dançando, fixos nos meus, com o mais leve início de um sorriso nos lábios. O odor almiscarado de suor emana dele, mas isso não ajuda a frear a velocidade súbita de meu coração, subindo até minha garganta.

— Você está fedendo — digo, tossindo.

O sorriso dele se abre.

— Também estou feliz por ver você.

— Você precisa... de água. — Eu me atrapalho ao me levantar em um salto e seguir para a pia. Pego um pano e o mergulho, lentamente, para me manter ocupada.

A cama se arrasta quando Mather passa as pernas para o chão.

— Pelo gelo, o que você fez comigo?

Atiro o pano contra ele.

— Salvei sua vida. De nada.

Mather retira as ataduras e dá batidinhas com a toalha contra o sangue seco, os olhos dele se erguem para mim. Mather continua concentrado, o silêncio pesa como se cada segundo soltasse pedras em meus ombros.

— Phil me contou o que aconteceu. — Consigo dizer. — Quem mais Angra...

A cama range quando Mather se levanta.

— Apenas nós — diz ele, baixinho, e consigo respirar, apesar de apenas um pouco. — Dendera está levando todos para um lugar seguro. Phil e eu nos separamos para... — Ele hesita. — Para encontrarmos você. Mas não ouse se culpar, Meira... Já não fui atrás de você duas vezes antes. Nenhuma força neste mundo poderia ter me impedido de ir atrás de você uma terceira vez.

Eu olho boquiaberta para Mather. Qualquer que fosse a resposta que eu esperava, não era essa — ele, ensanguentado, momentos depois de beirar a morte, mas me encarando como se tivesse estado ao meu lado o tempo todo, apenas esperando por alguma ordem minha.

Mather engole em seco, os músculos no pescoço dele se contraem. Ele dá passos hesitantes e se aproxima de mim, apoiado ao tampo da pia.

— Angra... ele não veio com a gente, quando os homens nos trouxeram até aqui. Não armou um ataque direto. Por quê? Por que você está aqui?

Passo os dedos pela beirada da pia. Discutir magia e Paisly e meus planos para Angra — subitamente parece o assunto mais fácil, em vez de falar sobre todas as coisas que quero quando olho para Mather.

Então explico tudo a ele, mas deixo alguns detalhes de fora. Conto o que sou agora, o que aconteceu quando Angra quebrou o condutor de Inverno. Conto a ele o que Angra é também, o que é a Ruína, como ela está se espalhando. Conto sobre Rares e por que o segui — porque ele é membro da Ordem, eu não conseguia controlar minha magia e precisava saber mais para derrotar Angra. Conto a ele sobre o labirinto, sobre as três tarefas e o abismo de magia e as chaves que preciso obter de Angra para abri-lo.

Mas não conto a Mather exatamente o que preciso fazer para destruir a magia. Ou mesmo como a magia me manteria viva por tempo indeterminado, caso eu não morresse no abismo.

Mesmo assim, quando termino, Mather me encara horrorizado. O semblante desaparece quando ele sacode a cabeça e se vira, cruzando os braços ao recostar novamente à mesa.

— Precisamos chegar a Inverno. Ao... labirinto — diz ele, zonzo. — Antes que Angra possa tirar vantagem do levante que Cordell iniciou.

— Sim. Mas não posso fazer isso despreparada. Angra não vai me dar muitas chances. — Contenho um suspiro. — E ele não vai me dar muito tempo também.

— Então nós o obrigaremos a nos dar tempo. Conseguiremos um exército, devemos ter aliados em algum lugar. — Ainda recostado, Mather se move inquieto, os olhos se fechando com um suspiro trêmulo. — Nós o atacaremos, atrairemos a atenção dele, daremos tanto tempo quanto você precisar.

Sorrio e fecho a mão no braço de Mather.

— Planejaremos depois... descanse agora.

Ele sorri.

— Isso é uma ordem, minha rainha?

Empurro Mather na direção da cama, mas o braço dele enrijece ao meu toque, fixando-o no lugar.

— Sim, é uma ordem — digo, empurrando Mather inutilmente. — E acrescento ainda que você jamais chegue tão perto da morte de novo.

Mather não reage à minha provocação. Penso, a princípio, que é por eu ter mencionado o que Angra fez a ele, mas ele ergue a outra mão e segura meus dedos.

— Desculpe — diz Mather, com pesar nos olhos. — Desculpe por ter sido esta a única vez que vim atrás de você.

Quase pergunto o que ele quer dizer, mas a explicação me atinge com tanta força que engasgo.

"Já não fui atrás de você por duas vezes antes", ele tinha dito.

— Você sempre fez o que era melhor para Inverno — digo, sem fôlego, ao ver o arrependimento que anuvia a expressão de Mather. Ele vem carregando essa culpa há meses? — Você não poderia ter feito nada para me salvar quando Herod me levou para Abril. Angra ainda achava que você era o filho de Hannah. Se tivesse capturado você... teria sido muito pior do que o que ele fez agora. Você me ajudou ao ficar longe, teria me arrasado ver você nas mãos de Angra. E deixei Jannuari por assuntos políticos. Como você poderia adivinhar que acabaria como acabou? Além do mais, você me ajudou muito mais ficando em Inverno e treinando seu Degelo.

Um dos lados da boca de Mather se ergue, os olhos dele percorrem meu rosto.

— Eu sabia que você tentaria me convencer a não me sentir mal. Mas deixando de lado o dever, eu deveria ter feito mais. Ter sido mais. Por você. Desculpe, Meira.

Engulo em seco, mas o nó em minha garganta se recusa a se dissolver. Mather ajusta os dedos sobre minha mão, e os músculos estirados nos braços dele ficam ainda mais retesados sob meu toque, me deixando ciente demais do quão tenso está o corpo dele e do quão próximos estamos. A suavidade em sua expressão atrai uma tontura que irradia por meu corpo conforme os olhos dele recaem sobre minha boca, permanecendo ali por tempo o bastante para me fazer oscilar.

— Você deveria descansar — digo a Mather, mas mal me ouço.

— Descansar — repete ele, como se só tivesse me ouvido em parte, como se também estivesse com dificuldades para respirar.

Pela neve, Mather já esteve tão perto assim de mim antes?

Meus lábios se entreabrem.

Será que deveria estar?

Recuo, e é o bastante para quebrar o feitiço.

Mather passa a mão pelo rosto.

— Descansar. Acho que eu deveria.

Ele finalmente me deixar ajudá-lo a chegar à cama, onde Mather desaba com um gemido exausto. Ajo rapidamente e recuo para não me sentir tentada.

— Se precisar de alguma coisa... — Paro de falar, porque tenho quase certeza de que *nós dois* precisamos de uma coisa.

Mather vira a cabeça no travesseiro para me dar um sorriso brincalhão.

— Irei até você.

Saio cambaleando pela porta, fecho-a ao sair e desabo contra ela.

Ainda tem algo errado comigo. Não esperava imediatamente consertar todos os meus problemas, mas achei que pelo menos tinha progredido o suficiente para me permitir amar quem eu quero amar. Mas quando travarmos essa guerra, quando eu chegar ao abismo de magia...

Não quero feri-lo.

— Talvez ele não encarasse dessa forma.

Eu me sobressalto, a surpresa lançando uma centelha em meus braços e minhas pernas.

— Sério? — Resmungo para Rares, já sentindo o calor subir às bochechas. — Você estava ouvindo?

Rares se afasta de onde estava recostado, contra a parede oposta.

— Seus pensamentos são quase um grito, coração.

— Às vezes é difícil gostar de você.

— Você e Oana podem trocar histórias terríveis a meu respeito depois. — Rares me lança um olhar penetrante. — Você merece ser feliz, Meira. Mesmo que brevemente.

Cruzo os braços.

— A questão não é apenas eu.

— Ah, e aí está uma revelação interessante, creio. Lembro de uma emoção especialmente forte sua. Você odiava Sir e Hannah por tomarem decisões por você, mas parece que está fazendo o mesmo por Mather. Tomando uma decisão no que diz respeito ao futuro dele, antes que ele sequer perceba que há uma decisão a tomar.

— Eu não...

Mas não posso negar.

Rares me dá um tapinha no ombro.

— Estou disposto a apostar que esse seu garoto acha que você vale qualquer tristeza. Porque você *vale*.

Uma dor lateja dentro de mim, tão profunda que não sei se mesmo as palavras de Rares podem fazê-la passar.

— Como eu posso amar Mather? — pergunto — Quando ainda nem tenho certeza se amo a *mim mesma*?

Rares contrai os lábios e antes que eu consiga recuar, o nó do dedo dele bate em minha testa. Eu me assusto, esfrego a pele e meu rosto se enruga devagar.

— Pare — briga ele. — Eu disse que não iria tolerar esse tipo de conversa a respeito da pessoa que vai nos salvar. Você age como se o amor fosse uma meta que só se atinge depois de trabalhar muito tempo nela. E sim, amor envolve trabalho, mas no fim das contas é uma escolha, do tipo que se faz com um parceiro, com seu povo, com *você mesma*. Se você agisse em relação a essas coisas apenas quando as sentisse, seria como a maioria das pessoas, eternamente à espera de um sentimento que pode ou não surgir. Mas se você escolhe, todos os dias, se amar, não importa o que aconteça, então, coração, nada pode impedi-la.

Dou uma risada rouca. Tudo realmente se trata de escolha, mesmo além das regras da magia. E já tentei escolher a mim mesma, com defeitos e tudo.

Apoio a mão no braço de Rares.

— Você será um pai fantástico.

Ele pisca, com um leve brilho de lágrimas nos olhos.

— Estou lutando por essa chance — diz ele. — Pelo que você está lutando?

A resposta não vem imediatamente. Sei o que estou lutando para *evitar* — a destruição do mundo. Foi esse o motivo pelo qual fiz Rares me contar sobre as ações de Angra durante o treinamento, usando a ameaça que ele representa para me abastecer. Mas tudo isso é baseado em ódio, medo, preocupação — coisas sombrias e incontroláveis.

Quando curei Mather, foi instantâneo e fácil. Foi... *pacífico*.

É nisso que eu deveria me concentrar ao usar minha magia. Coisas maravilhosas e felizes, como estar de pé aqui, falando com Rares e Oana, que surge de um quarto no fim do corredor e leva um dedo aos lábios, dizendo, sem emitir som, *Phil está dormindo*.

Entendi há muito tempo que nunca estive destinada a ter esse tipo de família. Mas outro tipo de família, meio esquisita, mas completa, com Mather... Isso eu poderia ter. E é algo que o restante do mundo também merecia.

É por isso que estou lutando. Possibilidade.

Rares sorri.

— Você está pronta agora.

Semicerro os olhos.

— Pronta?

Mas sinto. Um algo se desenrolando bem no fundo do estômago, a magia como uma cascata delicada de flocos gélidos que assenta em mim, suave e forte.

— Pronta para a lição final — diz ele.

Estive treinando até agora sob um cobertor de ódio, metade da mente sempre concentrada em me preocupar com meus amigos e com o restante de Primoria. Mas quando olho para a porta no quarto de Mather, sinto mais clareza do que senti desde que cheguei aqui.

Angra queria me partir.

Mas ele só me tornou inquebrável.

Meira

Estou no limite do círculo de treinamento, as mãos nos bolsos da túnica. O céu nublado projeta uma luz tênue sobre Oana, Rares e eu, e conforme as nuvens resmungam, meu coração se junta a elas.

Presumi que a última lição seria lutar com magia, mas nuvens de tempestade cinza e espiraladas se estendem até o limite do complexo, um aglomerado perfeito sobre nós e apenas nós. Outro sussurro de trovão ruge no céu, a momentos de liberar um dilúvio sobre o pátio.

Rares criou essa tempestade.

Do outro lado do círculo, ele assume uma posição relaxada, mas enrijeço o corpo, ainda mais alerta.

— Sua magia... ela parece fria para você, não é? — pergunta ele.

— Não deveria?

Rares começa a caminhar de um lado para outro, movendo-se na circunferência do círculo de treinamento, embora eu permaneça do lado de fora. Oana observa de um banco no limite do pátio. O sorriso de interesse nos lábios dela apenas me deixa mais confusa, então quando Rares para diretamente diante de mim, estou praticamente fervilhando de espanto.

— Para mim, a magia parece... morna — diz ele. — Nem quente, nem fria, mas uma sensação neutra de formigamento. Para um veraniano, é o oposto do que parece para você, ódio revolto. Para um outoniano, um frio envolvente; para um primaveriano, calor crescente. Sempre me perguntei o motivo disso. Enquanto eu monitorava os monarcas do mundo, senti diferenças muito drásticas em relação à percepção da magia. Todos os reinos Ritmo sentem a magia como eu, como um formigamento neutro. Por que os reinos Estação são mais extremos? Por que *você* se sente preenchida com gelo?

Gesticulo com os ombros.

— Jamais pensei a respeito.

Rares sorri.

— Tenho uma teoria, coração. Os reinos Estação são os únicos que estão diretamente acima da magia. Os monarcas são os únicos cujo sangue está saturado de poder, tanto que isso afeta a afinidade física deles para alguns climas. E se os reinos Estação tiverem uma conexão maior com a magia do que qualquer outro reino? E se tiverem o potencial para serem os mais fortes possuidores dos Condutores Reais? Para mim, não há magia natural. É preciso uma dose equivalente de esforço para conjurar chuva e neve. Mas para você, suspeito que seria espantosamente fácil conjurar uma nevasca, não?

Brinco com o medalhão no pescoço, o metal frio é apenas mais um ponto gelado no corpo. O redemoinho de frieza no meu peito é tão constante a esta altura que quase não reparo. Faz sentido que a monarca inverniana seja mais apta a controlar o tempo invernal. Nosso reino inteiro tem mais afinidade com isso, então esse talento deveria jorrar de mim.

— Mas os reinos Estação sempre foram fracos. Ficamos estagnados enquanto os reinos Ritmo evoluíram. — Cito o estereótipo perpetuado pela maioria dos reinos Ritmo.

Os lábios de Rares se contraem.

— Isso está em nossa natureza, creio. Reconhecer uma ameaça e destruí-la, não importa se temos consciência ou não do motivo que a tornaria uma ameaça. Acho que os reinos Ritmo temem vocês. Ou temeriam, se todos os reinos Estação realmente reconhecessem seu poder. Um já reconheceu, e ele controla a Ruína de uma forma assustadora. E o seu, coração, será o próximo reino Estação a mudar o mundo.

Com isso, Rares ergue as mãos no ar e a chuva começa a cair sobre nós como uma pesada cortina. Fico ensopada em segundos, meus ombros se curvam contra as gotas.

Rares se agacha em uma pose que já vi o bastante para conhecer, por instinto, e meus músculos reagem me puxando para a pose de luta também, com as mãos erguidas, as pernas rígidas, os ombros relaxados.

— Esta lição será o apogeu de tudo que comecei a ensinar a você. Mas começaremos com uma simples sessão de luta — diz ele. — Pode usar a magia apenas como defesa. Usá-la para atacar, com intenção de ferir, alimenta a Ruína. Então me ataque sem magia.

Rares espera. Contraio os lábios na direção da caixa e atraio uma espada. Depois de armada, avanço contra Rares.

Ele se move, impulsionando o corpo na minha direção. Confusa, eu hesito: Rares não vai usar uma arma?

Mas vejo que não, ele não vai. E perceber isso faz com que um grito de espanto saia dos meus pulmões.

Uma corda feita de água estala contra minha espada, quase cortando minha bochecha. Ao comando de Rares, as gotas da chuva se reúnem formando um chicote que arranca a espada de minhas mãos e a atira para o outro lado do pátio.

Manter a magia dentro de um objeto permite que os possuidores de Condutores Reais controlem o clima e outros elementos necessários para governar os reinos; magia ilimitada em um condutor humano permite que eles manipulem essas coisas com mais precisão. Mas entender isso não freia meu pânico, e quando o chicote de Rares estala contra mim de novo, cambaleio e o terror me arranca uma reação.

Ergo as mãos. Um calafrio dispara para fora de mim e as gotas de água do chicote dele se cristalizam em cacos de gelo que caem aos nossos pés.

Os olhos de Rares brilham.

— Muito bom!

Meu corpo vibra com uma mistura de orgulho e poder. Posso fazer isso de novo? O que mais posso fazer?

Um trovão explode com um estalo que ecoa e mergulho para a frente. Rares está certo — neve, frio e gelo são meu estado natural, e me permito sentir tudo isso. Cada nó de calafrio que sempre mantive muito bem escondidos dentro do peito por medo de usá-los, por medo de perder o controle. Mas pela primeira vez desde que descobri o que sou, sucumbo a isso, recebendo-o como meu. Porque isso *é* parte de mim, sou inverniana. Cada célula do meu corpo é feita de gelo.

Rares chuta minha espada para a mão dele e avança contra mim. Chuva cai de cada mecha de cabelo, de cada parte de tecido. A túnica cinza de Rares está pesada, lã ensopada pela chuva, e um gesto dos dedos transforma a borda molhada em um bloco sólido de gelo, acrescentando água em camadas que puxam Rares para baixo. Ele tropeça, agitando os braços para se equilibrar, e quando giro para dar um chute sólido que lançará a espada de Rares pelo ar...

Oana surge entre nós com um sorriso delicado no rosto como se nem mesmo percebesse que estamos lutando. Atrás dela, Rares dá um risinho e passa a mão pela túnica, soltando o gelo, antes de me encarar e jogar a espada de volta na caixa.

— As provações futuras testarão você de outras formas também — grita Rares por cima do rugido e do caos pulsante da tempestade, a qual cresce em intensidade a cada segundo. — Angra jogará tudo que tem contra você quanto estiver tentando obter as chaves do abismo. O labirinto também. Desafios físicos serão a menor das preocupações. Ataque-a, coração. — Rares indica a mulher.

Hesito, mas fecho o punho para dar um soco. Antes que eu chegue a meio caminho dela, Oana se move.

Em vez de conjurar uma espada ou espirais de água, Oana gira com os braços junto ao corpo até cair de joelhos e golpear as mãos no chão. Com isso surge...

Relâmpago.

Cambaleio para trás, o clarão ofuscante ferve o chão a alguns passos de mim. Oana ergue o olhar em minha direção, o sorriso delicado dela agora tão selvagem quanto o do marido, e antes que eu consiga ficar de pé, Oana dá um salto e abaixa os braços de novo, lançando outra explosão contra o chão entre nós. O ar se aquece com um rompante de estática e chamas, minha pele formiga com a energia. Eu me coloco de pé e saio correndo, tentando colocar distância entre a paisliana maluca que controla o relâmpago e eu.

Oana prefere o relâmpago. Não é tão fácil para ela conjurar gelo, como é para você, mas o que posso dizer? Ela adora o fogo que produz.

Cambaleio na grama ensopada de chuva e caio em uma poça atrás do celeiro, onde fico coberta de água lamacenta. Oana ainda não me seguiu até aqui, mas quando olho em volta, também não vejo Rares por perto. Preciso de um segundo para perceber que ele está em minha mente, e fico de pé com um salto.

Pare!, grito para Rares. *O que está fazendo? Não pode...*

Não posso?, diz ele. *Você não tem defesa para a mente, coração. Há apenas duas defesas contra a Ruína — a proteção da magia pura e a força de vontade — e força de vontade pode ser destruída a não ser que você a reconstrua. Você tem magia pura para evitar que a Ruína a infecte, mas Angra ainda é um condutor — você precisará aprender a bloqueá-lo. O labirinto é feito de magia pura, então exigirá uma força de vontade maior também. Ah, Oana está vindo.*

Um cavalo relincha. Cravo os dedos na terra de cada lado do corpo até me conectar com alguma coisa — uma pedra.

Oana entra em meu campo de visão e deixo a pedra disparar na direção dela. Enquanto ela está distraída, seguro a parede do celeiro e uso para me equilibrar até tocar a grama, apenas um pouco menos escorregadia. Relâmpago fervilha e estala no chão atrás de mim, e me atiro para a estrutura seguinte, as caixas de armazenamento. Dali, o castelo fica a poucos passos, e posso me abaixar pela lateral dele e abrir alguma distância de Oana.

Mas você não pode se esconder de mim, coração. Não até me bloquear.

Não sei como! Como bloqueio isto?

Da mesma forma como fez todo o resto. Você bloqueou sua mãe, não foi? Como fez isso? Ah, esta lembrança parece interessante...

Outono. O pequeno acampamento que tivemos no sul por um breve período, logo antes de mais dois de nossos refugiados, Crystalla e Gregg, saírem na desastrosa missão em Primavera que os escravizaria e por fim os mataria. Estou sentada diante de uma fogueira com Crystalla enquanto ela trança meu cabelo, e Sir fala ao fundo, alguma lição sobre a economia de Inverno. É difícil demais prestar atenção porque os dedos de Crystalla são tão suaves em meu cabelo, e o aroma da fumaça da fogueira misturado com o conforto de estar ali faz minhas pálpebras se fecharem mais, mais e mais...

— Pequeno sacrifício — murmura Crystalla ao meu ouvido. — Meu pequeno sacrifício.

Ela não é mais Crystalla.

Eu me viro e vejo Hannah, coberta de sangue, com ferimentos abertos no peito e no rosto, placas espessas de sangue preto-avermelhado. Hannah se contorce e desliza para trás, as mãos dela vão até a cabeça, onde Herod agarra os cabelos brancos ensanguentados de minha mãe com o punho firme, arrastando-a para longe de mim, e só consigo gritar e gritar.

PARE! Caio para a frente, a lama afunda em torno de meus joelhos conforme as imagens somem. *Não foi isso que aconteceu! SAIA DA MINHA CABEÇA!*

Me obrigue, coração, cantarola Rares. *Hmm, que tal esta?*

Antes que Rares consiga usar mais lembranças contra mim, disparo de detrás das caixas de armazenamento e volto os olhos para o pátio para encontrá-lo. Rares *não* pode usar minhas lembranças dessa forma. Hannah jamais foi carinhosa ou preocupada ou maternal.

As emoções que sinto em relação a ela vêm fácil demais. Não é ódio, exatamente, é algo inominável e determinado, uma mistura sombria e fria de verdade e compreensão. Por isso a bloqueei, ainda que sem querer. Ela era minha mãe, mas jamais tentou ser outra coisa que não minha rainha.

Vejamos se conseguimos conversar com ela, sim?

Solto um grunhido e observo o pátio de novo, ainda sem encontrar Rares, mas pronta para combatê-lo. *Não tenho nada a dizer a ela.*

E não porque ainda alimento raiva; não porque ainda tenho esperanças de que ela mudará. Porque já estou cheia dela, não preciso de Hannah, e se Rares a trouxer de volta para esta confusão que causou, isso só trará mais problemas.

A determinação se contrai como molas mortais em meu peito, o ar ao meu redor congela a cada respiração. Percebo meu erro tarde demais — estou do lado ofensivo, planejando um ataque contra Rares, o que me deixa desprevenida contra a defesa de Oana.

Um chiado, um estalo, então mergulho no momento em que um raio incinera o chão atrás de mim. Oana corre e dá a volta pelo celeiro, as tranças dela se agitam.

Rolo e cubro a cabeça com os braços, transformando todas as gotas de chuva ao meu redor em camada após camada de gelo espesso e duro.

Essas estruturas se curvam sobre mim, formando uma barreira convexa que se acende meio segundo antes de o relâmpago de Oana estalar do céu e chiar contra ela. A barreira explode, o relâmpago continua descendo, estourando no chão aos meus pés. Sou lançada para trás, caio de cotovelos e cacos de gelo cortam meu rosto.

Me bloqueie, coração!

As planícies Rania. Sir está de pé diante de mim na tenda de reuniões, a decepção dele é como um odor palpável no ar. Sir segura a caixa do medalhão.

— Jamais deveria ter confiado em você com aquela missão. Por sua causa, Angra encontrou nosso acampamento. Por causa de você, precisamos recorrer a uma aliança com Cordell, e foi essa aliança que os levou a tomar nosso reino. — Ele suspira. — Sempre soube que você era um fracasso.

NÃO!, grito para Sir antes que a imagem suma, e esse grito se desdobra em uma súplica descontrolada para Rares. *Não, pare!*

Não consigo respirar. A imagem de Sir paira, real demais em minha cabeça, me desnorteando conforme rolo para ficar de pé. Oana se aproxima, mas não consigo inspirar para me impulsionar, engasgo com as palavras que temo há tanto tempo.

Me bloqueie!, grita Rares.

Disparo contra Oana. O círculo de treino parece um pântano agora, o dilúvio continua a inundar tudo, então, quando a alcanço, deslizo e paro, caindo de costas. Seguro as pernas de Oana e ela também cai, espirrando a lama.

"Sempre soube que você era um fracasso."

Mas sou apenas eu. Sir não está dizendo isso — *Sir jamais disse isso.* Sou eu quem diz, sou eu quem mantém essa frase contra o coração mesmo que ela desfaça tudo que me mantém de pé.

Eu me reprimo. Sempre fui apenas *eu*. E sei disso — sei que sou a única culpada há meses. Mas reconhecer isso agora me preenche de clareza.

Se sou a única a quem culpar, nada mais tem poder sobre mim. Nenhuma lembrança de Sir; nenhuma lembrança de Hannah; nenhuma lembrança de ninguém. É tudo parte de mim — erros e horror e arrependimento, mas também beleza, paz e amor. Como a lembrança de estar sentada à fogueira com Crystalla e Sir — aquilo foi maravilhoso e tranquilo. Não posso escolher quais lembranças manter e quais ignorar — são todas ou nenhuma, e *não vou* abrir mão da minha felicidade.

Cambaleio para ficar de pé, as pernas estão trêmulas, os braços estão doendo, o rosto arde devido à chuva e aos cortes dos cacos de gelo. Oana ergue o olhar para mim, o sorriso dela não é menos sombrio, embora permaneça em uma posição indefesa. Mas não é uma luta de verdade — Oana *quer* que eu vença.

Uma última chance, diz a voz de Rares de novo. *A próxima lembrança não será tão agradável.*

Não, não será. Provavelmente me arrasará, reunindo até a última de minhas inseguranças.

Mas não me importo. É tudo parte de mim, cada sombra terrível se contorcendo — é tudo *eu*, e não vou me esconder mais disso. *Não mereço ser arrasada por isso*; não mereço cultivar essa culpa, porque sim, cometi erros, mas aprendi com cada um.

Foi assim que bloqueei Hannah. Me tornei maior do que ela, porque sou tudo isso. Sou erros e vitórias e morte e vida. Sou competente e poderosa e *forte*, e o que quer que esta guerra traga para mim — mesmo a morte — eu enfrentarei como a rainha que sou.

Grito para Rares: *NÃO ME IMPORTO.*

Minha magia pulsa a cada fôlego, mas não temo perder o controle. *Sou* minha magia, e ela sou eu, e me obedecerá tanto quanto a neve e o gelo.

Faço um giro de pulso e uma espada dispara da caixa até a minha mão, reluzindo com as gotas da chuva. A serenidade de Oana se transforma em uma expressão divertida de orgulho quando ela fica de pé.

Quando ataco, golpeando com a espada, permito que meu corpo se mova e os anos de treinamento com Sir surgem na memória; deixo que a magia flua, rompendo anos de prisão.

Oana conjura pequenos raios estalados que dançam entre nós enquanto eu a golpeio, forçando-a a recuar. Estou perto demais para mais um ataque com relâmpago, a não ser que ela mesma queira fritar. Conforme danço para desviar de cada raio, o sorriso de Oana se alarga, e um sinal de esforço verdadeiro surge através de seus olhos apertados e fôlego entrecortado.

Ela recua até as caixas de armas e perde o equilíbrio por um segundo, dois — então ergue as mãos. Não está chamando mais um raio. Está se rendendo.

Porque minha espada está pressionada contra a garganta dela.

Oana sorri, e nesse sorriso, sinto o que fiz.

Não perdi o controle da magia. Não precisei me encher de ódio ou negatividade. Deixei que tudo acontecesse, confiando em mim mesma, e venci.

Meus braços caem, inertes, e a espada bate na lama. Nesse momento, o céu responde. A chuva se acalma, o trovão silencia e qualquer ameaça de relâmpago desaparece conforme as nuvens recuam para dentro delas mesmas e surge o ondular de um céu azul ofuscante.

Um aplauso lento e pesado começa a minha esquerda, então me viro. Cada músculo grita, a rigidez provoca uma dor que sentirei durante dias. Mas valeu a pena. Cada hematoma e corte, eu os teria recebido mais cem vezes para me sentir como me sinto agora. E isso não veio pela busca de gratificação de Sir ou Hannah ou mesmo Rares.

Eu me fiz completa. *Eu* sou o suficiente para mim.

Encaro Rares na escadaria diante da porta principal do castelo, sorrindo sem parar. Mather e Phil estão de pé ao lado dele, Phil parece completamente aterrorizado, mas maravilhado, e Mather...

Espantado, chocado, assombrado — não há palavras para descrever como ele me olha. Ele desvia o olhar e observa desde o meu cabelo encharcado até minha túnica manchada de lama, absorvendo minha imagem em pequenas porções, como se não conseguisse me ver por completo de uma só vez. Quando Mather me encara, o choque dele se dissipa, dando lugar a um olhar que jamais vi nele. Um que sempre sonhei em ver.

Mather me olha agora como se me amasse, e ele não se importa que estejam vendo isso.

Mather desce os degraus atrapalhadamente, os movimentos dele ainda estão um pouco lentos. Conforme vem até mim atravessando o pátio, meus olhos veem algo em suas mãos.

Corro para encontrá-lo no meio do caminho, com uma nova sensação de incredulidade percorrendo meu corpo.

— Isto foi entregue a Phil — diz Mather, erguendo meu chakram. — Deveria ser outra ameaça, acho. Mas nem sei se você ainda precisa de arma... aquilo foi incrível.

Estendo as mãos com os dedos hesitantes sobre o cabo de madeira gasta que se curva em torno da lâmina circular. Com tanto poder, não preciso de nada — e poderia permitir que isso me consumisse.

Mas quero precisar das coisas, e das pessoas, e de alguma forma essa escolha parece muito mais poderosa. Escolher algo independentemente do que possa fazer por mim. Independentemente de quem possa me tornar.

Escolher porque *eu* quero.

Pego o chakram, com os olhos em Mather.

— Não sou eu mesma sem ele, não é?

Um sorriso percorre o rosto de Mather antes de ele sacudir a cabeça.

— Você é perfeita como é.

A felicidade de concordar totalmente me faz flutuar até as montanhas Klaryn e voltar.

Ceridwen

Apesar da interação deles na noite da chegada ao campo de refugiados veraniano, Ceridwen encontrou dezenas de coisas para mantê-la distraída de Jesse. A mais importante entre elas era a que ela mais esperava — e temia: a notícia de que Angra tinha tomado Verão.

Fora preciso todo o parco estoque de paciência de Ceridwen para que ela evitasse gritar com o mensageiro que aparecera explicando que Angra estava demarcando uma forte presença no reino dela — principalmente porque Ceridwen sabia o quanto Verão seria receptivo à magia dele. Todo veraniano de classe alta estava tão acostumado com um fluxo constante de magia que o de Angra não seria diferente — até que a felicidade eterna deles fosse trocada pelo terror cego e pela obediência que Angra tinha despejado sobre Rintiero.

Mas isso dava uma vantagem a Ceridwen. Ela conseguia encontrar qualquer prédio em Juli de olhos vendados. E se Angra estivesse lá, seria fácil — embora não *prazeroso* — entrar de fininho com um pequeno contingente de soldados e acabar com o reinado de terror dele.

Então era exatamente o que fariam: entrariam em Juli despercebidos e assassinariam Angra.

Todos sabiam — alguns até mesmo tinham presenciado — como a magia de Angra se espalhava. Não importava de que reino as pessoas eram — podia afetar as pessoas sem limites. Mas Ceridwen estivera em Rintiero e saíra ilesa; Jesse e Lekan tinham feito o mesmo. Então era possível resistir à magia de Angra. E entre todos no mundo, os refugiados veranianos de Ceridwen eram os que tinham mais experiência em resistir à magia. Tinham treinado entre si para se libertar da alegria imobilizadora de Simon.

Era loucura, de fato, mas possível — contanto que pudessem usar todas as ferramentas à disposição.

— O que vai dizer a eles? — perguntou Lekan, enquanto a poeira subia sob os pés deles ao caminharem na direção da parte yakimiana do campo.

Os dedos de Ceridwen se fecharam em torno do selo na palma da mão. Não conseguira revelá-lo aos yakimianos quando os confrontou; afinal ela não era lacaia de Giselle, e qualquer bem que viesse daquilo seria mérito da própria Ceridwen. Mas ela não conseguia pensar em mais nada para convencê-los a lutar ao lado dela agora.

— São yakimianos. Tenho certeza de que enfrentar Angra vai tocar o lado racional deles tanto quanto o de Giselle.

Lekan grunhiu.

— Mas será que vão concordar que a primeira ação contra ele deva ser ajudá-la a retomar Verão?

— Não... é claro que não. São de um reino Ritmo. Vão rir da minha cara, e eu provavelmente acabarei socando um deles.

Os trezentos soldados yakimianos só tinham se revelado depois que Ceridwen subiu em uma plataforma e gritou o plano de Giselle para o campo inteiro. Como esperavam, nem todos os yakimianos estavam cientes da intenção da rainha, então, antes que pudesse ocorrer um levante, os soldados tinham se apresentado e passaram os dois dias seguintes tentando fazer com que seus compatriotas entendessem. Aquele era um problema dos yakimianos, então Ceridwen concedeu esse tempo a eles.

Ela parou subitamente. A intensidade do sol das planícies era forte, mas o calor não teve o efeito reconfortante de sempre sobre Ceridwen. Que tudo se queimasse, o que *diria* aos refugiados agora?

— Então não deveria apresentar dessa forma — disse uma voz que fez ainda menos para confortá-la.

Ceridwen se virou e viu Jesse na estrada atrás deles.

— Não deveria estar com seus filhos? — Ceridwen semicerrou os olhos para esconder a surpresa.

O sorriso de Jesse poderia mostrar mágoa, mas a maior parte do rosto dele estava coberta por uma máscara feita de sisal, o melhor que poderia fazer para se ater à tradição ventralliana ali.

— Estão dormindo, e bem protegidas pelos invernianos que as trouxeram para cá — respondeu ele. — Por isso pensei em me juntar a você. Ouvi que estava a caminho de confrontar os soldados yakimianos? A presença do monarca de um reino Ritmo poderia ser útil para...

— Dou conta de alguns ritmos irritadiços — disparou Ceridwen.

— Dar conta, sim. Mas convencê-los a lutar por você? — Jesse contraiu os lábios. — Estou apenas oferecendo minha presença como apoio. Nada mais. Não direi uma palavra.

Lekan pigarreou e não falou exatamente baixo:

— Tê-lo aqui não é uma má ideia.

Jesse inclinou a cabeça.

— Obrigado, Lekan.

E essa pareceu ser toda a permissão de que ele precisava. Jesse passou para a frente deles, seguindo pela estrada na direção da reunião yakimiana.

Ceridwen se virou para Lekan quando Jesse saiu do alcance dos ouvidos.

— *Não é uma má ideia?*

Mas Lekan não parecia nada arrependido.

— Não temos tempo para teimosia. Quem sabe por quanto tempo Angra ficará em Juli? Esse plano precisa entrar em ação *agora*, e precisamos deles ao nosso lado, Cerie. Você sabe disso.

— Tenho certeza de que entenderão a nossa lógica — replicou Ceridwen, conforme continuaram caminhando, Jesse ainda a bons passos adiante. — Assassinar Angra vai acabar com tudo isso.

Lekan deu a ela um olhar exasperado.

— Espera que um *yakimiano* perceba a lógica de um reino Estação? Você é mais teimosa do que pensei.

— Como assim?

Lekan voltou o olhar para as costas de Jesse, então ergueu as sobrancelhas. Quando Ceridwen deu de ombros, confusa, Lekan riu com escárnio.

— Você estava disposta a arriscar conquistar o apoio necessário só porque ainda não quer ter que lidar com Jesse.

Os lábios dela se entreabriram com um sibilo instintivo. Mas Jesse nem se virou para trás e apenas as muitas pessoas que lotavam a área impediram Ceridwen de gritar com Lekan. Refugiados cuidando da própria vida, correndo até uma das tendas do mercado ou carregando baldes para afazeres domésticos.

Ceridwen manteve a voz baixa.

— Você quer mesmo falar sobre isso *agora*?

Lekan se aproximou dela.

— Prefere que seja quando os filhos dele estiverem por perto? Ou Kaleo... sei que ele tem opiniões sobre seu relacionamento também, mas como esta é a primeira vez que ficamos a sós desde que voltamos, sim, imaginei que deveríamos falar sobre isso agora. Porque, goste você ou não, Ceridwen, eu amo você, e a vi sofrer por tempo demais para permitir que isso passe em branco. O que exatamente você planeja fazer em relação a Jesse?

— Só porque eu queria cuidar dessa reunião sem ele não quer dizer que estou evitando Jesse — disparou ela. — Minha teimosia jamais foi um problema antes. Gerencio este campo...

— Kaleo gerencia este campo — interrompeu Lekan. — Não vai se livrar de falar de Jesse tão facilmente assim.

Ceridwen acelerou o passo antes que Lekan pudesse entrar de novo no assunto. Jesse finalmente olhou por cima do ombro. Ceridwen engoliu em seco, então diminuiu um pouco o passo, suor escorrendo pelo meio das costas.

Depois de um momento, Lekan a alcançou, o olhar dele percorrendo as tendas em volta dos dois. Eram drasticamente diferentes do que as da parte veraniana do campo — mais pesadas, com ângulos perfeitamente definidos e estruturas quadradas. A área yakimiana.

— Só quero que você seja feliz — sussurrou Lekan.

Ceridwen apertava o selo com tanta força que seu braço quase ficou dormente.

— Eu sei.

Lekan ficou em silêncio, talvez à espera de que Ceridwen se abrisse com ele, mas o que ela diria?

Não falei de fato com Jesse desde a noite em que chegamos.

Quero uma vida com ele. Mas não dei nenhum passo nesse sentido porque tenho medo que a força desse relacionamento não seja duradoura. Que isso tudo seja tirado de mim de novo.

Já confiei em homens fracos antes.

Aquela não era uma comparação justa. Simon jamais soubera de como "traíra" a irmã — ele apenas vivia a própria vida, destruindo o reino deles enquanto Ceridwen esperava nas sombras que ele percebesse a própria estupidez.

Mas Jesse tinha percebido a dele.

Jesse se virou para Ceridwen de novo, como se os pensamentos dela escorressem para o ar. Ele deu um breve sorriso e então virou em uma esquina, guiando o grupo.

Não — Ceridwen não tinha espaço para tais fraquezas. Isso era parte do motivo pelo qual ficara imensamente feliz quando os filhos de Jesse apareceram com seus acompanhantes invernianos, uma distração que tomara todo o tempo dele. Ceridwen tinha as próprias distrações — planejar o ataque contra Angra; torcer pelo destino de Meira; e também já mandara notícias aos líderes dos soldados yakimianos para que os encontrassem fora do campo.

Ceridwen, Lekan e Jesse deixaram a área yakimiana e entraram na pradaria com seus talos dourados até a altura das coxas. Ceridwen quase esperava encontrar o lugar vazio, como sempre — por que os soldados a obedeceriam?

Então, quando parou no limite da pradaria e o punhado de yakimianos que esperava ali se virou com expressões de ódio, Ceridwen quase riu. Eles tinham vindo — mas para matá-la, ao que parecia. Se estavam surpresos ao ver o rei deposto do reino Ritmo, não demonstraram.

Um soldado deu um passo adiante.

— Passamos os dois últimos dias arrumando uma confusão que *você* causou. Você nos deve uma explicação.

Ah, sim, tinham vindo para matá-la. Alguns tinham armas nos cintos, as mãos fixas sobre o cabo da espada. Mas sob o olho esquerdo de cada um havia uma marca, a carne queimada com o grotesco *V* que anunciava o que eram. Propriedade de Verão.

Ceridwen franziu a testa.

— A confusão que eu causei? Não foi a sua rainha que os vendeu como escravos para início de conversa?

A expressão do líder ficou sombria.

— Não finja entender por que uma rainha *Ritmo* faria...

Ceridwen ergueu o selo para calar o homem.

— Sei o motivo pelo qual Giselle fez o que fez. Foi ela quem revelou a existência de vocês para mim. E me entregou o próprio selo como confirmação da nova ordem: agora vocês devem servir sob meu comando para combater Angra.

O soldado semicerrou os olhos. Ainda sem replicar.

— Não temos o contingente necessário para planejar uma batalha direta — continuou Ceridwen, e indicou Lekan. — Mas meus líderes e eu começamos a alterar as táticas que usávamos para resgatar caravanas de escravos. Estamos planejando um ataque pequeno e direto enquanto Angra estiver em Juli...

O soldado gargalhou.

— Juli? Espera que arrisquemos nossas vidas para reivindicar Verão... para quem exatamente? Seu irmão está morto. Nossa rainha revelou o plano dela a você, então deve saber quais são as intenções dela. E se espera que retomemos Verão para *você*, da realeza de um reino Estação, e ainda por cima do gênero errado, está seriamente enganada.

Jesse permaneceu calado ao lado de Ceridwen, fiel à própria palavra, mas ela o sentiu ficar tenso, e não conseguiu evitar olhar para ele. Não estava acostumada com Jesse naquelas situações. Sempre tinham sido Raelyn ou a mãe de Jesse que supervisionaram reuniões semelhantes no passado. Mas agora ele estava ali, de pé, braços cruzados, olhos coléricos em defesa dela.

Ceridwen se perguntou se estaria sonhando.

Os soldados yakimianos grunhiram em concordância com o líder, alguns punhos se ergueram.

— Calma, Cerie — murmurou Lekan do outro lado dela.

Ceridwen mordeu a língua. Lekan estava certo — gritar com aqueles homens não ajudaria em nada. Eles eram yakimianos; responderiam à razão e à lógica. Razão e lógica *pacíficas*.

Pela chama e pelo calor, aquilo ia contra tudo que o sangue veraniano implorava que Ceridwen fizesse.

— Desta vez o rei de Primavera se ergueu como uma ameaça não apenas a Inverno, ele é uma ameaça ao mundo — começou Ceridwen, com o tom surpreendentemente tranquilo. — Já tomou Ventralli e Cordell, sem falar de Inverno e Verão, que é a mais próxima e a mais recente aquisição dele. Ao mesmo tempo, Verão é o reino que nos dá melhor chance de derrubá-lo. Meus combatentes conhecem aquelas terras melhor do que Angra. Com a ajuda de vocês, podemos derrotar Angra enquanto ele estiver por lá e, por fim, evitar que acrescente Yakim à lista de reinos tomados.

O soldado deu dois passos breves adiante e tomou o selo da mão de Ceridwen. Ele olhou para o objeto por um momento, então se voltou para os homens.

— O selo é de Yakim — anunciou o soldado, como se Ceridwen pudesse tê-lo forjado. O homem se voltou para ela de novo. — Nós derrotaremos Angra, mas não por você. Esta guerra somente será vencida se o ataque for liderado por quem tiver habilidades táticas. Você permitirá que meus homens e eu tomemos a liderança, e quando Angra for morto, será feito pela mão de Yakim.

A calma de Ceridwen se esvaiu, como uma corrente de mar revolto que puxa um barco para baixo.

— De maneira alguma. Meus combatentes e eu conhecemos Juli melhor, e tenho muito mais experiência tática em guerra do que você.

— E como as coisas que você fez podem ser chamadas de guerra? — replicou o soldado. — A única coisa que você fez foi a barbárie habitual de um reino Estação. Você não sabe nada de estratégia, ou teria percebido o plano de minha rainha há muito tempo. Agora a ameaça diante de nós vem de *outro reino Estação*, e você espera que eu a deixe liderar a luta? Isso é totalmente sem sentido.

Nem mesmo o chiado severo de Lekan conseguiu impedir Ceridwen. Ela avançou contra o homem, até ficar a um palmo de distância do rosto dele, fervilhando tanto de raiva que achou que fumaça lhe sairia pela boca.

— Você não vai conquistar Verão. Prometo a você que o plano de Giselle vai fracassar. Jamais cederei àquela maldita vinda de um reino Ritmo.

O soldado recuou, com o punho erguido, e teria dado a Ceridwen um olho roxo...

Não fosse a mão que o impediu.

— Não ouse levantar a mão para ela.

O confronto com os yakimianos tinha atraído atenção. Cabeças brotaram de dentro de tendas, pessoas se demoravam nas ruas próximas. Mas Jesse as ignorou, sua determinação deixando Ceridwen boquiaberta.

A postura dele não deixava um pingo de dúvida. Nem mesmo a máscara era capaz de diminuir a intensidade da expressão de ódio de Jesse.

Ele soltou o homem.

— Já vi o mal que deu início a esta guerra — disse Jesse ao soldado. — Vi Angra deixar Ventralli em pedaços. Sei o que é preciso para derrotá-lo: líderes como Ceridwen, que provaram sua resistência contra a opressão. Nada irá impedi-la de tornar o mundo um lugar seguro para *todos*, e alguém assim é exatamente o que vocês desejam como líder. Esta guerra não se importará se somos Ritmo ou Estação. Ela afetará todos nós, então devemos enfrentá-la com a intenção de nos salvar e proteger mutuamente.

Jesse se virou para Ceridwen e sorriu para ela.

— O mundo está mudando. — Jesse ainda falava com o soldado, mas os olhos dele permaneceram em Ceridwen. — Não podemos lidar com os problemas da mesma forma com que fizemos no passado, caso contrário sempre voltaremos ao ponto de partida.

O soldado sacudiu a cabeça.

— Nunca achei que veria o dia em que um rei Ritmo defenderia um membro da realeza Estação.

Nem eu, pensou Ceridwen.

Jesse assentiu.

— Esse é apenas o primeiro dos espantos que virão.

— Somente depois que derrotarmos Angra — interrompeu Ceridwen, reencontrando a própria voz. — E precisaremos da ajuda de vocês para isso. Precisaremos de soldados para entrar sorrateiros em Juli, mas também precisaremos que alguns fiquem para trás e vigiem o campo.

A calma de Ceridwen fez o soldado lançar um olhar de surpresa para ela. Por fim, ele ergueu o selo de sua rainha e o apontou para ela.

— Eu comandarei meus soldados, mas... — O homem engoliu em seco e expirou com um aceno rápido de cabeça. — Seguirei suas ordens.

— Eu... — Ceridwen gaguejou, então piscou. — Obrigada. Meus líderes e eu nos encontraremos em breve, para discutir a estratégia. Na parte veraniana do campo. — Ceridwen hesitou, incapaz de acreditar que estava realmente dizendo aquilo. — Junte-se a nós.

O soldado levou o punho à testa em uma demonstração de reconhecimento antes de se voltar aos homens que, ao redor dele, sussurravam perguntas.

Aquilo não era nada como Ceridwen esperava que a reunião transcorresse — achou que levaria dias para convencer os yakimianos. Não *minutos*.

Mas o apoio estava garantido. Finalizariam o ataque e então iriam para Juli.

Para casa, foi o sussurro que veio de algum lugar dentro de Ceridwen.

Ela deu um passo na direção de Jesse.

Ele imediatamente enrijeceu o corpo.

— Eu sei que prometi que não falaria...

— Obrigada — disse Ceridwen.

Jesse sorriu, revelando as covinhas em suas bochechas.

— Eu falei — Jesse colocou a mão no braço de Ceridwen — que lhe devo isso. Você merece alguém que lute por você. — Ele ficou parado ali, o polegar traçando círculos no ombro exposto de Ceridwen.

— Eu... — Jesse recomeçou, mas pareceu pensar melhor e endireitou a postura. — Melhor eu ir ver como estão meus filhos.

Ele fez uma reverência, mas manteve os olhos intensamente sobre Ceridwen.

Ela conseguiu responder com um leve aceno antes que Jesse fosse embora por uma das muitas ruas que serpenteavam pelo campo.

— Uau, maldito seja. — Lekan esbarrou em Ceridwen com o ombro. — Ele sempre foi sexy assim?

Ceridwen sorriu, mas soube que Lekan veria o rubor que lhe subia pelas bochechas.

— Vamos. Temos soldados para reunir.

Lekan soltou uma risadinha.

— Temos tempo. Sabe. Se precisar de um tempinho.

— Lekan.

— Só estou dizendo que *eu* certamente gostaria de um tempo se Kaleo tivesse acabado de se meter e evitado um golpe em minha defesa.

— *Lekan*.

— Tudo bem. — O sorriso de Lekan se dissipou quando Ceridwen seguiu para dentro do campo. Ele seguiu ao lado dela. — Mas temos tempo agora, Cerie. E talvez nem sempre nos seja dada essa oportunidade.

Ceridwen já dissera aquilo a si mesma, mas o medo a impedira de agir. Medo sempre a impedia de agir. No entanto, de algum modo a atitude de Jesse tinha dissolvido completamente esse medo, o que fez Ceridwen sentir-se como uma garotinha tola. Bastava um ato de ousadia e ela já estava pronta para se atirar nos braços dele?

Mas Ceridwen só podia se dar o luxo de viver em um mundo de desejos, não de necessidades.

Pela primeira vez desde que se lembrava em um bom tempo, Ceridwen entrelaçou o braço com o de Lekan à medida que caminhavam pelo campo e sorriu. Sorriu de verdade.

Até que Kaleo veio correndo pela estrada, com o rosto vermelho pela exaustão.

O peito de Ceridwen pulsava com uma mistura de pânico e prontidão. Um ataque? Angra?

Lekan o interceptou.

— O que aconteceu?

— Tem algo que você precisa ver — disse Kaleo, ofegante, com as mãos nos joelhos. Ele olhou para Ceridwen, com a boca entreaberta. — Bem, na verdade, pessoas.

O pânico de Ceridwen se transformou em esperança.

— Meira?

— Quase. — Kaleo endireitou a postura. — Invernianos. *Muitos* invernianos.

Meira

No dia seguinte há mais treino de luta, com Oana e Rares se revezando entre o ataque físico e o mental. Os rounds iniciais começam da mesma forma que o primeiro — são necessárias algumas repetições para que eu me abra completamente à magia. No fim do dia, as sessões de treino já começam comigo bloqueando Rares da minha mente enquanto contra-ataco a espada de Oana, e bastam apenas alguns breves minutos para terminar cada luta.

Tenho controle de minha magia. Pelo menos o início de um controle.

Assim que o pensamento me vem, percebo o que significa. Eu poderia permanecer em Paisly, protegida de Angra, e treinar até estar perfeita — ou poderia me agarrar aos primeiros indícios de que estou pronta e partir.

Parece que a decisão sempre esteve em meu coração. Sabia o que faria assim que cheguei.

Uma guerra me aguarda.

Ajoelhada, com as mãos na beirada do baú em meu quarto, encaro as roupas dentro dele. Sei que preciso de suprimentos — cobertores, roupas sobressalentes, comida — mas não consigo me mexer.

— O jantar está quase... — A voz de Rares é interrompida quando ele entra em meu quarto, mas sei que ele não consegue mais ler meus pensamentos. Talvez apenas sinta a mudança em mim, por ver a expressão em meu rosto.

— Sei o que vai dizer — sussurro na direção do baú. — Que algumas vitórias durante o treinamento não significam dizer que estou pronta. Mas... isso não é um treinamento normal. — Ergo o rosto para Rares. — Sei que mal comecei a entender tudo isso, mas obtive o que vim buscar e não tenho tempo de aperfeiçoar. Isso não é uma preparação para a guerra, porque a guerra já começou. Eu...

— Não vou impedi-la, coração. — Rares se inclina contra a moldura da porta, com os olhos tranquilos. — Por onde vai começar?

Fico de pé.

— Vou precisar de apoio. Mather disse que todos de Ventralli estavam planejando se reunir em um campo veraniano a leste da floresta ao sul de Eldridge. Estão tão isolados do mundo que a Ruína talvez não os tenha afetado ainda.

— E então?

— Vou usar esse apoio para me aproximar de Angra. Conseguirei as chaves que estão com ele. E...

Rares me observa e eu o observo de volta, mais uma vez chocada com o quanto ele é diferente de Sir. Não é possível ver uma única emoção no rosto de Sir — apenas a expressão estoica de um general, imóvel e sólido.

Parte de mim anseia pela inexpressividade dele, ao menos para evitar a pontada de pesar que sinto quando Rares funga e esfrega os olhos.

— Oana e eu faremos o que pudermos aqui. A Ordem já está em ação preparando nosso exército, nós nos juntaremos a você assim que pudermos. — Rares dá um passo adiante, com a boca aberta para dizer mais, mas o que quer que esteja prestes a dizer é esquecido quando ele repara em minhas mãos vazias. — Você vai precisar de suprimentos! Comida, no mínimo, e... ah, Oana é melhor nisso do que eu. Pegue o que quiser da cozinha. Reunirei quaisquer suprimentos que ela julgar necessários.

Rares sai apressado pela porta e não respiro até que se vá.

Ações são sempre muito mais fáceis do que palavras.

* * *

Pego uma boa variedade de alimentos na cozinha, mas, incapaz de encontrar um saco grande o suficiente para transportar tudo, saio em busca de uma despensa.

Há uma porta fechada logo ao lado da cozinha. A maçaneta trava em minha mão, mas um empurrão firme com o ombro faz a porta se abrir com um rangido. Uma janela projeta a luz enevoada do início da noite dentro do cômodo, e isso, junto com a luz que entra por trás de mim, me permite ver o suficiente para me fazer congelar com a mão na maçaneta.

Isso definitivamente não é um armário.

Uma cadeira de balanço oscila no centro do quarto, as pernas curvas rangem no ar que vem da porta aberta. Ao lado dela, um moisés de madeira está sob uma camada espessa de teias de aranha e poeira. Uma colcha comida por traças pende da cadeira, as cores desbotadas por estar há anos ao sol que entra pela janela.

A cena abala meu coração e dou passos cautelosos para dentro do quarto. Da última vez em que vi um moisés — um feito de tecido e coberto de seda, não de madeira e entalhes delicados como este — foi no sonho que Hannah me mostrou. A lembrança dela da noite em que Inverno caiu.

Meu moisés.

— Eles têm um filho?

Eu me viro para a porta, onde Mather está de pé, com o ombro recostado ao portal. A luz enevoada da janela o projeta em cinza.

— Não — digo. — Mas querem ter.

Mather faz que sim. A cabeça dele se curva sobre o peito.

— Estive pensando nisso ultimamente, mais do que jamais pensei.

— Em quê?

Mather levanta a cabeça.

— Família. — Ele gesticula para o quarto. — Pais. Tudo que não tivemos.

Eu tinha me esquecido do quão recentemente Alysson morreu, o quanto a ausência dela ainda é nova. Há tantas mortes em meu coração, o luto por todas elas em sobreposição. Mas enquanto observo Mather, ele se vira para se recostar ao portal e a luz do corredor ilumina o rosto dele. Mather sempre se pareceu mais com Sir, mas consigo ver a suavidade de Alysson na curva do nariz, na forma como ele contrai os lábios.

— Jamais entendi — diz Mather. — Aquele amor, quero dizer. Sempre esteve tão distante da nossa realidade. Eu via famílias quando saíamos em missões, mas nunca... — Ele perde o fôlego. — Não percebi o quanto queria até ser tarde demais.

Quando Mather olha além de mim para o quarto de bebê, é impossível não ver as lágrimas nos olhos dele. Contraindo o maxilar e de braços cruzados, ele as contém.

— Como acha que é? — sussurra Mather. — Amar alguém assim? Ou amar mesmo que seja a *esperança* de ter esse alguém? Manter um quarto trancado com o desejo de que algum dia essa pessoa venha? Não consigo entender.

— Alysson sabia que você a amava — sussurro, incapaz de falar mais alto.

O sorriso de Mather é triste.

— Eu sei.

A lembrança das palavras de Oana, sobre como o fato de sermos condutores nos torna estéreis, me traz uma onda de remorso que eu nem sequer sabia que tinha. Jamais tinha pensado nisso, em ter filhos, um quarto de bebê, mas Mather e eu fomos forçados a viver uma vida sem pais tanto quanto Oana e Rares foram forçados a viver uma vida sem filhos. Não que eu consiga entender a dor dela, mas imagino que seja semelhante. Essa é outra área para a qual somos forçados sem escolha.

Se Mather pudesse falar com a mãe dele da forma como eu podia falar com a minha, não hesitaria. Se Rares e Oana pudessem falar com o filho como Hannah podia falar comigo, lutariam para me alcançar.

São essas duas percepções que me lembram do quanto meu relacionamento com Hannah era frágil. Porque eu deveria querer falar com ela, e ela deveria estar desesperada para falar comigo. Mas não sinto mais nada dela desde que a bloqueei, nada forçando minhas defesas quando me sinto fraca, nenhuma tentativa constante de passar pela magia.

— Acho que entendo esse amor — digo. — Pelo menos estou começando a entender. Família não é sempre aquela em que você nasce.

Família é com quem a gente está, quem a gente ama. Famílias assim podem ser ainda mais fortes.

Mather ri.

— Como uma família escolhida?

De novo essa palavra que assombra todas as minhas ações. *Escolha*.

— Sim.

— Ainda teria escolhido Alysson — sussurra Mather.

Fecho os olhos, as palavras dele têm em si mais emoção e mais *desejo* do que jamais ouvi vindos dele. Meu peito formiga, já respondendo à minha vontade inconsciente, e quando abro os olhos, me viro para olhar o quarto.

A mobília solta poeira. Teias de aranha nas paredes. A janela se abre de repente e toda a sujeira e a poeira ondulam para fora sob meu comando, deixando cada superfície brilhando como nova. A colcha estendida sobre a cadeira permanece esfarrapada, mas a sujeira é fácil de remover, e os travesseiros e cobertores no moisés ficam afofados, limpos e prontos para serem usados.

Porque eles *serão* usados. Oana e Rares algum dia, em breve, poderão ter a família que merecem. A família que Mather deveria ter tido; a família que *eu* deveria ter tido.

É tudo que eu posso fazer. Ajudar a criar um mundo em que a vida que eu sempre quis exista, mesmo que eu não possa vivê-la.

Um lugar bem no fundo de mim dói sempre que penso assim, cada vez mais perto de aceitar completamente o meu destino.

— Meira?

Afasto as lágrimas com a manga da blusa antes de me virar para ele. Só quero fazer o que Rares sugeriu — dar uma escolha a Mather. Deixar que ele saiba o que me espera no fim dessa jornada, o motivo para minhas lágrimas.

Mas assim que meus lábios se movem, Phil surge.

— Rares disse que estamos partindo.

Respiro, lançando oxigênio para cada músculo.

— Sim. — Sou surpreendida com outra informação que não compartilhei com eles, uma que faz meu corpo oscilar com a lembrança. — E nossa rota será pouco... convencional.

Mather se afasta da porta, intrigado.

— Como assim?

Dispenso a explicação.

— Primeiro as malas. — Encolho o corpo. — Depois a dor.

Naquela noite, Oana nos enche de suprimentos — sacolas, cobertores, comida, ataduras, assim como uma infinidade de coisas de que provavelmente nem precisaremos. Enquanto estamos todos de pé no pátio da frente do complexo, seguro os braços dela para evitar que Oana enfie outra maçã em minha bolsa.

Rares coloca a mão na cintura de Oana, me observando. Dezenas de palavras lotam minha boca.

Voltaremos a nos ver.

Vocês significam mais para mim do que sei dizer.

O moisés naquele quarto de bebê será usado. Eu prometo.

Oana envolve a mão com a manga da blusa e passa em minha bochecha.

— Eu sei, querida — diz, e de alguma forma isso me derrete mais do que se ela tivesse chorado ao se despedir.

Abraço Oana e Rares. "Obrigada" é tudo que consigo dizer, e é bobo e patético e nem metade do que quero que eles saibam. Mas os dois aceitam e se afastam, com os olhos brilhando.

Eu me viro para Mather e Phil, que estão tão abarrotados de suprimentos quanto eu. Mal se curaram e já estou forçando os limites, embora não reclamem ou questionem isso.

Talvez possam depois do que estou prestes a fazer com eles.

— Isso vai machucar — aviso. — E parecer... assustador.

As sobrancelhas de Phil se erguem.

— O quê?

Mas não dou a eles a chance de se preocuparem. Pego as mãos dos dois e libero a magia dentro de mim para nos levar até o campo de refugiados de Ceridwen. O esforço do uso da magia faz com que imediatamente recaia um peso sobre meu peito, mas intensificado — nunca me transportei, quanto mais outras pessoas, e a gravidade disso atrapalha minha resistência. A sensação é estar segurando uma espada mais pesada do que a habitual. Hesito, mas me mantenho firme.

O único problema é que nunca estive no campo de refugiados de Ceridwen. A única localização que tenho é a que Mather me contou — o campo fica a um dia de viagem de onde o rio Langstone encontra a floresta ao sul de Eldridge. Seria o bastante? Ou preciso ter um lugar específico em mente? Quando o zumbido da magia nos lança no vazio percebo que não é o melhor momento para me preocupar com isso, mas me recuso a permitir que esses pensamentos me inquietem. Não quando as vidas de Mather e de Phil dependem de mim. Então, com toda a concentração que consigo reunir, foco no ponto em que a floresta encontra as planícies Rania.

Meio segundo depois, um *uuuuf* potente percorre meu corpo quando meus pés se firmam no chão. Um céu negro brilha acima de mim, pontilhado de estrelas, e talos de grama da pradaria balançam ao nosso redor. O cheiro seco e terroso das planícies se choca com lembranças do ar úmido do complexo de Rares. Paro, mas, por sorte, a tontura que sinto é mínima e a náusea não me deixa incapacitada dessa vez.

Não posso dizer o mesmo de Mather e Phil.

Tenho quase certeza de que Phil começou a vomitar antes mesmo de chegarmos. Ele vomita na grama enquanto Mather, sentado no chão, pressiona o rosto contra os joelhos, as mãos na cabeça, emitindo um gemido baixo.

— O que... você... — Mather semicerra os olhos ao se virar para cima. — *Fez?*

Ele repara na paisagem. Os olhos se arregalam. Mather se curva para o lado, imitando Phil.

Quase corro para eles. E me pergunto: se a náusea foi causada pela viagem induzida por magia, talvez magia também possa curá-la?

Um único fio de gelo dispara até eles e tanto Mather quanto Phil se viram para mim com expressões de total confusão. A facilidade do uso da magia ainda me choca, o quanto agora não é mais complicado — o que me faz perceber que preciso fazer mais uma coisa.

Estamos tão longe de qualquer lugar que Angra possa imaginar que a magia dele ainda não me encontrou, não como em Paisly. Mas ainda assim relaxo a mente, criando o mesmo tipo de barreira protetora que manteve Rares longe. Angra não me encontrará até que eu queira.

Phil se coloca de pé, cambaleando, com as mãos estendidas, como se não confiasse no corpo.

— O que, pela neve no céu, foi aquilo?

Começo a responder quando Mather contém uma gargalhada.

— Foi uma demonstração de como venceremos essa guerra — diz ele. — Quanto mais vejo do que você é capaz, mais começo a temer por Angra.

Phil parece completamente apavorado. Seus lábios estão retraídos, mas, ao ver que Mather o observa, ele adota uma expressão com os lábios bem fechados.

— Você é mais forte do que Angra? — pergunta ele para mim.

Tento não estremecer.

— Magicamente? Não. Mas de outras formas... Espero que sim.

O começo da floresta Eldridge paira poucos passos a minha esquerda, coberta pela escuridão. Já as planícies se estendem a partir de todos os outros lados, a grama ondulando até onde consigo ver. A terra emana calor, resquícios do que certamente foi um dia quente, e solto um gemido ao mover o chakram junto com a sacola que carrego nas costas.

— Não é tão útil quanto parece a princípio — digo. — Não faço ideia de onde fica o campo de Ceridwen a partir daqui. Ou se mais alguém chegou lá...

Será que Jesse libertou Ceridwen? Será que os invernianos tiraram os herdeiros ventrallianos do reino?

Mather para diante de mim como se tivesse a habilidade de ouvir o caos em minha mente com a mesma clareza com que Rares ouviu.

— Nós vamos descobrir — diz ele.

— Mas...

— *Nós vamos descobrir* — diz Mather de novo, colocando as duas mãos em meus ombros. — Estão todos lá. Tenho certeza. Agora... esquerda ou direita?

Viro a cabeça nas duas direções. Pradaria de um lado; pradaria do outro. Não consigo pensar em uma forma de usar minha magia para me ajudar a decidir. Para isto, sou apenas Meira.

Esse pensamento não é nem de perto tão apavorante quanto foi um dia.

— Esquerda — digo. — Preciso começar por algum lugar.

Mather acena e gesticula na direção do horizonte.

— Você primeiro, minha rainha.

Semicerro os olhos.

— Não ouse.

— Não ousar o quê?

— Me chamar assim.

— De que mais deveria chamá-la, minha rainha? — A voz de Mather fica mais suave.

Phil fica de pé, ajustando a mochila. O horror dele parece ter passado, pelo menos enquanto olha para Mather.

— Consigo pensar em algumas coisas de que gostaria de chamá-la — murmura ele para Mather.

Mesmo no escuro, a vermelhidão que sobe pelo rosto de Mather é a coisa mais linda que já vi. E esse é o primeiro indício de brincadeira que Phil demonstrou desde que apareceu em Paisly.

Mather dá um esbarrão no ombro de Phil ao passar, caminhando com dificuldade pela grama.

— Vamos — diz ele. — É melhor percorrermos o máximo de distância possível esta noite.

Sorrio, quase explodindo com o quanto a sensação é boa.

— Como quiser, lorde Mather.

Isso faz Mather revirar os olhos, mas ele dá um sorriso lento e curto e continua marchando para a esquerda. Phil vai atrás dele, e eu acompanho.

Passamos dois dias caminhando, recolhendo recursos da mata e dormindo. Nos dividimos em turnos para montar guarda, um de nós sempre alerta ao sinal de inimigos ou luzes no horizonte que possam sinalizar o campo.

Em Paisly, mesmo que brevemente, não parecia que o mundo estava ruindo. Rares me contava os passos de Angra, mas eu ainda conseguia me isolar daquilo — aqui, no entanto, cada passo que dou me leva mais para perto da guerra. Quem sabe o que Ceridwen suportou com Raelyn? Ainda não sei o estado de Inverno. E Theron... aliado a Angra.

Por que Angra faria essa aliança, no entanto? Cordell tem um dos exércitos mais poderosos de Primoria. Mas Angra não precisaria de

Theron para isso — a influência da Ruína pode convencer qualquer um. Manter Theron vivo é uma ameaça muito maior a Angra, porque assim resta outra pessoa conectada com magia de condutor pura — o único modo pelo qual ele pode ser derrotado.

Não perguntei a Mather o que aconteceu com o condutor de Theron. A última coisa que soube foi que Mather o tomou depois que Theron o atirou longe no calabouço de Rintiero, mas duvido muito que Angra o tenha deixado ficar com o objeto depois que foram recapturados.

Mas isso ainda deixa uma pergunta — por que Angra iria querer Theron? Angra adora ter marionetes para executar suas ordens — Herod era prova disso, Raelyn também. Estaria ele planejando usar Theron da mesma forma?

Sinto um aperto no peito. Só consigo pensar em um motivo pelo qual Angra precisaria de Theron: eu.

Theron sabe de coisas que poderiam me enfraquecer. O *próprio* Theron poderia me enfraquecer, apenas por ser quem é — alguém com quem me importo, possuído pela única coisa que odeio mais do que tudo.

E Angra sabe disso.

Limpo uma gota de suor da testa. Grama se entrelaça em minhas botas, o sol bate forte, mas de todas as emoções que poderia sentir nesse momento — desconforto, fadiga, uma culpa avassaladora, desgastante, voraz — só me permito uma: aceitação.

Essa guerra me forçará a confrontar Theron. Precisarei enfrentar aquilo em que Angra o transformou — alguém tão cruel quanto Herod, tão sombrio quanto Angra. E precisarei estar pronta.

Phil emite um *uuf* quando esbarro nele. Mas olha para a frente, fixo no horizonte.

Diante de nós, escondidas atrás da linha das árvores, estão centenas de tendas em amarelo, marrom e verde-musgo, camufladas nas planícies e na floresta. Fogueiras soltam espirais de fumaça, há movimento do lado de dentro e o zumbido de vozes paira leve no ar.

Mather se vira para nós.

— Aquilo parece um campo, certo? — Mas ele já está andando de costas na direção do campo, a sensação de alívio afastando o desconforto provocado pelo calor sufocante das planícies.

Phil soca o ar.

— Civilização! Bem, mais ou menos. — Ele corre para a frente, saltando pela grama.

Mather continua andando constantemente para trás. Meus olhos passam por ele e vão até o campo, mas não consigo me mexer.

— Chegamos — digo, com a garganta seca. Seguro nas faixas do coldre do chakram.

Subitamente, *chegamos* parece mais uma ameaça do que a afirmativa de alívio que deveria ser.

Mather dá um passo na minha direção, com a mão estendida.

A guerra pode ser iminente, mas não estou sozinha.

Coloco a mão na de Mather e o deixo me guiar.

Todos os barulhos cessam assim que entramos no campo. Conversas e risadas são abafadas como chamas de velas oscilando em uma tempestade de vento; panelas pendem desleixadamente sobre fogueiras enquanto as pessoas ao redor delas nos olham boquiabertas.

Endireito ainda mais os ombros enquanto caminho entre Phil e Mather por uma das muitas estradas improvisadas, a grama desgastada pelo tráfego de pés em trechos desencontrados. As pessoas nos encaram conforme passamos, a maioria é de veranianos com o cabelo vermelho-fogo e a pele bronzeada, mas também há yakimianos e até alguns cidadãos de Primavera. Uma profusão de cabelos loiros, castanhos; peles escuras, claras — mas uma feição comum une a todos: a marca do *V* queimada na pele sob cada olho esquerdo.

Só conseguimos passar por algumas tendas quando as vozes recomeçam.

— Aquela é...

— Ela está usando o medalhão, olhe!

— É a rainha de Inverno!

Mordo o interior da bochecha, tentando com todas as forças que me restam não me encolher diante das observações. Não faço ideia do que essas pessoas pensam sobre mim. Que boatos ouviram? Que sou a garota que libertou o próprio reino apenas para que o mesmo agressor voltasse rugindo para o mundo? A garota que traiu o único aliado ao procurar outras alianças pelas costas dele? A garota que deixou Ceridwen, a salvadora dessa gente, ser presa?

Minha mão se aperta sobre a de Mather, tirando forças da forma como ele e Phil ficam ao meu lado.

Mais reações surgem, ecoando de pessoas conforme passamos. Enrijeço o corpo, esperando o pior, mas as pessoas ao nosso redor erguem as mãos, gritando vivas.

— Fora Angra! — gritam elas, e mais forte ainda: — Somos Inverno!

Essa frase conquista meu coração. Essas pessoas não têm motivo para se alegrarem com minha presença — os problemas delas jamais tiveram a ver com os meus. Mas aquela frase — *Somos Inverno* — apenas duas pessoas que conheço poderiam ter ensinado a elas.

Passo na frente de Phil e Mather, correndo para o campo de refugiados. As batidas de meu coração atropelam os pulmões, mais pessoas ecoam a torcida — *"A rainha de Inverno está aqui! Fora Angra! Somos Inverno!"* — até que esses gritos se tornam a única coisa que ouço.

Dou a volta por mais uma tenda, o suor escorre pelas minhas costas. Nessa vem correndo em minha direção pelo meio da rua. Atrás dela, Conall vem em um passo mais lento.

Um sorriso radiante toma meu rosto.

Nessa me vê e corre quando faço o mesmo, até que finalmente colidimos em um emaranhado de abraços e risadas e perguntas.

— Como você chegou aqui?

— Há quanto tempo está no campo?

— Por onde você esteve?

— Está tudo bem?

Recuo e observo Nessa em busca de ferimentos. Ela está bem — não tem sequer um hematoma ou um corte cicatrizando. Conall parece igual, e abraço Nessa de novo.

— Desculpe — digo, ofegante, para os dois. — Peço mil desculpas por ter deixado vocês.

— Deveria pedir mesmo — dispara Nessa, mas quando recuo de novo, ela está gargalhando. — É melhor ter uma boa explicação para isso.

Sorrio. Mesmo a ameaça de Nessa soa como se ela estivesse feliz por me ver.

— Tenho, prometo.

— Meira!

Dendera me envolve, interrompendo o abraço apenas para dar um apertão firme em meus ombros.

— Nunca mais faça isso. Está ouvindo? *Nunca mais.*

A ordem dela me deixa séria. Queria poder prometer a Dendera que jamais irei embora sem aviso de novo, mas a mentira fica presa em minha garganta seca.

— Também senti sua falta. — É tudo o que consigo dizer.

Mas ela já está mudando o foco quando vejo que desvia o olhar para Mather e Phil, que correm atrás de mim. O rosto de Dendera se alegra e ela me dá a mão.

— Venham comigo — diz Dendera para nós três.

Nessa pega minha outra mão, saltitando ao meu lado conforme viramos em outra rua de grama batida. Ao nosso redor, as comemorações se dissiparam, mas a notícia se espalhou — olhos me observam com interesse, pessoas apontam e gritam para amigos que a rainha de Inverno chegou. Estou tão distraída com a notícia que se alastra que não percebo imediatamente quem me cerca.

Invernianos. Dezenas deles, segurando tigelas de comida ou baldes, mas todos se viram para mim, me encarando com o mesmo espanto com que os encaro.

— Eles estão aqui. — Puxo a mão de Dendera. — *Como?*

— Henn soube do campo enquanto estávamos em Verão — explica Dendera. — Achou que seria um local seguro para aqueles que fugissem da tomada.

— Quantos fugiram? — ouso perguntar. — Onde está Henn? E... Será que Sir não escapou? E quanto a Finn, Greer e Deborah?

Dendera aperta meu ombro.

— William conseguiu escapar. Finn e Greer... — Ela fecha os olhos e dá um suspiro baixo. — Em breve estarão livres. William e Henn partiram ontem de manhã.

— Partiram? Para onde? Vão voltar para Jannuari?

Mather se aproxima por um dos lados com a expressão tão sombria quanto a minha parece estar. Meu estômago começa a latejar enquanto Dendera entende nossa preocupação e sacode a cabeça.

— Jannuari não. Eles ficarão bem! Falando desse jeito você faz parecer que eles nunca partiram em uma missão como essa antes. Foram com Ceridwen e um pequeno grupo de veranianos e yakimianos para Juli... o plano de Ceridwen é assassinar Angra enquanto ele estiver...

O ruído que faço é meio um grito, meio um choro.

— Não — falo. — Diga que não vão enfrentar Angra. Dendera, não...

Ela semicerra os olhos, o orgulho da missão deles se esvaindo conforme sacudo a cabeça.

Ceridwen, Sir, Henn e um grupo de soldados foram até Juli enfrentar Angra. Sem nenhuma proteção mágica.

Estão praticamente mortos.

Mather

MATHER ENTENDEU o plano de Meira antes mesmo que ela o dissesse. Só precisou que ela erguesse o rosto e Mather soube... eles iriam para Juli.

Precisavam fazer o possível para ajudar William e os demais, que estariam em um reino tomado pela Ruína de Angra, possivelmente ainda mais do que Ventralli àquela altura. O grupo de Ceridwen tinha mais de um dia de viagem à frente e poderia chegar a Juli na noite seguinte. Se tentassem enfrentar Angra poderiam acabar possuídos pela Ruína antes de sequer levantarem as espadas.

Meira se virou para longe de Dendera, voltando os olhos para a espada à cintura de Conall. Ela apontou para a arma.

— Preciso de armas — disse ela a Conall. — O suficiente para...

— Oito pessoas — interrompeu Mather. — O Degelo e eu iremos com você. — Ele assentiu para Phil. — Vá encontrá-los. Devem estar em algum lugar.

— Mostro a você! — ofereceu Nessa, e saiu correndo tão rápido que Phil acompanhou aos tropeços. Conall também se dispersou, entrando em uma tenda para começar a reunir armas.

Meira insistiu.

— Também precisaremos de suprimentos médicos, não posso curar não invernianos.

— Cavalos?

— Não, viajaremos como fizemos de Paisly.

Mather fez uma careta.

— Ótimo.

— Pare!

Os invernianos em torno deles observaram Dendera estender as mãos.

— O que está fazendo? — sibilou ela, com a voz baixa quando reparou no público. — Se deseja se juntar a eles...

A expressão de Meira ficou mais severa.

— Não me juntar a eles. Salvá-los.

Dendera ficou imóvel o tempo que levou para Meira dar-lhe as costas. Até que finalmente se moveu, os anos de treinamento como soldado levando-a a obedecer ordens mesmo que Mather tenha reparado no tom cinzento de terror que tomou a expressão dela. Ele sabia o que Dendera estava pensando, uma preocupação pulsando como uma cicatriz em sua mente — *Henn. Ele está em perigo.*

Mather trincou o maxilar. *William. Ele também vai morrer.*

Mather grunhiu consigo mesmo e saiu atrás de Meira.

Minutos depois, Hollis, Feige, Kiefer, Eli e até Jesse tinham se reunido no meio do que tinha se tornado a parte interniana do campo. Havia pouco tempo para uma reunião enquanto uma pilha de suprimentos era depositada do lado de fora de uma tenda. Mather e o Degelo os selecionavam, preparando-se o melhor possível para a batalha. Meira amarrou a bainha de uma espada no cinto quando Dendera se juntou a eles com um homem que Mather não conhecia, um veraniano.

— Este é Kaleo Pikari, líder do campo. — Dendera o apresentou. A preocupação dela tinha sido substituída por determinação, algo que Dendera empunhava com a mesma firmeza com que Meira segurava a espada em seu cinto.

Meira assentiu. A postura dela, com a cabeça erguida, os ombros esticados, era a pura teimosia revoltada da infância que viveram. Era a garota que jamais cedia nas discussões com William. Era a fera que tanto amedrontara quanto hipnotizara Mather quando criança. Era tudo isso de uma só vez, destemida, forte e ousada.

Era uma rainha.

Mather sabia que estava boquiaberto e olhando fixamente. Mas pelo gelo, olhar para Meira era como olhar para um banco de neve sob o sol do meio-dia — ofuscava e hipnotizava.

— Não tenho a intenção de me intrometer e questionar sua autoridade — começou Meira para Kaleo, o olhar se suavizando. — Mas Ceridwen e o grupo dela não sabem o quão grave é a ameaça de Angra. Nenhum de vocês sabe, e é por isso que precisa confiar em mim, embora eu perceba que será um pedido e tanto: você precisa mover este campo.

Mather não deveria ter ficado surpreso. Se alguém que soubesse da localização do campo fosse possuído pela Ruína, não hesitaria em entregar essa informação a Angra.

Ainda mais surpreendentemente, Kaleo assentiu.

— Já estamos no processo de desmontagem. Estamos de mudança pelo mesmo motivo pelo qual suspeito que você esteja: se alguém em Verão que sabe nossa localização cair nas mãos de Angra... — A voz dele sumiu e Kaleo pigarreou. — Imaginamos que seria mais seguro nos mudarmos.

— Para onde? — Meira recolocou o coldre do chakram por cima de um colete de couro que tinha escolhido na pilha de suprimentos.

— Verão. — Kaleo deu um sorriso triste. — Há lugares tão estéreis por lá que nem mesmo Angra ousaria ir. Viver no deserto será desconfortável, mas não impossível, e com sorte Angra não pensará em procurar em um reino que ele já tomou.

Meira refletiu a respeito, mordendo o interior da bochecha.

Kaleo insistiu.

— Consideramos mudar para Yakim, por exemplo, mas não queríamos arriscar nos tornarmos prisioneiro de Giselle quando Angra cair.

— Angra não cairá tão facilmente — sussurrou ela. O rosto escuro de Kaleo ficou pálido o suficiente para que Mather reconhecesse o mesmo medo que Dendera tinha exibido: alguém com quem ele se importava estava no grupo de Ceridwen. — Meus soldados e eu ajudaremos Ceridwen em Juli. Seu campo deve ser realocado, mas acredito que qualquer lugar em Verão ainda estará perto demais do alcance de Angra. Qualquer lugar em que se esconder lá será conhecido por *alguém* em Juli, não?

— Que outro local você sugere? — A voz de Kaleo falhou.

Meira se virou para Dendera.

— Henn e Sir passaram por Outono no caminho até aqui?

Ela assentiu.

— Evitaram estradas principais, então não tinham muito a falar a respeito.

— Alguém recebeu notícias deles? Caspar se aliou a Angra?

Mather ouviu as palavras que ela não disse: *Angra já matou Caspar?*

Foi Kaleo quem respondeu.

— Mandamos batedores que nos disseram que Cordell se voltou contra Outono, mas a família real não foi encontrada. Então, embora a capital esteja sob controle de Angra, o restante do reino é incerto. Acha melhor irmos para Outono?

Meira inclinou a cabeça como se montasse um plano conforme falava.

— Um reino incerto é melhor do que um que Angra definitivamente tomou, e ninguém fora deste campo conhecerá os esconderijos de lá.

Mather esperava que Kaleo mostrasse resistência, mas ele obviamente tinha experiência em receber ordens de jovens e apaixonados membros da realeza. Mesmo assim, Kaleo sopesou as palavras de Meira antes de abrir a boca.

— Podemos dividir o campo em pequenos grupos, capazes de viajar mais rapidamente, e tomar rotas diferentes por Verão para tornar a jornada imprevisível. — Ele coçou o queixo, pensando. — Seguiremos para as encostas, o máximo possível para o interior das montanhas Klaryn.

— Quantos soldados têm aqui?

Kaleo suspirou e então revirou os olhos.

— Aparentemente, Ceridwen teve uma conversa com a rainha yakimiana. Giselle andou escondendo soldados entre as pessoas que vendeu a Verão. Parece que planejava tomar controle de nosso reino, até que Angra chegou antes. Ela se enche de nojo com a ideia de uma magia que infecta as mentes das pessoas, então Yakim não é aliado de Angra. — Kaleo indicou o campo. — Há trezentos soldados yakimianos à sua disposição, por oferta dela. São seus na batalha para derrotar Angra.

As sobrancelhas de Meira se ergueram.

— Você está brincando.

— Infelizmente, não. — Kaleo grunhiu. — E além deles, pouco mais de cem soldados veranianos que ficaram para trás. Ceridwen só levou uma dúzia com ela. Como dividiremos o campo em grupos menores, isso deve tornar a patrulha mais fácil.

— Tudo bem. Dendera, Nessa, Conall? — Meira se virou para eles. — Vocês supervisionarão os invernianos?

Os três assentiram e imediatamente se afastaram para ajudar os invernianos ao redor.

— Reencontraremos vocês depois que sairmos de Juli — disse Meira a Kaleo.

Kaleo parecia prestes a protestar, talvez insistir por mais detalhes, mas os olhos dele se voltaram para o sol, reparando na hora. Ele pressionou os lábios.

— Traga-os de volta, rainha Meira. — Foi tudo o que Kaleo disse antes de sumir de volta para campo. Jesse foi atrás dele, o que deixou Mather, o Degelo e Meira de pé diante dos suprimentos inutilizados.

Meira encarou a pilha, percorrendo-a com os olhos. Mather deu um passo à frente, perto o bastante para pegar a mão de Meira e apertá-la num gesto protetor, reconfortante.

— Vamos entrar e sair tão rápido que Angra nem vai saber que alguém esteve em Juli — prometeu Mather a todos, mas mais para a garota de olhos azuis como gelo que se fixavam nele. — Isso pode ser bom, na verdade. Angra estará lá. Ele terá as chaves.

Meira se contorceu sob o toque de Mather, como se tivesse se esquecido do plano maior — pegar as chaves, ir até o abismo, destruir toda a magia e Angra com ela.

— Sim. Mas... vamos apenas nos certificar de que todos estejam vivos. Isso é tudo o que importa.

Seriam lágrimas brilhando nos cílios dela?

Meira desvencilhou a mão. Mather piscou, confuso, quando ela se virou para Nessa, a qual ajudava uma família inverniana a empacotar os suprimentos. Meira olhou por cima do ombro e os olhos dela reencontraram os de Mather. O olhar que tomou conta da expressão em seu rosto — Mather conhecia aquele olhar como um soco no estômago.

Arrependimento.

Havia algo que Meira não estava contando. Algo que fez o corpo dela murchar quando se virou para falar com Nessa.

Phil passou para o lado dele e moveu a mochila, aquela que fez o estômago de Mather se apertar ainda mais. Dentro dela estava o condutor de Cordell e Mather ainda não tinha decidido o que fazer com ele. Ficar com ele? Jogá-lo fora? Esquecer de sua existência? Não que isso fizesse muito para ajudá-los. Na verdade, Mather queria destruir a maldita coisa e junto com ela a arrogância de Theron.

"Sempre que o vir, quero que pense nela comigo. Quero que saiba que quando eu vencer esta guerra, o farei sem esta magia fraca. Quando isso acabar, e Meira for minha, não haverá nada que pudesse ter feito para me impedir."

O estômago de Mather se revirou. Será que Theron também estaria em Juli? Ele quase esperava que sim.

— Você está bem? — perguntou Phil.

Mather afastou a expressão petrificada fungando.

— Sim. — Ele olhou para Phil de novo, reparando nos círculos fundos sob os olhos do garoto. — E você?

Phil deu de ombros.

— Só não estou muito animado para ver Angra.

Uma pedra quase abriu um buraco no estômago de Mather.

— Ele não nos capturará de novo — prometeu Mather. — Eu juro. Também não seremos apenas nós dois desta vez, temos todo mundo agora.

O Degelo, cujos membros conversavam baixinho, se virou para os dois. Trace parecia prestes a perguntar o que tinha acontecido, Hollis e Feige permaneceram pacientes e calados, Kiefer cruzou os braços e estampou a expressão arrogante de sempre e Eli pareceu quase animado por partir.

— Então. — Foi Kiefer quem falou primeiro, com a voz afiada. — Somos um grupo de novo? Não vai mais nos deixar?

Mather franziu a testa.

— Sempre fomos um grupo. Sempre fomos o grupo *dela*.

Isso fez Kiefer piscar, como se jamais lhe tivesse ocorrido que o propósito deles era servir Meira tanto quanto servir Inverno.

— Mas ainda somos nós — acrescentou Phil. — Ainda somos nós, antes de tudo. O Degelo.

— E não seremos derrotados — disse Feige.

Mather sorriu ao ouvir o que se tornou o grito de guerra do grupo. Phil, que arrastava o pé no chão, abriu um sorriso que pareceu forçado demais quando sentiu o olhar de Mather sobre ele.

— Não seremos derrotados — repetiu Phil. — Eu sei, eu sei.

Meira aproximou-se de Mather, juntando-se ao círculo. A maior parte do grupo ficou desconfortável diante da presença dela e mudou de posição. A falta de familiaridade por estarem perto da rainha ainda os deixava inseguros. Mas havia determinação por trás do nervosismo, e mesmo Kiefer estava em estado de alerta.

Phil foi o único que não voltou a atenção para ela e, em vez disso, estudou a grama distraidamente. Mather o cutucou, franzindo as sobrancelhas em uma expressão de preocupação.

Phil balançou a cabeça. Positivamente. Forçou mais um sorriso.

A tortura de Angra ainda era recente demais. Mather quase disse a ele que ficasse, mas Phil não fez menção de deixar o grupo, e pareceu de fato ficar de pé com mais firmeza com os outros por perto. Precisava estar com o Degelo — mesmo que isso significasse enfrentar Angra de novo.

— Vou nos levar o mais perto possível de Juli — disse Meira. — Não quero arriscar me aproximar demais de Angra e ele sentir minha magia.

Hollis franziu a testa.

— Minha rainha?

Mather se intrometeu.

— Sobre a nossa viagem... não será exatamente uma *viagem*, mas uma...

Phil gemeu, jogando a cabeça para trás.

— Me matem. Alguém me mate agora.

— Reconfortante, Phil, obrigado — disse Mather.

Mas Phil apenas estendeu o resmungo.

— Vamos acabar logo com isso.

Algo na relutância dele fez os olhos de Meira se arregalarem, e ela ergueu o rosto para Mather antes de percorrer cada membro do Degelo com o mesmo olhar cauteloso.

— Eu queria ter tempo de explicar o que vou fazer — disse ela. — Sei que só estiveram perto da magia de Angra, em Primavera, nos campos de trabalhos forçados, e eu... Isso não é igual. Vai doer, mas prometo, não estou tentando mudar vocês, ou forçar nada, e eu...

— Está tudo bem, minha rainha — disse Hollis, e deu um sorriso. — Confiamos em você.

Meira assentiu, mas pareceu arrasada por ter de usar a magia. Ainda assim, estendeu as mãos, encorajando todos no grupo a formarem um círculo fechado. Phil foi o último a entrar, com a mão trêmula ao segurar a de Mather.

Talvez Meira possa dar força a ele, pensou Mather, mas antes que pudesse pedir, Meira apertou o toque. Mather cambaleou, incapaz de se preparar quando a magia de Meira os varreu como uma torrente de neve e adagas de gelo afiadas e dolorosas.

Meira

DIVIDO MINHA CONCENTRAÇÃO entre preencher o Degelo com magia o suficiente para combater a náusea da viagem, nos colocar perto o bastante do Palácio Preben, mas não tão perto a ponto de chamar a atenção de Angra, e manter um escudo em minha mente para que ele não sinta minha aproximação. Mas talvez ele tenha envolvido a cidade inteira com algum tipo de barreira, esperando que eu a rompa — principalmente se já capturou Ceridwen e Sir. Ele saberia que eu viria atrás deles, e estaria me esperando.

Se isso for verdade, nenhuma preparação ajudará.

A quantidade de magia que preciso usar para fazer tudo suga minha energia antes de eu nos levar a Juli. Os afluentes que partem do rio Feni brilham ao sol poente, acrescentando luz ao infinito dourado e laranja das construções de arenito de Juli. Quando coloco a todos nós em um beco no círculo mais exterior de Juli, lanço mais uma onda de gelo para mim mesma — força e energia para me manter alerta em meio à exaustão que me faz querer desabar.

O Degelo cambaleia quando aterrissamos, todos eles boquiabertos de assombro e terror. Exceto por Mather e Phil, que abraçam a barriga e suspiram aliviados diante da ausência de vômito.

— E agora? — pergunta Mather, evitando que o Degelo se atenha a qualquer coisa que não seja a tarefa diante de nós: salvar nossos amigos. E tomar as chaves de Angra.

Sacudo a cabeça para mim mesma. Salvar a todos é minha prioridade — se conseguirmos pegar as chaves também, ótimo, mas não antes de todos estarem seguros.

Dou um passo à frente para olhar para fora do beco. Da última vez que estive em Juli, todas as ruas estavam em festa, havia vinho e música e muita gente dançando nas casas.

Agora a noite se aproxima, mas as ruas a nosso redor já estão quase vazias. Abandonadas, persianas batem nas janelas; chamas sem supervisão queimam nos poços que ladeiam a rua. Diante de nosso beco, um transeunte solitário se atira para dentro de uma pousada e bate a porta como se o mal pudesse segui-lo; o prédio ao lado estampa apenas os rostos de mulheres e homens pressionados contra as janelas, observando a rua com olhos que gritam medo. Eles se parecem muito com as pessoas que vi em Abril, há muito tempo — escondendo-se do mundo, esperando que o problema de consertá-lo recaia sobre os ombros de outra pessoa.

Se eu estivesse em dúvida a respeito do que Angra quer, a visão diante de mim agora confirmaria. Ele tomou a alegre, caótica e linda bagunça de Verão e deixou sua marca até torná-la parecida com a Abril controlada e temerosa dele.

Eu me volto para o Degelo, as mãos fechadas em punho ao lado do corpo.

— Precisamos chegar ao palácio onde Angra está. É a nossa melhor chance de encontrar Ceridwen ou qualquer um que esteja com ela. E talvez, se nos aproximarmos o bastante, eu possa usar minha magia para sentir a localização de Sir.

— Vamos simplesmente perambular por Juli? — Trace franze as sobrancelhas e mexe no cabelo branco embaraçado. — Não somos exatamente capazes de nos misturar.

Meu olhar recai sobre o chão enquanto penso e a resposta se apresenta.

A areia laranja de Verão gruda em tudo — às paredes dos prédios, às roupas dos viajantes. Ela cobriu tudo que tínhamos quando passamos por uma tempestade de areia em nossa primeira visita a Juli — talvez sirva de camuflagem agora.

Eu me abaixo e começo a esfregar os grãos nos braços, nas bochechas, nos cabelos, e o Degelo me imita. Logo, nossas feições invernianas estão cobertas, e rearranjando alguns dos tecidos e das echarpes, talvez consigamos passar despercebidos. As ruas vazias trabalham ainda mais a nosso favor — se nos curvarmos e corrermos de uma sombra a outra, poderemos conseguir, de fato.

Respiro fundo e levo todos pelas ruas quase desertas.

Mather desliza para meu lado, o restante formando uma fila atrás de nós.

— O que vamos fazer se já tiverem sido capturados? — sussurra ele na estranha quietude ao nosso redor. O vento sopra entre os prédios, fazendo com que Phil corra para mais perto de nós.

— Libertá-los — respondo, como se bastasse.

— Depois que Angra for derrotado isso vai acontecer — replica Mather. — Você sabe que William nos diria para terminar a guerra antes de salvá-lo.

Olho por cima do ombro, observando o Degelo.

— Não acho que ele... Ah, *sério*?

Mather se vira para ver o que chama minha atenção. Phil, Hollis, Feige, Kiefer e Eli se aglomeram atrás de nós, mas alguns passos atrás, Trace está de pé perto do prédio com as pessoas atrás das janelas. A porta da frente está aberta, uma garota se curva para fora, reconheço o tecido laranja pesado da saia dela. Aquele lugar é um dos bordéis de Verão.

Trace está recostado à moldura da porta, conversando com a garota como se não estivéssemos tentando nos infiltrar em uma cidade inimiga.

Em pânico, lanço um rompante de magia contra ele, protegendo-o ainda mais da Ruína de Angra. Mas tenho protegido todo o Degelo, não? Eu me concentro novamente em mantê-los seguros, apenas por precaução, lançando do meu peito um funil gelado de magia para dentro deles.

Trace não reage à magia e apenas se vira quando Mather grunhe:

— Trace!

Ele se sobressalta e olha para nós, desviando o olhar de Mather para mim. Trace engasga e percebe o que estamos pensando, então dá um aceno de desculpas para a garota e corre pela rua até nós.

— Eu não queria... ela era bonita, mas... imaginei que pudesse nos ajudar — diz Trace. — Contar onde está Angra, esse tipo de coisa.

Mather franze a testa.

— Ela contou?

— Parece que há uma reunião no palácio esta noite. — Trace sorri. — Algum tipo de anúncio, parece que Angra vem fazendo alguns. Na primeira vez apresentou ao povo veraniano a magia dele, por isso todo o... — Trace gesticula para a cidade desolada. — Na segunda noite, os conselheiros dele, ou quem quer que esteja no controle de Verão desde que o rei morreu, passou o controle do reino a Angra. Esta noite deve haver outro anúncio.

— Angra fez três reuniões diferentes desde que chegou? — Semicerro os olhos. — Parece um pouco... excessivo.

— Talvez. — Mather inclina a cabeça. — Ou talvez ele tenha levado esse tempo todo para garantir o poder...

— Então não é uma armadilha? — insisto. — Ele não está armando essas reuniões para nos atrair?

Mather sorri de uma forma que parece dolorosa.

— Isso está implícito. De alguma forma, tudo que ele faz provavelmente é com o intuito de destruir os inimigos.

Emito um grunhido, mas afasto a preocupação — sabemos que é uma armadilha. Sabíamos desde o início que toda essa missão seria perigosa. Nada mudou.

Mas parece que sempre que descubro uma informação que não parece mudar nada, o feito é exatamente o oposto.

O terreno do palácio ecoa o medo e a apreensão que sufocam a cidade. Criados correm para dentro e para fora dos portões, preparando-se para qualquer que seja a reunião que acontecerá nessa noite, um pânico facilmente contagioso, e nos escondemos em um toldo sombreado perto do estábulo. Ficamos bem próximos, o Degelo reunido ao meu redor, e busco minha magia, o frio constante me lembra que estou mantendo um escudo em torno de meus invernianos e de mim. Angra não conseguirá sentir nossa presença e a Ruína dele não será capaz de nos infectar.

Mas estamos aqui, no território, e agora precisarei arriscar usar mais magia.

O Degelo está calado quando fecho os olhos, com os braços cruzados em volta do peito. Permito que espirais de magia percorram o terreno e subam até o palácio, dividindo-se e espalhando-se como o gelo subindo uma janela. Eu deveria ser capaz de sentir Sir — o sangue inverniano dele está ligado à magia dentro de mim. Sir, por sua vez, deveria estar perto o bastante para sentir, da mesma forma com que impulsionei minha magia para dentro dos trabalhadores nas profundezas da mina Tadil enquanto estava no alto da mina.

— O que ela está fazendo? — sibila Phil.

— Procurando o pai de Mather, imagino — responde Trace, baixinho.

— Não sei quanto a vocês todos — começa Feige —, mas estou pronta para um inimigo que eu consiga *ver*. Chega disso...

Meus olhos estão fechados, mas imagino que ela gesticule para indicar o que estou fazendo. Alguns dos membros do Degelo se movem, as roupas farfalham, e isso é o bastante. Sentem-se desconfortáveis com uso de magia, como eu sabia que aconteceria, já que grande parte da experiência deles com magia foi o controle de Angra sobre Primavera. Os poucos meses em que estivemos em Inverno, comigo usando magia esporadicamente para ajudar as plantações, não fez nada para mudar a visão já temerosa que tinham dela.

Quase lhes digo para não se preocuparem. Que tudo acabará em breve.

Mather emite um chiado agudo entre os dentes para pedir silêncio e eu abaixo a cabeça sobre o peito.

Encontre-o, comando à magia. Até pensar nas palavras não percebo o quanto preciso desesperadamente que isso funcione. Porque se eu não conseguir sentir Sir aqui... talvez Angra já o tenha matado.

Um rompante afiado de conexão me faz enrijecer o corpo.

— O que foi? — Mather toca meu braço.

Meus olhos se abrem.

— Sir — digo, ofegante, e o alívio resfria meus braços e minhas pernas. Olho para Mather. — Sei onde ele está.

Disparo, levada apenas pela necessidade em meu coração. Minha magia não sente nada da Ruína em Sir — a força de vontade dele deve ser o bastante para resistir, pelo menos por enquanto.

É claro que é. É claro que ele resistiria a Angra.

Entramos de fininho no palácio pela entrada dos criados, mantendo as cabeças baixas, as feições tão ocultas pelas echarpes quanto possível.

Por sorte, todo criado pelo qual passamos mantém os ombros curvados e olha para baixo enquanto corre para realizar as tarefas. Lidero o Degelo por corredores onde antigamente pendiam vibrantes flores cor-de-rosa e sedas trançadas — agora as paredes estão vazias e a escuridão é quase a única decoração. E, mais do que isso, há algo pesado nesses corredores, algo que se parece tanto com o palácio de Angra em Abril que meu coração galopa sem parar. *Dor* — é disso que meu corpo mais se lembra do lar de Angra. Uma dor lancinante e avassaladora.

Paro antes de dobrar cada esquina, olhando pelo outro lado para me certificar de que Angra não está à espera. Não consigo senti-lo em lugar nenhum por perto, o que significa que ou não está aqui — pouco provável — ou está se protegendo tanto quanto eu. Poderia estar a uma parede de nós, e eu não saberia.

Por fim, subo uma última escada e chego a uma varanda que dá para o salão de festas. Quatro andares de varandas de arenito em arco espiralam em torno do salão, o teto é uma grande extensão do céu noturno. Fogueiras ladeiam o salão, todas queimando baixo e projetando luz o suficiente apenas para delinear as pessoas lá embaixo.

A reunião é um contraste gritante à última comemoração que vi ali. Não há música, não há cor — as pessoas estão de pé em grupos fechados, falando em voz baixa, de vez em quando lançando olhares cautelosos para a varanda exatamente no meu lado oposto.

Estamos em uma das varandas do segundo andar, a passarela não apresenta outra vivalma. Mesmo assim, pressionamos os corpos contra a parede, nos escondendo nas sombras. Minha magia murmura, me impelindo adiante — Sir deve estar aqui.

Perco o fôlego. *Armadilha*, penso. *É uma armadilha. Angra sabia que viríamos.*

Mas então me viro.

Sir está agachado atrás do parapeito, o corpo pressionado contra uma pilastra. A atenção dele está fixa na varanda diretamente à frente. Sem dúvida Angra aparecerá ali e a tentativa de assassinato planejada por Ceridwen ocorrerá.

Ao ver Sir, imagens se desfazem em minha mente, penso nele morto nas mãos de Angra, em seu corpo destruído e sangrando em um campo de batalha. Mas ele está bem — está vivo.

Não tinha percebido o quanto eu estava apavorada até agora.

O Degelo para, escondido atrás de uma das pilastras maiores. Deslizo um passo adiante.

— Sir — sussurro.

Ele se sobressalta e se coloca de pé, o mais puro choque surge em seu rosto normalmente estoico, e então ele volta a se esconder atrás da pilastra ao lado.

Sir muda o foco para um movimento à minha esquerda.

Mather sai das sombras e tudo no comportamento de Sir se suaviza. Enquanto olhou para mim com choque, para Mather ele olha como se estivesse encarando a coisa mais preciosa do mundo.

Os braços dele perdem a força e caem, inertes.

— Você está bem — diz ele, sem emitir som.

Mather hesita, dá de ombros. Mas Sir não dá a ele a chance de responder — segue aos tropeços pelo espaço atrás de nossa pilastra e tudo que pensei que sabia a respeito de Sir se prova equivocado.

Ele abraça Mather pelo pescoço e o puxa para a frente, abaixando a cabeça para se aninhar contra o filho.

Mather fica imóvel.

Sir está abraçando o filho — desesperadamente, em súplica.

Mather fecha os olhos e se derrete, apertando os dedos às costas de Sir. Um soluço estremece o corpo de Mather, a tristeza liberada devido à morte recente da mãe, ao relacionamento conturbado com os pais, à forma como sei que sempre quis aquilo tanto quanto eu. E embora eu esteja infinitamente feliz por ele, um tremor agudo me tira o fôlego.

Eu encerrei meu relacionamento com Sir. Sou a rainha dele e isso é tudo que sempre serei.

Pigarreio.

— Onde está Ceridwen? — sussurro.

Sir se afasta de Mather. Quando me encara de novo, cada gota de suavidade se foi.

Ele indica o andar abaixo.

Volto a pressionar o corpo contra a pilastra, mas me inclino para a frente para poder ver o andar. Meu estômago dói quando vejo Ceridwen, escondida em uma alcova ao lado de um poço de fogueira, os olhos se desviando de vez em quando para a varanda diante de nós no segundo andar.

— Temos arqueiros — sussurra Sir, indicando as varandas acima.

— E espadachins. — Ele aponta para a própria arma, então para mais dois corpos escondidos no mesmo andar, em varandas mais próximas daquela que atrai toda a atenção. Um dos espadachins é Henn.

Paro. Eles não foram pegos. Ainda não foram consumidos pela Ruína. Isso... pode realmente funcionar.

— O que podemos fazer? — pergunto, minha voz apenas um sussurro sob a música abaixo.

Mas Sir não consegue responder — assim que pergunto, uma porta se abre na varanda principal. Todos nos abaixamos, agachados atrás dos espessos parapeitos e das pilastras de arenito.

A multidão se vira na direção da porta aberta. Os sussurros baixos cessam, silêncio mortal faz as fogueiras baixas parecerem rugidos.

Das sombras da porta aberta, Angra surge.

Mather coloca a mão em meu joelho. Pego os dedos dele, apertando uma vez, mas o restante de meu corpo ficou dormente. Evito olhar para Ceridwen, sei da dor que deve arrasá-la. Angra está aqui, governando o reino dela com seu poder.

Verão é dele.

Luz de fogueira interrompe as sombras em torno dele, dançando contra a túnica preta e o cabelo pálido de Angra quando ele vai até o parapeito.

— Verão! — grita Angra. A multidão se aproxima dele, atraída como flores para o sol. — O mundo se transformou. Trago a cada reino uma chance de união, uma chance que Verão recebeu com muito acolhimento...

Ele continua, o discurso sobre união e paz e coisas que fazem meu estômago se incendiar, então ignoro as palavras e passo apenas a observá-lo. Ele tem as chaves? Elas são uma ameaça maior a ele do que o medalhão jamais foi, e Angra o mantinha em volta do pescoço. De maneira alguma deixaria que aquelas chaves fossem retiradas de junto a seu corpo. Então, como nos aproximarmos o suficiente sem sermos mortos? Talvez se os arqueiros de Ceridwen conseguissem um bom tiro, isso deixasse Angra desnorteado o bastante para que pudéssemos atacar. Mas... uma flecha seria mesmo capaz de matá-lo? Certamente a magia não o deixaria morrer tão facilmente. Mas poderia distraí-lo, com certeza.

— ...transformará nosso mundo em um estado de igualdade, onde preconceitos morrerão e uma nova vida florescerá. Além disso — Angra se inclina para frente — reinos Estação e Ritmo não mais darão ouvidos a opiniões preconceituosas e infantis. Somos todos iguais, e como tal, eu, um rei Estação, apresento Theron Haskar, um rei Ritmo, como prova de minha confiança e palavra.

Cada gota de sangue em meu corpo dispara para a cabeça, me envolvendo em uma névoa atordoante.

Eu sabia que ele estaria aqui, mas não tinha me permitido pensar demais a respeito, da mesma forma como evito olhar para Ceridwen. Não posso pensar em Theron agora.

Movimentos em dois pontos diferentes no salão atraem minha atenção.

Um vem de baixo, onde dois homens começam a caminhar nos fundos do salão. São yakimianos, portanto quase os ignoro por serem escravos — a questão é que estão armados e o caminhar deles tem um propósito tão repentino que se destaca na multidão silenciosa. Devagar a princípio, então os passos ganham força a cada avanço, e somente quando estão no meio do salão Sir, do outro lado de Mather, grunhe baixinho.

Aquilo não é parte do plano.

Outro movimento surge da porta atrás de Angra, a escuridão se desdobra em torno da figura de um homem. Ele não está ferido, não há um hematoma ou arranhão nem nada que indique que foi maltratado — o que é quase mais horrível. Está inteiro e ileso, vestindo uniforme militar cordelliano, parecendo tão normal que preciso pressionar as unhas contra as palmas das mãos e a dor me lembra de que aquilo é real, não um pesadelo.

A respiração de Mather está entrecortada, a mão dele em meu joelho aperta mais forte e me mantém no lugar.

Theron se aproxima do parapeito. Angra leva a mão a um bolso da túnica preta para retirar de dentro uma corrente da qual duas chaves pretas pendem.

Eu me inclino para a frente, me segurando na pedra.

— Estas chaves representam tanto nossos erros passados quanto nossa liberdade futura — continua Angra, estendendo os objetos.

Abaixo, os dois yakimianos chegam ao esconderijo de Ceridwen. Ela franze a testa para eles.

Sinto tudo antes que de fato aconteça, uma sensação parecida com observar uma nuvem de tempestade avançando sobre as planícies.

Theron pega as chaves, abre a boca para dizer algo sem dúvida grandioso e ensaiado em resposta à demonstração de Angra.

Mas os homens yakimianos começam a gritar.

— Você não é digna de nos liderar! — grita um. — Jamais deveríamos ter confiado em você!

— Você merece a morte! — acrescenta o outro, e eles sacam as armas e avançam contra Ceridwen.

A multidão se dissolve em pânico, o silêncio é interrompido por gritos de horror. Todos disparam em direção às portas quando os soldados avançam dos corredores laterais — homens de Angra —, seus uniformes uma mistura de Cordell e Primavera, os rostos exibindo... espanto.

Lanço mais um rompante de proteção para meus invernianos, mantendo-os longe da Ruína de Angra, e me coloco de pé. Sem hesitar — o salão é a céu aberto, o que significa que a poeira cobre cada azulejo no chão, tornando mais fácil levantar as partículas e criar uma versão improvisada de uma tempestade de areia. O ar se enche de terra e nos cega, enquanto o caos da multidão se transforma em gritos aterrorizados e no clangor de armas.

Sir e Mather reagem sem precisar de instruções. Correm atrás de mim até a varanda. O Degelo segue logo atrás com as armas em punho. Quando a areia começa a baixar eu volto a erguê-la, mas outra força a puxa de mim. A perda inesperada de controle me faz cambalear contra o parapeito.

A areia desce, controlada pela mão estendida de Angra.

Estou inclinada acima do salão, agora tão perto da varanda onde ele está que poderia estender a mão e tocá-lo. Henn está ao meu lado, depois de se juntar a nós quando passamos pelo seu esconderijo.

Angra sorri. Ao lado dele, Theron também, tão satisfeito quanto seu aliado, apesar de parecer mais aliviado do que propriamente feliz.

Eu me desencosto do parapeito e solto o chakram, mas as pilastras impossibilitam que eu o lance. Soldados surgem atrás de nós na varanda, o impacto de suas botas fazendo a passarela tremer, e o Degelo se vira para interceptá-los em meio a um coro de gritos e armas em combate. Lanço rompantes de força para o Degelo e dobro uma esquina para dar de cara com Angra. As chaves estão na mão dele.

Angra não se incomoda em sacar uma arma — uma sombra envolve o punho dele e seu sorriso se torna nauseante. Abaixo de nós, o caos ainda fervilha, mas a maior parte da multidão se foi e os únicos gritos vêm de apenas uma fonte, uma voz que me deixa alerta.

Ceridwen.

Eu me viro para procurá-la, guiada pelo som da sua voz.

Distraída, *distraída*...

A palavra me consome quando pisco e Angra soca o ar, sua sombra acertando meu peito. Tropeço, ofegante, e me choco contra Sir e Henn, que correm para trás de mim.

Theron avança, segurando o braço de Angra.

— Ela pode estar aqui para se render!

Angra para e eu me coloco de pé, com o chakram ainda erguido.

— Veio se render, rainha de Inverno? — pergunta Angra, mas a voz dele diz que sabe que não. Outra sombra se acumula em torno do seu punho...

Antes que consiga golpear, Mather sobe no parapeito e salta para a varanda deles, caindo em cima de Angra, que por sua vez se choca em Theron. Os três caem no chão em uma colisão de estampidos e gritos.

Hesito, observando a confusão de corpos, em busca das chaves — será que se soltaram? Será que ainda estão com Theron? Por que Angra as deu a ele?

Eu sei a resposta.

Eu não teria problema algum em matar Angra para obtê-las, mas se tivesse que tirá-las de Theron...

Angra está de pé agora, Mather entre ele e eu com uma adaga em punho. Angra não brinca comigo dessa vez. Ele puxa a mão para o peito, arrancando a adaga de Mather, que cambaleia para a frente com um grito de alarme. No mesmo instante Angra já está estendendo a mão de novo e atirando a adaga contra mim.

Theron se coloca de joelhos e estende os braços para Angra.

— Não... ela é *minha*! — grita ele, e desvia a mira de Angra, fazendo a adaga disparar para a direita e roçar contra o ombro de Mather antes de cair no salão abaixo.

Mather gira com a força da lâmina. Atrás de mim, Phil grita, e qualquer última gota de concentração que eu tinha finalmente se esvai quando vejo sangue jorrando do braço de Mather.

Vá, imploro a mim mesma. *Saia daqui, saia daqui...*

Pânico me impulsiona de tal forma que nem preciso tocar os invernianos. Mather, Sir, Henn e o Degelo — seguro os corpos deles com as mesmas espirais serpenteantes que me permitiram encontrar Sir, e com um puxão que me rasga o estômago, uso a magia para nos tirar da varanda.

Ceridwen

NAQUELA NOITE ELES assassinariam o rei de Primavera e acabariam com o reinado de terror movido pela magia dele.

Ceridwen sentiu a Ruína de Angra lancinando a mente dela assim que colocou os pés em Juli, mas agora, enquanto ele estava de pé na varanda, sua magia a apunhalava como gotas de chuva contra um chão seco.

Mas Ceridwen estava seca há anos — tinha aprendido a viver sem chuva.

Ela se manteve no mesmo lugar no piso principal, escondida junto à multidão silenciosa que aguardava. Ceridwen não podia negar a influência de Angra sobre Verão ao observar a classe alta, normalmente festeira, de pé em grupos solenes, sussurrando. A viagem por Juli parecera tão deslocada quanto aquela situação, as ruas silenciosas, até os bordéis sem vida. Tudo a respeito do reino dela estava errado, como uma fogueira na qual Angra jogara água — sem luz, sem paixão, sem *vida*.

Ceridwen sacudiu a cabeça e ergueu o olhar furioso para Angra. Os arqueiros acima dele estavam tão bem escondidos que a própria Ceridwen quase não conseguia vê-los — mas ela sabia que estavam ali, esperando pelo sinal.

Angra tagarelava, mas Ceridwen ainda não conseguia erguer a mão. Ele era um alvo bem fácil.

Ceridwen fechou o punho.

Sinal, desejou ela. *Dê o sinal...*

A garganta de Ceridwen quase se fechou, seus olhos ficaram vítreos com um rompante de tontura. Ceridwen cambaleou, tropeçando em uma criada que segurava uma bandeja de taças para a multidão que não bebera uma única gota de vinho a noite toda. Em outros tempos, ter a corte sóbria em um evento teria deixado Ceridwen feliz, mas agora ela se pegava desejando que todos estivessem se refestelando como de costume.

O criado saiu às pressas, a roupa ensopada com vinho derramado. O cheiro preencheu a mente de Ceridwen com imagens daquele mesmo salão, lembranças de festas nas quais o vinho fluía e os cortesãos riam e bebiam e sucumbiam à magia de Simon.

Ceridwen se endireitou, sentia-se tonta. Ela precisava sinalizar... alguma coisa. Que o banquete começasse, talvez — mas não, esse sempre fora o dever de Simon. Ele amava anunciar as atrações à multidão.

Ceridwen se moveu, virando-se para a tenda que Simon sempre erguia no meio do salão...

Não estava lá.

Na varanda, Angra gesticulou para alguém atrás dele e Theron avançou.

Angra — mate-o. Concentre-se, Ceridwen!

Ela avançou aos tropeços, a mente anuviada, a multidão tão próxima que Ceridwen conseguia sentir cada batida do coração impulsionando-a, em uníssono naquela única e clara meta: matar Simon.

Um grito lutava para sair de dentro de Ceridwen. Ela planejava matar o irmão? Por que faria tal coisa?

Sua cabeça queimava por dentro, a magia formigava como dezenas de minúsculos dedos cheios de determinação. A magia de Simon jamais fora tão persistente — depois que Ceridwen a afastou de sua mente, ela pareceu retirar-se, emburrada, como se até mesmo a magia estivesse bêbada demais para insistir.

Mas a magia de Angra era determinada, pesada, quente. Formava um casulo ao redor de Ceridwen, esperando por uma pequena janela de fraqueza pela qual pudesse entrar. Sussurrava ao ouvido dela, palavras que pareciam mel: *O que você quer, Cerie?*

Ninguém jamais perguntara isso a ela antes.

Quer se juntar aos cortesãos? Você sempre quis ser como eles — tão facilmente capaz de esquecer as preocupações e se entregar a poderes mais fortes, poderes que sabem mais...

Ceridwen se virou, esbarrando em alguém — um dos yakimianos que tinha vindo com ela, o líder que Jesse teve de convencer. Ele estava com um dos soldados ao lado e os dois franziam a testa.

— Você não deu o sinal — grunhiu o líder.

Ceridwen oscilou na direção do homem.

— Sinal? — perguntou ela, com a voz baixa no silêncio do salão. Apenas uma voz ecoava, dando algum tipo de discurso. — Onde está Simon?

— Eu estava certo desde o início. — O yakimiano sacudiu a cabeça, retraindo os lábios ao exibir os dentes. — Você é fraca e eu deveria tê-la matado há muito tempo. Esta missão deveria ter sido minha. Esta vitória será de Yakim! Você não é digna de nos liderar! Jamais deveríamos ter confiado em você!

O colega dele desembainhou a espada.

— Você merece a morte!

Os dois saltaram para cima dela, suas armas de ferro cortante e seus punhos duros como pedra. Ceridwen desviou dos golpes apenas para ficar atordoada pelo choque.

Os yakimianos estão me atacando. Quem armou os escravos? Onde está Simon?

A multidão se dividiu, aterrorizada. As pessoas empurravam em todas as direções conforme disparavam para as saídas e os soldados entravam. A magia de Angra pareceu se dissipar da mente de Ceridwen em meio ao caos repentino.

Angra — ela não dera o sinal para atacar. Ele ainda estava vivo, esperando que alguém o matasse, assim como quando ela tentara matar Simon em Rintiero.

Mas dessa vez ninguém surgiria para corrigir os erros de Ceridwen. Ela fracassara. De novo.

Ceridwen gritou, mas não por causa da ameaça dos yakimianos que atacavam.

Não havia perdão a receber. Simon estava *morto*.

Um pensamento a atingiu então. Alguma vaga imagem de uma época sem dor, uma das únicas lembranças felizes: Jesse, no campo de refugiados, falando sobre recomeços.

O ódio dos próprios yakimianos os impulsionava a atacar Ceridwen, a magia de Angra os cegava a qualquer ameaça além da princesa veraniana, então não recuaram quando soldados cordellianos invadiram o salão e lâminas lhes perfuraram a coluna. Ceridwen disparou contra o primeiro cordelliano, mas ele a jogou no chão. Ela então deslizou pelo chão e se chocou em uma mesa que fora virada pela multidão em fuga. O corpo de Ceridwen ricocheteou inerte.

Voltara para Juli para impedir Angra — e só conseguira abrir mais feridas.

Uma explosão de gelo resfriou o ar abafado do salão de festas. Ceridwen só conseguiu ter uma vaga ideia — *Frio em Verão? Meira?* — antes que mãos a puxassem de pé.

— Ceridwen... — começou Meira, que parou de falar ao perceber como Ceridwen só conseguia encarar o chão. Um dos invernianos que tinha vindo com ela do campo a segurou de pé, apoiando seu peso. — Tire-a daqui — disse Meira ao inverniano, e então seguiram mancando até a porta à medida que mais explosões de gelo lutavam contra o calor do salão.

— Você acha que ela foi afetada pela magia de Angra?
— Ela estaria... fazendo algo, então, não estaria?
— Está ferida? Eles a acertaram na cabeça?

Meira se ajoelhou diante de Ceridwen. O rosto dela estava cheio de poeira, seu suor transformava a areia e a sujeira daquela passagem secreta em uma pasta. Ceridwen não ficara nem um pouco surpresa quando o grupo encontrou aquele antigo túnel de esgoto ainda fechado com tábuas — funcionara como uma entrada fácil e oculta para o palácio, pela adega subterrânea.

Ceridwen olhou em volta, observando rapidamente quem estava ali e quem não estava. Meira, um novo grupo de invernianos, o general William e Henn; nenhum dos yakimianos; dois dos veranianos dela. Lekan era um deles, e Ceridwen fechou os olhos com força contra as lágrimas dolorosas de alívio por ele ter conseguido escapar.

Pela chama e pelo calor, o que teria feito se Lekan tivesse morrido por causa dela?

— Ceridwen — tentou Meira. — O que aconteceu?

Ela não parecia irritada.

Deveria.

Cinco mortes tinham acontecido por causa daquele plano fracassado. Alguns dos invernianos de Meira também estavam feridos — um tinha um corte profundo no braço; outro tinha um corte na testa; Henn fora atingido por uma espada nas costelas enquanto ajudava Ceridwen a mancar para fora do salão. Uma única lanterna projetava sombras nos rostos sujos de todos eles, cada um ouvindo com atenção em busca de qualquer som de alguém se aproximando.

E tudo porque Ceridwen tinha deixado que a culpa a cegasse.

Ela bateu a cabeça contra a parede, a pedra áspera quase perfurando seu crânio.

— Desculpe — sussurrou Ceridwen.

Meira desabou de joelhos.

— Tudo bem.

— Está *mesmo*? — disse um dos invernianos com a voz engasgada enquanto amarrava uma atadura naquele com o braço cortado.

— Phil. — O ferido brigou com ele, e Phil abaixou a cabeça, ainda de cara feia.

Meira manteve os olhos em Ceridwen, como se a missão não tivesse sido um desastre, como se não houvesse uma fileira de feridos em volta delas.

— O que aconteceu?

O simples fato de ouvir a pergunta fez as lágrimas nos olhos de Ceridwen transbordarem, e ela beliscou a pele acima do nariz, contraindo o rosto para segurar um grito.

— A magia de Angra — começou ela. — Me pegou...

— Como? — insistiu Meira.

Ceridwen deveria ter esperado que aquilo acontecesse. Devia ser honesta com todos eles. Por que ela, que deveria ter sido a mais capaz de resistir a magia, tinha caído totalmente. Culpa da própria fraqueza, ou da força de Angra?

— Tinha que ter sido Simon — choramingou Ceridwen — aqui, esta noite. E odeio pensar assim, mas preferia que ele estivesse vivo para que eu continuasse lutando com ele do que...

Ceridwen não conseguiu falar por causa do soluço que lhe travou a garganta. Quando a sensação passou, ela abaixou a mão e sua visão ficou embaçada.

— Não sei como seguir em frente — disse Ceridwen. — Não sei como perdoá-lo se ele não está aqui. *Eu o odeio...*

Meira apenas ficou ali sentada, ouvindo, enquanto todos esperavam. Inesperadamente o silêncio do grupo fez Ceridwen rir, na verdade gargalhar, insensivelmente em meio às lágrimas.

— E estraguei tudo — concluiu Ceridwen, com as mãos para cima, porque o que mais poderia dizer?

— Você não estragou tudo — disse Meira, mas foi tão vazio quanto o sorriso que ofereceu. — Angra deu a Theron algo que estou buscando... aquelas chaves. Se eu conseguir pegá-las, posso derrotar Angra, e sabemos quem as tem agora.

— Angra deu as chaves a Theron antes de nos revelarmos. — William se inclinou para a frente. — Era parte do plano dele. Certificar-se de que todos soubessem que estão em posse de Theron.

Todos ouviram as palavras que ele não disse. *É mais uma armadilha.*

A expressão de Meira permaneceu igual.

Ceridwen a encarou.

— Estaremos mais preparados. Da próxima vez eu não vou... ficar arruinada assim.

Meira sacudiu a cabeça.

— Deveríamos fazer o melhor para nos certificar de que isso não aconteça a nenhum de nós da próxima vez.

Já havia passado muito de meia-noite quando deixaram a passagem secreta. Ela os liberou das muralhas do palácio, em um beco mais parecido com uma lixeira. Pareceu apropriado para um grupo que saiu para a noite coberto de imundície, sangue e fracasso.

Juli tinha mudado. A tensão que mantivera a cidade silenciosa e quase vazia quando chegaram parecia ter se intensificado. Brigas nas tavernas; grupos rivais cambaleando pelas ruas; gritos cortando o ar de todas as direções, chamando por ajuda em um eco rebatido que tornava impossível rastreá-los. Mais no fim da rua, soldados patrulhavam, invadindo casas e exigindo que os moradores entregassem a rainha de inverno.

Ceridwen manteve a cabeça baixa, os músculos tensos, e liderou o grupo arruinado para fora de Juli. Poderiam ficar e tentar ajudar a quem precisasse, mas a Ruína de Angra sem dúvida traria mais dois problemas para cada um que resolvessem.

Ceridwen mordeu os lábios, inalou os cheiros da cidade uma última vez. Madeira impregnada de calor; suor acre; vinho pungente; a porosidade da areia a cada respiração.

Ela estava indo embora, mas voltaria. Consertaria Verão. E talvez assim descobrisse uma forma de consertar seu relacionamento com Simon também.

Meira

Somente quando deixamos Juli o peso dos acontecimentos recai sobre mim.

O grupo de Ceridwen escondeu os cavalos em um celeiro abandonado ao sul da cidade. Agora há cinco montarias sem cavaleiros, o que fornece transporte para o Degelo e eu, que nos dividimos em duplas para montar, pois não temos nossos cavalos. Mather sobe na sela atrás de mim e se ajusta, mantendo os braços frouxos em volta da minha cintura. Ninguém menciona como os antigos montadores daqueles cavalos foram deixados para trás, seus corpos agora à disposição de Angra. Mas vejo Ceridwen encarar os cavalos conforme seguimos, seus olhos brilham com lágrimas às sombras.

Tão deprimentes quanto um cortejo fúnebre, seguimos para o leste, para o único reino Estação que Angra ainda não teve chance de se infiltrar: Outono.

Angra contava que estivéssemos em Juli. Se armou uma armadilha para nós por lá, será que sabia que tentaríamos ir para Outono também?

Engulo a pergunta. Não importa. Farei o que precisa ser feito.

Encontrarei uma forma de conseguir aquelas chaves sem precisar matar Theron.

* * *

Na tarde seguinte, o sol projeta luz sobre um longo trecho no horizonte — árvores. E não são as árvores mortas e retorcidas de Verão, essas são rechonchudas, explodindo com folhas vermelhas e amarelas. Sob elas há um gramado verde fresco e uma vegetação rasteira marrom e emaranhada — uma variedade tão acolhedora de cores que chego a chorar.

Quando nossos cavalos disparam para a floresta de Outono, o ar sopra sobre mim em um rompante de frio que, se comparado a Verão, é como se eu estivesse mergulhada em uma banheira de gelo.

Ceridwen para o cavalo subitamente em uma pequena clareira.

Indico a floresta com um aceno de cabeça.

— Deveríamos encontrar água — digo. — Reabastecer nossos suprimentos antes que...

Mas Ceridwen não está olhando para mim. Com a testa franzida, ela semicerra os olhos na direção de algo além de meu ombro e então tira uma adaga do cinto.

É toda a explicação de que precisamos — Mather saca uma espada, o Degelo se arma, Sir e Henn e os veranianos restantes de Ceridwen se viram nas selas, tentando encontrar a fonte do ataque.

Mas não é um ataque — ao menos não imediatamente.

Guio meu cavalo para que fique de frente para o que Ceridwen vê e Mather pressiona o corpo contra minhas costas, a espada em punho diante de mim em posição defensiva. Achei que toda minha adrenalina tinha sido sugada pelo calor de Verão, mas uma nova energia irrompe, meus músculos ficam tensos, prontos para a luta.

Um homem sai das árvores. É outoniano, seus olhos escuros estão arregalados contra o tom castanho da pele lisa, o cabelo negro como a noite está preso longe do rosto em um coque embaraçado. A armadura é de placas de couro pesadas, e as armas são a simples mistura de madeira e metal pela qual outono é tão conhecido — natureza em suas formas mais puras e mortais. Mais guerreiros o acompanham, materializando-se das árvores a nossa volta, alguns montados em cavalos, outros, como o homem, a pé.

Ele me olha e flexiona a mão contra o cabo da lança.

— Rainha Meira?

Mantenho o maxilar bem fechado. Meu cavalo bate o casco na grama devido à tensão.

Se os outonianos estão do lado de Angra, qualquer coisa que eu disser pode ser relatada para ele.

Sir avança após meu silêncio.

— O que vocês querem?

— Uma escuridão recaiu sobre Primoria — diz o homem. — Meu rei quer saber se afetou a rainha inverniana.

A expressão de Sir não muda, mas sinto meu rosto estampar confusão.

— Seu rei? — insiste Sir, como eu teria feito.

Encaro a lateral da cabeça dele. Sir, agindo como meu general. É assim que devemos ser, e parece familiar... mas desconfortável ainda assim.

O guerreiro assente.

— Caspar Abu Shazi Akbari.

Alívio permite que meus músculos relaxem e curvo o corpo na sela. Mather se move contra mim, e quando me viro em sua direção, ele me olha como se eu tivesse perdido o que me resta de juízo. Mas Sir também relaxa, me encara e acena com a cabeça.

— A Ruína de Angra não o tomou — explico a todos. — Se tivesse, ele não reconheceria Caspar como o rei. Ele diria Angra.

— Então por que estamos cercados por soldados armados? — pergunta Mather.

Eu me volto para o outoniano.

— Também estamos livres da Ruína. Angra também não é nosso rei.

O guerreiro recua, deixando a lança recair sobre o ombro ao erguer as mãos em rendição. Os demais embainham as armas.

— Precisávamos nos certificar de que vocês são de confiança. O rei Caspar nos incumbiu de vigiar a fronteira. Recebemos ordens de ficar de olho em você, já que tinha ido a Juli... tal viagem, tão perto de Angra... você poderia ter sido envenenada pela magia dele.

Isso me chama a atenção.

— Você sabia que estávamos vindo? Como?

O guerreiro sorri.

— Caspar recebeu notícias suas de centenas de refugiados.

— O quê? — pergunto. — Eles estão bem? Onde estão?

O guerreiro sorri de novo.

— Meu rei poderá responder a essas perguntas. Ele deseja falar com você imediatamente. — O homem faz uma reverência com a cabeça. — Venha, por favor, rainha Meira, eu a levarei até a corte de Outono.

Conforme seguimos para Outono, o guerreiro explica que os cordellianos posicionados em Oktuber se voltaram contra os Akbari assim que receberam a notícia da traição de Theron. A corte conseguiu escapar e reunir metade das forças na parte sul do reino, aninhada contra a encosta das montanhas Klaryn, o que estendeu nossa viagem em um dia e meio.

Quando finalmente guio o cavalo em torno do último choupo e sinto o cheiro da fumaça de uma fogueira de acampamento, suspiro aliviada. Alguns passos depois, um grupo de guerreiros outonianos está de pé em uma trilha estreita, com lanças nas mãos, espadas na cintura, armadura de couro cobrindo o torso e saias plissadas até os joelhos. Eles se viram, alertas.

— Mais refugiados? — grita um dos guerreiros montando guarda. Ele indica a direita. — Montaram um acampamento no...

Ele para, os olhos novamente recaindo sobre mim. Meu chakram, o medalhão.

O guerreiro enrijece o corpo.

— Rainha Meira.

Sorrio e minha última gota de preocupação desaparece.

Eles abriram o reino para nossos refugiados, que sem dúvida ainda entram aos poucos, como nós, criando um pequeno bolsão de pessoas que se opõem a Angra, escondido na floresta de Outono. Mesmo o rosto estoico de Sir se enruga levemente, e eu o vejo me observando com um leve inclinar da boca. Nesse momento, quase consigo ver nosso passado no rosto dele — a última vez que estivemos em Outono foi anos atrás, quando sobrevivíamos daquela existência nômade para nos esconder de Angra. Agora estamos aqui, cavalgando para Outono conforme recebemos aliados.

Vidas inteiras mudaram no que pareceram ser segundos.

Inclino a cabeça para Sir e ele enrijece o corpo, avançando sem dizer uma palavra.

A totalidade do acampamento de Outono começa com algumas tendas laranja e marrom que se camuflam com os tons terra da floresta. Quanto mais cavalgamos, mais frequentes são as tendas, até que surgem quarteirões, ruas cuidadosamente organizadas, tendas aglomeradas em mercados, quartéis e casas estreitas. Vemos mais pessoas também, guerreiros, em grande parte, homens e mulheres afiando suas armas ou montando guarda ou comendo em mesinhas ao longo da estrada.

Reduzimos a velocidade até parar do lado de fora de uma grande tenda vermelho-rubi. Desço do cavalo, mantendo os olhos nos desenhos elaborados costurados no tecido, folhas caindo de árvores e fogueiras crepitando.

Conforme o guerreiro que nos trouxe até aqui se aproxima da tenda, ruídos disparam para fora.

— Shazi, espere...

Algo se quebra, ouço o grito de uma criança.

Eu rio. Pelo menos essa guerra não acabou com a alegria da princesa outoniana.

A aba da tenda se abre, puxada por mãozinhas.

— MEI-LA! — grita Shazi, e não sei se ela está feliz ou sentindo dor. Shazi se atira até mim e abraça minha cintura. Só consigo segurá-la e gargalhar de novo.

Nikoletta dispara para fora da tenda como se preparada para correr atrás da filha pelo que poderia ser a décima vez naquele dia. Assim que ela me vê, os olhos castanhos se iluminam, então desviam para Mather, Ceridwen, Sir e o grupo arrasado atrás de nós.

Shazi recua.

— Mama! Mei-la!

Nikoletta cambaleia para frente. Ela não diz nada a princípio. Simplesmente me abraça, me puxando contra o veludo roxo da roupa que exala o aroma aconchegante de madeira queimada.

— Ouvimos coisas terríveis — sussurra ela. — Meu irmão... e Theron... e disseram que você tinha ido a Juli...

A voz de Nikoletta se esvai e não consigo evitar pensar que ela me abraça agora porque precisa, não apenas porque está feliz por eu estar viva. Retribuo o abraço.

— Sinto muito — sussurro, e odeio quantas vezes precisei dizer isso.

Nikoletta se afasta. Lágrimas enchem os olhos dela, e conforme mais pessoas saem da tenda atrás dela, as feições da rainha se destacam. Cabelo dourado e pele pálida contra a escuridão de Outono, definindo-a ainda mais como cordelliana, como irmã de Noam, como a tia da mais recente marionete de Angra.

Nikoletta ergue Shazi, que segura o anel que pende da corrente em torno do pescoço.

— Folte, Mei-la! — comemora Shazi. — Folte!

Sorrio.

— Forte, Shazi.

Ela emite um gorgolejo do fundo da garganta e enterra o rosto no ombro de Nikoletta.

Caspar surge em meio aos cortesãos e para ao lado da mulher, seus olhos estão cheios de uma severidade que lança um tremor por meu corpo.

— Seu guerreiro disse que você não se aliou a Angra — começo, e sinto meu grupo se aproximar quando faço a única pergunta que está girando em minha mente desde que entramos em Outono. — Mas o que está planejando?

Caspar inclina a cabeça.

— Agora que você está aqui — diz o rei — planejamos derrotá-lo.

Verificar inimigos que possam se aproximar e erguer uma barreira se tornou instintivo agora, e depois de fazer uma varredura no perímetro do acampamento, consigo focar na reunião que me aguarda.

A sala principal da tenda é um grande retângulo, coberta de pedaços de tecido, pilhas de almofadas e tapetes empoeirados no chão. Incenso libera filetes de fumaça que espiralam para o teto. O ar está frio e respirar é fácil.

Prendo o fôlego, me deliciando com o aroma. Temos aliados; estamos escondidos em um dos poucos reinos que Angra ainda não tomou por inteiro. Até sabemos onde estão as chaves, para o próximo passo nessa guerra.

Talvez fiquemos bem.

Mather e Hollis estão no canto; o restante do grupo deles foi mandado para ajudar os refugiados. Aparentemente, o Degelo se designou como uma espécie de minha guarda pessoal, fazendo turnos para me observar — e quando Mather sorri para mim de onde está falando com Hollis, percebo que tudo bem por mim.

Tanto Mather quanto Hollis se movem quando uma das abas da tenda farfalha e Sir entra. Mather imediatamente se vira na direção dele, e até ver a sua ansiedade não percebo que estou reagindo da mesma forma.

— Problema nenhum para chegar aqui — disse Sir. — Os refugiados se dividiram em três grupos. O mais afastado ainda não chegou, deve levar alguns dias.

Engulo em seco. A lembrança da dor de Ceridwen é vívida: o fato de que ela jamais teve a chance de consertar o relacionamento com Simon.

Deveríamos fazer o melhor para nos certificar de que isso não aconteça a nenhum de nós da próxima vez, penso.

Esfrego o peito, distraidamente, com os lábios contraídos.

— Podemos ir atrás deles — sugere Mather. — Acompanhá-los em segurança.

Sir concorda.

— Eu ia sugerir o mesmo. — A atenção dele se volta para mim, a hesitação está clara no rosto de Sir. — Se minha rainha desejar.

Quase rio. É assim que temos agido? Alguma vez já pareceu tão absurdo?

Sorrio para Sir. Um sorriso verdadeiro, normal, como a antiga eu.

— É claro. Quem deveria ir?

O rosto de Sir não revela nada do que ele possa estar pensando.

— Você e eu seremos necessários para quaisquer decisões que precisem ser tomadas. Eu estava pensando em enviar Henn, junto com...

— Nós poderíamos ir — sugere Hollis. — Alguns membros do Degelo, pelo menos... se for importante para nossa rainha, deveríamos estar envolvidos.

Sir reflete, então assente. Manchas rosa coram as bochechas de Mather, uma torrente de orgulho surge quando ele endireita os ombros.

— Eu os enviarei assim que terminarmos aqui — diz Mather.

Como se ouvissem a deixa, as abas da tenda se abrem de novo e Caspar e Nikoletta entram. Momentos depois, juntam-se a nós Ceridwen e Jesse, Dendera, Henn — representantes dos quatro reinos;

líderes dos exércitos de dois. E meio. Isso se nossas poucas centenas de soldados invernianos, yakimianos e veranianos podem contar como um exército.

Caspar avalia as pessoas na sala, os olhos se movem de Mather para Sir, Dendera e Henn, como se ele pudesse ver cada uma das forças e fraquezas deles nas testas. Quando chega a mim, enrijeço a coluna para evitar me curvar.

— Qual foi a última notícia que teve das conquistas de Angra? — pergunta Caspar, indo direto ao ponto.

— Além de Primavera, ele agora tem Ventralli, Verão, Inverno e Cordell. — Separo as emoções das palavras, falando baixo e com seriedade. Porque sigo adiante... já passei tempo demais sem contar a todos a verdade por trás de nossa guerra.

Explico o que Angra é agora, um hospedeiro da magia do Condutor Real, assim como a Ruína, e como essa magia se espalhará de Angra e infectará qualquer vivalma em Primoria até que todos sejam escravos do próprio medo e dos desejos mais sombrios. Como eu também sou hospedeira da magia de Inverno; como Inverno e Cordell descobriram a entrada do abismo de magia. Nikoletta parece chocada ao descobrir que realmente achamos a entrada, mas Caspar sequer se move, ou porque não se importa, ou porque já suspeitava. Conto a eles sobre as chaves de que precisamos para abri-lo, sobre o labirinto de três tarefas construído pelos Paislianos.

E então respiro fundo.

— Depois que eu atravessar o labirinto e chegar ao abismo de magia, posso derrotar Angra — digo. — Mas fazer isso não apenas livrará Angra da Ruína... livrará o mundo de toda magia.

Caspar, que é o primeiro a entender, pisca lentamente para mim.

— Precisamos destruir a magia como um todo? — pergunta ele. — Por quê? Não poderíamos simplesmente matar Angra?

Dou de ombros levemente.

— Eu seria a única pessoa que poderia se aproximar o suficiente para fazer isso, mas não seria garantia de que a morte dele acabaria com a Ruína, e quantas vidas serão perdidas na tentativa? Se acabarmos com a magia toda será definitivo. Isso *acabará* com o reinado dele.

— Como isso é definitivo? — pergunta Caspar. Ele não está na defensiva; seu tom é apenas de curiosidade, embora a expressão no rosto de Nikoletta seja mais parecida com horror.

— Eu... — começo a dizer, então percebo o quanto isso soará completamente insano. — Minha magia... me mostrou, de certa forma. O propósito da magia de condutor é proteger a terra, e busquei tal ajuda do meu. Perguntei como salvar a todos. Nem mesmo os paislianos conheciam outra forma, e é bom frisar que eles estão procurando maneiras de desfazer a magia há muito mais tempo do que nós.

— Então essas são nossas duas opções? — Agora quem fala é Nikoletta. — Ou lutamos com Angra como ele é e torcemos para derrotá-lo pela força bruta, ou ouvimos seu condutor que disse ser melhor destruir toda a magia?

Encolho o corpo e faço que sim. O clima geral na sala é de apreensão. A ideia de um mundo sem magia é algo que poucos consideraram, ainda mais a ideia de pedir ajuda a condutores. Há apenas três monarcas aqui além de mim — Ceridwen, o rei outoniano e Jesse. Ceridwen é do gênero errado para usar o condutor de Verão; o condutor de Jesse é inútil agora, depois que Raelyn o quebrou em Rintiero e Jesse, basicamente, permitiu; e em Outono se vive sem poder usar o condutor há gerações. Não seria uma diferença drástica para eles que o mundo fosse destituído de magia. Além do mais, a essa altura todos já vivenciaram a extensão da ameaça de Angra — pedir ajuda à magia de condutor pode não ser algo tão inusitado assim.

Na verdade, Caspar quase parece que concordará comigo. Mas não é ele quem fala.

— Já vimos a magia fazer coisas muito mais misteriosas do que oferecer ajuda quando necessário — diz Sir. Ele cruza os braços e sua postura informa à sala que espera que as palavras sejam ouvidas. — Não parece que temos uma escolha muito difícil a fazer. Todos nos tornamos vítimas da destruição de Angra, os outonianos foram expulsos da própria cidade; os refugiados a nossa volta foram deslocados de seus lares; perderam-se amigos e famílias. Angra precisa ser impedido. Não importa a que custo.

Uma pausa, então murmúrios lentos de concordância preenchem a sala, vindo primeiro de Caspar, Ceridwen e Jesse.

Olho rapidamente para Sir, que retribui diretamente. Ele faz uma reverência com a cabeça.

Meu coração se aperta, esmagado sob a devoção de Sir e as últimas palavras dele.

Não importa a que custo.

Não contei a eles o que exatamente preciso fazer para destruir a magia. E não contarei pelo tempo que puder evitar.

— Sabemos quem está com as chaves — digo, sem me ater ao problema. — Angra as entregou a Theron quando estávamos em Juli. O que representa inúmeros problemas, principalmente que ele *queira* que saibamos isso porque espera que tentemos pegá-las. Algo que realmente temos que fazer. Precisamos descobrir uma forma de chegar perto de Theron.

Quando termino, Caspar está com a mão no queixo, a boca contraída pensativamente.

— Tudo bem. Podemos trabalhar com isso.

— No que está pensando? — pergunto.

É Nikoletta quem responde.

— De acordo com nossos espiões, Angra dividiu os exércitos posicionados em Inverno, metade foi designada para fortificar Jannuari e metade para aumentar a proteção na mina Tadil. O que agora faz sentido. Ele está se certificando de que você não consiga acessar a entrada facilmente. O exército de Primavera está neste momento marchando na direção de Inverno; os Ventrallianos estão entrando em navios, e em todas as cartas que interceptamos em Verão houve menção aos exércitos deles se preparando para partir. Suspeitamos, então, que ele os esteja mandando para concentrar o poder em Inverno.

Minha boca se escancara. Quando Angra tomou Inverno da última vez, pelo menos deixou a terra vazia. Agora, no entanto, ele tem recursos infinitos, e sabe que a única forma de ser impedido de fazer o que deseja está sob meu reino.

É claro que a batalha final contra Angra aconteceria em Inverno.

— Então também voltamos nossa atenção para Inverno — digo.

— Mas com certeza você não tem a intenção de atacá-lo, certo? Não diretamente?

Caspar me encara.

— Talvez não.

Nikoletta se vira para ele.

— Então devemos deixar Angra reunir toda a força dele?

Com a sobrancelha inclinada, Caspar sorri.

— Sim.

— O quê? — Franzo a testa para ele.

— Precisamos presumir que Angra antecipará o que quer que planejemos, mas se *esperarmos* que ele ganhe vantagem, podemos conseguir manipular o desfecho. Se revelarmos nossa posição depois que os exércitos de Angra estiverem unidos, ele saberá que estamos tentando atraí-lo sob nossos termos. É um risco, mas acredito que Angra virá atrás de nós pessoalmente e deixará Theron para lidar com *você*, achando que você usará a batalha para acobertar a tentativa de obter as chaves do labirinto. Será uma armadilha, mas ainda podemos controlar quando e como acontece.

Fico remoendo esse plano por tempo o bastante para que o silêncio na tenda me informe que todos fazem o mesmo. Então, quando falo, sei que estou jogando mais uma volta no redemoinho de preocupações deles.

— E se eu me apresentar como a líder do exército, Angra certamente virá atrás de nós pessoalmente.

Nikoletta franze a testa.

— Quem mandaríamos para recuperar as chaves?

— Se Angra estiver ocupado com a batalha, posso usar minha magia para transportar a mim e alguns invernianos para onde quer que Theron esteja, e de lá até a mina em questão de minutos. — Olho para Mather, que está no canto da tenda. — Mather e o general William me acompanharão, pegaremos as chaves com Theron e seguiremos imediatamente para a Tadil. Com um grupo menor, talvez consigamos pegar as chaves e sair antes que qualquer armadilha funcione.

— Onde acha que Theron está? — pergunta Mather, com o rosto inexpressivo.

Caspar responde.

— Nossos batedores irão localizá-lo. Mas suspeito...

— Jannuari — digo, como se estivesse distante, com a voz baixa. — Angra o colocará em Jannuari.

Se Angra realmente quiser usar Theron contra mim, ele o colocará no único lugar que mais me transtornaria: o coração do meu reino.

Meus olhos permanecem em Mather. Essa não é uma missão qualquer. É tudo por que venho trabalhando desde o momento em que soube da guerra entre nossos reinos: a derrota de Angra.

Por um momento, Rares e Oana surgem em minha mente, e quase peço a Caspar que mande um batedor até Paisly. Mas até que alguém consiga viajar até lá e voltar, a guerra terá acabado há muito tempo, independentemente do desfecho.

Estremeço. Está tudo acontecendo tão rápido, e ao mesmo tempo tão devagar.

Eu me viro de volta para Caspar e Nikoletta antes de olhar para Ceridwen. O povo deles sofrerá mais durante isso, e embora eu não saiba quantos guerreiros de Outono estejam no acampamento, sei que não é nem de perto o suficiente para vencermos Angra de fato.

— Assim que a magia for destruída, Angra ficará impotente. — Eu os asseguro, incapaz de manter a súplica longe da voz. — Encontrarei as chaves e então chegarei ao abismo o mais rápido possível. Não precisarão atrasá-lo por muito tempo. Prometo que farei a batalha o mais breve possível.

Com o mínimo de mortes possível.

A ideia me arrasa. Pessoas morrerão por aquilo. Por *mim*.

Caspar coloca a mão em meu ombro.

— Esta guerra pertence a todos nós. Estamos todos bem cientes do que acontecerá se não enfrentarmos Angra. Você carrega muito do peso.

Quase me dissolvo sob as palavras de conforto. Mas faço que sim, recuo e mexo na barra da camisa. Os fios estão totalmente grudados com poeira agora, e a distração me dá algo fácil em que pensar.

— Esperaremos que as forças de Angra se reúnam em Inverno — confirmo. — Enquanto isso, podemos pegar suprimentos emprestados?

— Ah! É claro. — Nikoletta gesticula para alguns criados na ponta da sala, e quando eles saem, os sigo. Acho que ninguém esperava que eu saísse da tenda, mas as ordens foram dadas, decisões tomadas, e não consigo permanecer ali, repassando notícias antigas ou destrinchando nossas estratégias.

— Vou com você até Inverno, idiota. Além de precisar me redimir, não vou deixar vocês três irem sozinhos.

Ceridwen me acompanha enquanto os criados seguem em ziguezague até a tenda do outro lado da clareira. Enquanto eles buscam suprimentos do lado de dentro, eu a encaro.

— Eu a levaria se pudesse, acredite em mim, mas para essa missão, preciso poder usar minha magia em todos. Além do mais, precisaremos de líderes como você na batalha.

— Não vou ficar aqui sentada enquanto você estiver fora derrotando Angra. Ele também tomou o meu reino.

A voz de Ceridwen falha. A dor dela é como uma onda quente e faiscante que palpita, emanando do corpo.

— Eu sei — digo. A questão agora não é conter minhas fragilidades, mas sim escolher o que me fortalecerá em vez do que me arruinará, e, nesse momento, preciso desesperadamente ser forte. — Por favor, não discuta. — Minha garganta se aperta. — Vá... fique com Jesse. Esta guerra ainda não parou de nos tirar as pessoas.

Ceridwen se aproxima mais de mim.

— Tire essa expressão do rosto agora mesmo.

Recuo.

— O quê?

— Essa que diz que você acredita que não sobreviverá. Porque se não espera sobreviver a esta guerra, *realmente* não sobreviverá. A morte dá um jeito de encontrar aqueles que a acolhem.

As palavras de Ceridwen pesam sobre o nó apertado em meu peito. Viro o rosto dela, estendendo a mão até a tenda.

— Os criados devem...

Ceridwen segura meu braço, me prendendo no lugar.

— Não estou dizendo que esse sentimento não é natural. Qualquer guerreiro se preocupa com isso o tempo todo. Mas não deixe que ele a consuma.

— Eu *não* deixo — disparo. — Você não faz ideia do que será preciso para acabar com isso. Eu faço. Sei exatamente o que precisa acontecer, então não me dê um sermão sobre como lidar. Estou fazendo o melhor que posso, Ceridwen. Mal consigo me manter sã.

A mão dela se afrouxa. Passo minha mão no rosto e quando olho de volta para Ceridwen, a raiva dela retornou, um lampejo de mágoa que me deixa ciente de como gritei com ela.

Fico inerte. As abas da tenda principal se abrem e de dentro saem Sir, Dendera... Mather.

Eu me curvo.

— Você já se preocupou se sobreviveria a batalhas antes.

Ceridwen faz que sim num gesto curto e breve.

— Já teve medo... — A pergunta fica presa em minha boca. — Já teve medo do que isso faria com as pessoas que ama? Já tentou, não sei... se distanciar, para que não doesse tanto?

Ceridwen não responde imediatamente, e quando olho para ela, seus lábios estão entreabertos.

— Fiquei boa demais em me distanciar — diz Ceridwen. — Em grande parte porque tinha medo. Mas passei a entender as coisas de forma diferente depois de tudo isso. E... — Os olhos dela se voltam para o acampamento ao nosso redor. — E essas barreiras que erguemos são tão ridículas. Não estamos ferindo ninguém a não ser nós mesmas. Todos os envolvidos nisso sabem que a qualquer momento Angra pode surgir e destruir tudo. Acha que as pessoas que amamos serão felizes se as afastarmos? Pela chama e pelo calor, *não*. Cada momento que temos é mais um momento que não pode ser tomado de nós.

Olho de novo para Mather — ele está falando com o Degelo do lado de fora da tenda principal, sem dúvida dizendo a alguns deles para irem com Henn acompanhar o último grupo de refugiados. Mather se volta para mim quando sente que estou olhando para ele, e mesmo de longe, o sorriso dele lança uma tempestade de formigamento pelo meu corpo.

Ceridwen segue meu olhar e olha de volta para mim com um sorriso de compreensão. Ele se suaviza até virar algo sério, um desejo distante vindo da própria experiência de vida.

— Você só vai se arrepender do tempo que levou para tomar a decisão — diz Ceridwen.

Isso me faz voltar um sorriso inquisidor para ela.

— Mas e você? Tomou uma decisão?

Porque da última vez que a vi, ela estava transtornada por ter terminado com Jesse. Só que os dois passaram algum tempo juntos no campo de refugiados — será que consertaram as coisas desde então?

Pelo sorriso lento e sobressaltado no rosto dela, sei a resposta.

Ceridwen ri consigo mesma, levando as palmas das mãos para os olhos subitamente em lágrimas.

— Não sei! Não sei. Só sei que eu... — Mais uma vez ela dá de ombros e ri. — Eu amo Jesse. E é isso.

— Ventralli e Verão. — Imito o sorriso dela. — Poderia funcionar.

Ceridwen revira os olhos.

— Acredite em mim, não foi assim que antevi nossos dois reinos. E agora nenhum de nós realmente *tem* mais um reino. Mas...

Meus olhos se arregalaram.

— Quer mesmo unir os reinos? Quer se casar com ele?

As bochechas de Ceridwen se tingem com manchas vermelhas, mas ignoro.

— Desculpe... é maravilhoso, Cerie. De verdade.

— Obrigada. — Ela se recompõe. — Fico feliz por minha vida amorosa fracassada poder ser útil para outras pessoas.

— Eu não diria que é fracassada. — Indico a tenda principal. — Jesse está aqui. Ele escolheu você. Isso com certeza vale a pena comemorar.

Ceridwen considera por um momento, antes de franzir o nariz e sorrir.

— Acho que eu deveria seguir meu próprio conselho, não é? *Vale a pena comemorar.*

Inclino a cabeça, meu sorriso malicioso retorna.

— Como assim?

Mas Ceridwen sacode a cabeça quando os criados retornam, os braços cheios de suprimentos.

— Por aqui, Vossa Alteza — dizem eles, seguindo para a tenda mais próxima.

Ceridwen dispara de volta na direção da estrutura principal. Sigo os criados, caminhando de costas, em parte vendo-a ir e em parte vendo Mather se mover na direção da ponta oeste do acampamento com o Degelo. Mather não repara que o encaro fixamente e que meus olhos percorrem seu corpo, memorizando as dezenas de detalhes nos quais venho reparando durante anos. A forma como os ombros dele se curvam quando está em uma discussão séria; como a ponte do nariz se enruga para a esquerda quando ele franze a testa; o tique nervoso que tem quando está pensando, um tremor no maxilar.

"Só vai se arrepender do tempo que levou para tomar essa decisão."

Logo antes de se virar para uma fileira de tendas, Mather olha para mim por cima do ombro. Sorrio para ele.

Mather hesita. Algo brilha nos olhos dele, liberando ainda mais meus sentimentos, como se ele visse diferença na forma como sorrio para ele. Phil diz algo a Mather, e ele parece fazer um esforço físico para tirar o olhar de curiosidade de mim.

Estarei morta ao final dessa guerra, mas por enquanto, estou viva. E Mather também. E estamos aqui, em algum lugar seguro, pela primeira vez, e se vou me aventurar para dentro das montanhas Klaryn e voluntariamente me sacrificar por este mundo, farei isso sem arrependimentos. Saberei o que é amar, e amar completamente, sem relutância, remorso ou pensar demais.

Exatamente como fiz com minha magia de condutor — vou cultivar tudo que a vida tem a oferecer.

Meira

Cada minuto de cada hora dos três dias seguintes é preenchido com a preparação dos exércitos, acomodação dos refugiados, envio dos batedores que observarão os movimentos de Angra e discussão de estratégias de guerra até que todos praticamente desabam de exaustão. Em meus momentos sozinha, percorro o perímetro do acampamento, forçando minha magia para verificar se estou protegendo a todos da melhor forma possível. O sono que consigo dormir é leve e breve, o que me dá energia suficiente apenas para suportar o dia seguinte.

Ninguém pergunta por que faço o que faço ou diz algo a respeito de como olho para as árvores com o maxilar trincado. Eu me pergunto isso por meio segundo certa tarde, tempo o bastante para perceber que *todos* estão tão estressados quanto eu. Todos sabem que teremos no máximo poucas semanas antes que as tropas de Angra estejam completamente reunidas — o que significa que só temos esse tempo para nos tornar uma unidade coesa de combate.

E quanto mais trabalho tivermos a cada dia, menos vidas serão perdidas na batalha iminente.

Esses pensamentos me impulsionam quando a fadiga bate, e basta ouvir Nessa cantando baixinho canções de ninar para as crianças do acampamento para me obrigar a ficar acordada. Quando paramos à noite e minhas pernas doem de tanto andar, basta ver Ceridwen praticando com os combatentes refugiados dela para encontrar energia para dar mais um passo, depois outro.

Essas tarefas são infinitamente preferíveis ao que nos espera.

— Meira!

Eu me sobressalto, com o chakram em uma das mãos e a magia fluindo pelo outro braço como uma esfera acumulada de defesa. Mas é apenas Nessa, saltitando no meio da minha tenda.

— Não vai acreditar no que está acontecendo! — grita ela, com a voz esganiçada.

Abaixo o chakram com um grunhido e esfrego os olhos para afastar o sono.

— O que está acontecendo? Há quanto tempo estou dormindo?

Mas enquanto pergunto, penso, *não o suficiente.*

— Desde... — Os olhos de Nessa se voltam para cima enquanto ela pensa. — Depois da meia-noite. Acaba de passar do meio-dia e todos queriam deixar você descansar, mas eu sabia que não iria querer perder isso!

Estremeço e abaixo as mãos. Já passa do *meio-dia?*

O rosto de Nessa entra em foco, mas minha confusão grogue apenas se intensifica quando vejo a roupa dela. Cetim roxo-escuro entremeado com curvas douradas.

— Sei que precisamos pegar coisas emprestadas com Outono, mas isso é um pouco chique, não é? — digo.

Nessa gira para inflar a saia longa até o chão em torno das sandálias.

— Não é lindo? Deveria ver Ceridwen! Ela parece um pôr do sol.

Ergo as sobrancelhas. Nessa gesticula com as mãos.

— Ah, sim, desculpe! — Nessa pega meu braço e me puxa da cama, meu chakram cai no chão com um clangor, a túnica bate, frouxa, contra meus joelhos. Apenas o sorriso alegre de Nessa me impede de protestar à medida que me arrasta para fora.

Conall se afasta da entrada da minha tenda e caminha atrás de nós, tendo retomado o trabalho como meu guarda-costas, pois a maior parte do Degelo de Mather partiu para escoltar nosso último grupo de refugiados. Nessa não me leva muito longe na rua, e considerando o número de pessoas por que passamos, fico grata. A rainha inverniana deveria ter um pouco mais de dignidade e evitar sair desfilando por aí de camisola.

Vemos uma tenda de cor vinho, sem adornos exceto por finas faixas azul-marinho que percorrem o tecido verticalmente. Conall se posiciona do lado de fora junto com dois guardas outonianos, e quando Nessa me puxa para dentro, uma nuvem de água de rosas e incenso nos recebe. A sala estreita abriga alguns biombos, baús abertos transbordando com cetim e seda da cor de joias e almofadas nas quais estão deitados Dendera, Nikoletta, Shazi, Kaleo e a filha dele, Amelie.

Quando Nessa e eu entramos aos tropeços, Shazi grita e Dendera se coloca de pé com um salto.

— Ela está aqui!

Isso incita um gritinho de trás de um dos biombos e a cabeça de Ceridwen dispara tão rapidamente para fora que só vejo um lampejo de dourado e alguns cachos vermelhos quicando.

— Finalmente! Pela chama, estava começando a achar que dormiria durante a coisa toda.

— Durante o quê? — pergunto. Dendera ergue um pedaço de cetim azul até meu rosto no momento em que sapatos vêm voando do biombo de Ceridwen, e começo a achar que ainda devo estar dormindo. — Vocês sabem que temos uma guerra para a qual nos preparar? A não ser que pensem que podemos resolver nossas diferenças dando um baile para Angra...

Dendera aperta meu ombro.

— *Sabemos* que temos uma guerra para a qual nos preparar, o que é exatamente o motivo pelo qual isto precisa acontecer.

— *O que* precisa acontecer?

A cabeça de Ceridwen ressurge e fica visível por mais tempo dessa vez. Os cachos dela estão presos por um grampo dourado com folhas pendentes que reluzem na altura das bochechas. O adorno ressalta a tinta dourada e marrom que forma arabescos sobre a pele escura dela.

— Um casamento — diz ela, e a forma como as palavras saem, com um risinho, me faz sorrir. Acho que nunca a ouvi dar *risinhos*. — Meu casamento com Jesse.

Ceridwen se abaixa para trás do biombo quando Shazi joga uma faixa de seda laranja no ar e grita quando o tecido flutua sobre sua cabeça.

— Seu casamento? — repito.

Dendera faz que sim alegremente.

— De acordo com as últimas notícias, as forças de Angra estão há cinco dias de se reunirem de vez. Isto — ela indica a tenda — é necessário.

Mas sei do que está falando. Precisamos disso. Precisamos disso tanto quanto de cada lâmina que afiaremos, de cada ração que embalaremos, de cada armadura que usaremos na batalha.

Cada momento de paz que tivermos aqui nos ajudará a nos manter sãos mais tarde.

Pego o cetim de Dendera.

— Acho que eu também deveria me arrumar...

Ela sorri e me indica outro biombo.

— Vou ajudar você. Nessa?

Nessa corre para se juntar a nós. Assim que passamos para trás do biombo, elas tiram minha túnica cinza e começam a envolver cetim azul em um padrão que devem ter aprendido com Nikoletta.

Foi isso que Ceridwen quis dizer poucos dias antes quando mencionou que precisava seguir o próprio conselho. Sei muito pouco sobre o relacionamento dela com Jesse, além do início escandaloso, mas sei que ela o ama há muito tempo. E embora muitas coisas horríveis tenham vindo dessa guerra, se ela os forçou a superarem os problemas e se reconciliarem... bem.

Não consigo pensar em resposta melhor à guerra do que um casamento.

Dendera e Nessa terminam de me arrumar em meia hora, e quando saio, Nikoletta e Shazi já se foram, deixando apenas Kaleo, esticado sobre uma almofada, sorrindo preguiçosamente para o biombo de Ceridwen.

— Já está pronta? — grita ele.

— Não se pode apressar a arte, Papa — diz Amelie do outro lado do biombo em repreenda.

— Não é você que vai se casar com um ventralliano, não precisa falar assim.

A resposta vem bem na hora em que Lekan entra na tenda. Ele olha para Kaleo, então para Amelie, que coloca a cabeça para fora e manda um beijo para ele. Lekan sorri para Kaleo quando se abaixa ao lado do marido.

— Já está pensando em casá-la? — brinca Lekan.

Amelie ri.

— Com um ventralliano!

Ela faz um ruído de ânsia de vômito do outro lado do biombo, e Ceridwen gargalha.

— Obrigada pelo apoio, Amelie. Mas preciso dizer, isto *é* arte, não importa de que reino venha.

O biombo se mexe, um painel é dobrado e Amelie surge saltitando, o sorriso nos olhos escondendo o *V* marcado na bochecha.

— Apresento a vocês... Princesa Ceridwen! — Amelie gesticula com as mãos para fora em uma reverência elaborada, seu cabelo preto caindo no rosto quando a menina se vira para formar uma pequena área de apresentação.

Ceridwen coloca as mãos no quadril, o sorriso em seu rosto provoca rugas na tinta dourada que espirala até a clavícula. Cada mecha do cabelo dela brilha escarlate, e Nessa está certa, ela parece mesmo um pôr do sol, com a pele escura da mesma tonalidade das montanhas sob o cair da tarde, o cabelo como as últimas trilhas de raios de sol se derramando.

Mas a roupa completa a visão. Cortes entrelaçados de seda escarlate se dobram sobre um corpete tomara que caia e uma bainha que brilha com miçangas douradas.

— O que acha? — Ceridwen passa as mãos sobre as miçangas. — Arte, não é?

Ela parece hesitante, como se temesse que talvez não bastasse se casar com o monarca do reino conhecido pela arte.

Dou um passo à frente quando Nessa e Dendera sussurram baixinho algumas palavras de conforto, e quando pego as mãos de Ceridwen, vejo os mesmos desenhos dourados espiralados pelos braços dela.

— Você está perfeita — eu digo.

— *Perfeita* — repete Ceridwen, revirando os olhos. — Longe disso. Mas muito sexy eu sei que sim.

Amelie ri, virando a cabeça para trás. E, como se sentisse os toques finais de Ceridwen, a aba da tenda se abre e revela Nikoletta, agora usando também um modelito adequadamente arrumado — camadas laranja e azul sobrepostas em uma trama esplendorosa.

Ela sorri.

— Estamos prontos para começar, se você estiver.

Ceridwen solta minhas mãos e inspira. Mas quando olho para ela, não parece nervosa ou hesitante nem nada, apenas delirantemente feliz.

O caráter repentino da cerimônia significa que a maior parte do acampamento ainda está ocupada com os preparativos de guerra. Conforme Nikoletta nos guia pelas ruas pouco iluminadas, soldados passam trotando e pessoas batem armas sobre bigornas. E aqui estamos, um aglomerado de realeza usando vestes outonianas finas e brilhantes, passeando por um acampamento de guerra. Onde conseguiram essas roupas? Não consigo imaginar que alguém tenha pensado em pegá-los na pressa de deixar Oktuber. Será que são do guarda-roupa pessoal de Nikoletta? Afasto o tecido da poeira da rua mesmo assim.

Nikoletta nos leva mais para o interior do acampamento na floresta, serpenteando entre trechos de árvores e blocos mais amplos de tendas. A encosta das montanhas Klaryn eleva-se ainda mais, sua escuridão intensa e prolongada agora se estendendo ao nosso redor.

Em uma interseção, Nikoletta se vira para nós.

— Montamos o local da cerimônia logo depois dali. — Ela assente para o canto. — Jesse está esperando no meio do grupo com Caspar. É tradição em Outono que a noiva siga entremeando a multidão, simulando o caminho que uma folha faz ao descer até a terra, seu caminho até aquele que é seu verdadeiro lar.

Ceridwen sacode as mãos diante do rosto.

— Pare! Pela chama, já estou chorando.

Nikoletta se volta para o restante de nós.

— Sigam-me, por favor. Temos um casamento para testemunhar.

Quando todos seguem Nikoletta pela esquina, permaneço, com os olhos em Ceridwen. Ela repara em mim ao lado, e quando franze a testa, coloco a mão no braço dela.

— Estou feliz porque você está feliz, Cerie.

Ela ri.

— Eu também. Você não tem ideia do quanto estou feliz por estar feliz.

Aperto o braço de Ceridwen e recuo um passo.

— Mas... obrigada — acrescenta ela.

As lágrimas nos olhos de Ceridwen são contagiosas demais.

— Só não vá tropeçar — grito, conforme saio correndo.

— Você é má!

Ceridwen sai do meu campo de visão e a única coisa que vejo agora é a cerimônia montada no fim da rua, as encostas imponentes das Klaryn cercando a cena não muito longe. As tendas ficam para trás depois de poucos passos, o caminho se torna um túnel de grama verde exuberante e fileiras de árvores. Folhas flutuam em lentas espirais de laranja, vermelho e marrom, e no fim, uma pequena clareira se abre. O chão está coberto por mais folhas, um cobertor aromático que faz a área cheirar como plantas há muito dormentes. As pessoas estão de pé em um aglomerado arejado, todas de frente para a direção oposta a nós, e as cabeças de Jesse e de Caspar despontam acima da multidão. Músicos esperam em um grupo silencioso, instrumentos prontos para começar a tocar com a chegada de Ceridwen.

Minhas sandálias esmagam as folhas no chão quando entro na clareira, e algumas cabeças se viram para ver quem chega. Como os músicos permanecem em silêncio, a maioria das pessoas continua olhando para frente. Os amigos de Ceridwen, Lekan, Kaleo e Amelie estão de pé com os filhos de Jesse; uma dama de companhia outoniana segura uma Shazi estranhamente quieta; e meus invernianos estão de pé à direita, cada um usando finos adereços outonianos que pegaram emprestado, alguns pequenos como uma fita de cetim sobre as roupas normais, outros elaborados como o traje completo que uso.

Nessa acena para mim de onde está de pé com Dendera e Conall, e vou até ela, atraída mais pela pessoa ao lado de Nessa, aquela cujos olhos se arregalam ao me ver. Mather veste uma túnica de azul tão escuro que é quase preta. Fios dourados criam a estampa elaborada em torno do colarinho e dos punhos, e o corte justo envolve os braços e o peito dele. Algumas mechas de cabelo pendem sobre seu rosto, as demais estão presas por uma fita.

Paro ao lado dele.

— Oi — sussurro.

Mather entreabre a boca.

— Oi — sussurra ele, de volta. Os olhos percorrem minha roupa, e Mather toca as miçangas prateadas no tecido que cobre meus braços, um tipo de xale. O movimento repentino na minha direção basta para fazer meu coração saltar até a boca.

— Você está linda — acrescenta ele.

Minha cabeça fica zonza. É isso que ganho, no entanto, por me permitir admitir meus sentimentos por Mather — uma alegria incapacitante que me faz ter certeza de que o sorriso no meu rosto é tão sonhador quanto o que Ceridwen exibia momentos antes.

Quero retomar um pouco a compostura, recompor minhas feições para não parecer tão... desnorteada? Não consigo pensar na palavra certa. Não consigo pensar em nada, na verdade, enquanto os olhos de Mather encaram os meus. Ele subitamente parece tão desnorteado quanto eu.

Quando os músicos começam a tocar, o que já era um momento perfeito se torna ainda mais idílico. A clareira se enche com o murmúrio crescente do violino, e de uma só vez, a multidão se vira.

Não olho por cima do ombro, no entanto. Meus olhos passam para Jesse e Caspar, de pé com os braços cruzados às costas diante do grupo, os olhos, como os de todo mundo, em Ceridwen. A túnica de Jesse não tem mangas, é do mesmo vermelho intenso da roupa de Ceridwen. Ele usa uma máscara de tecido vermelho, simples e sem adornos.

Mas nem mesmo uma máscara inteira poderia esconder o assombro que percorre o rosto dele quando a vê.

Os ombros de Jesse se curvam. Os braços dele desabam, sem forças. As linhas de tensão em torno dos olhos se suavizam. O atordoamento está cheio de um amor tão puro que sorrio, porque não há outra reação possível.

Mather entrelaça um dos dedos aos meus.

Não consigo inspirar completamente, não enquanto os instrumentos tecem sua canção agridoce, não ao erguer o rosto para Mather e ver exatamente o mesmo olhar no rosto dele. Atordoamento, talvez um leve medo. A visão desse lampejo de medo conversa com o próprio medo que eu sinto, e tenho um pensamento insuportável.

Quero isso.

A música aumenta quando Ceridwen se aproxima de Caspar e Jesse. Ela entremeia a multidão conforme Nikoletta instruiu. Quando sai, Jesse solta o ar que estava prendendo e pega as mãos de Ceridwen como se ela fosse uma das folhas espiralando enlouquecidamente pelo ar, inalcançável, caótica e linda.

A música abaixa, deixando a clareira tão quieta que o vento praticamente ruge. Os olhos pretos de Caspar passam de Ceridwen para Jesse, então de volta, seus lábios se abrindo com o mesmo sorriso que todos estampamos.

— Ceridwen Preben, princesa de Verão, e Jesse Donati, rei de Ventralli, pediram que testemunhemos sua união no laço mais forte de todos — começa Caspar, erguendo a voz para a multidão. — Vivemos em uma época de muita dor e medo. A única forma de realmente derrotar essa dor é sentir igual felicidade diante dela, e isto aqui — Caspar sorri — é inegavelmente felicidade.

Ele tira alguns itens do bolso, erguendo-os para que a multidão veja. Um frasco de tinta preta e um pincel espesso.

— Em Outono, casamentos são celebrados como os anéis das árvores, cada um deles cresce com tempo e dedicação para criar uma união de igual força. Jesse. — Caspar entrega a ele o pincel e abre o frasco. — O primeiro anel.

Jesse pega o pincel e mergulha na tinta. Com a mão firme, ele pinta um anel preto espesso em torno do braço de Ceridwen.

— Ceridwen — continua Caspar, estendendo o frasco para ela. — O primeiro anel.

Ceridwen pega o pincel de Jesse, molha em tinta e se inclina sobre o braço dele. A linha que faz é menos firme, a mão treme, mas pela forma como Jesse a observa, fica claro que nenhum dos dois se importa.

Quando Ceridwen termina, Caspar pega o pincel e se afasta dos dois.

— Vocês são agora um anel, uma árvore. O que quer que o mundo apresente, vocês enfrentarão juntos. Ceridwen e Jesse. — A voz de Caspar perde a formalidade e ganha jovialidade. — Parabéns.

Ele gesticula com os braços, apresentando os recém-casados à multidão, todos aplaudem e os músicos começam a tocar uma melodia mais animada. Ceridwen e Jesse saltam um para o outro, praticamente caindo no chão ao se beijarem.

A magia sai de mim num formigamento, evocando as folhas no chão para que girem em torno de Ceridwen e Jesse em uma espiral suave. Eles se separam para olhar boquiabertos para o redemoinho de cor, mas isso apenas encoraja a felicidade que sentem e os dois se dissolvem um no outro.

— Nenhum casamento está completo sem um banquete! — grita Nikoletta em meio à balbúrdia. — Juntem-se a nós esta noite.

Vivas se elevam e a multidão começa a sair da clareira, seguindo Nikoletta para qualquer que seja o banquete que organizaram. O fluxo arrasta Mather consigo, mas Nessa se aproxima e entrelaça o braço no meu.

— Aquilo foi perfeito! — exclama Nikoletta. — Quero um casamento outoniano um dia.

Solto uma gargalhada.

— Que tal um casamento inverniano?

Nessa sorri, sonhadora.

— Talvez eu só queira um *casamento*. Ou nem tanto um casamento, mas...

Ela olha de volta para Ceridwen e Jesse, que agora sussurram um com o outro já que a multidão não os observa mais. Parecem ainda mais felizes, se é que isso é possível, as testas unidas, Jesse acariciando o cabelo de Ceridwen.

— Aquilo — diz Nessa. — Quero *aquilo*.

Eu me recosto contra ela.

— Eu também.

Algumas horas depois, a clareira diante da tenda principal está tão linda, ou até mais, quanto o local da cerimônia.

A luz da noite atravessa as árvores, projetando a sombra encoberta da noite iminente. Algumas das tendas foram removidas para abrir espaço para mesas e uma fogueira crepitante no centro. Faixas de tecido trançado estão amarradas em torno do perímetro, criando um apoio decorativo de onde pendem lanternas, brilhos dourados que tremeluzem à brisa. Os músicos se reposicionam num canto da festa e começam uma música animada que encoraja a alegria da multidão reunida. Mais pessoas se juntaram agora — soldados fora de serviço, junto com aqueles de nós que ajudaram a montar a comemoração improvisada.

Conall, Nessa e eu estamos na extremidade mais externa da clareira, observando os convidados. Alguns começam a dançar, e Nessa pega a mão de Conall.

— Vamos dançar!

Ele dá um olhar cético para a irmã.

— O quê?

— Vamos! — Ela puxa Conall na direção da fogueira, as chamas projetam um brilho laranja naqueles que já estão dançando.

Os olhos de Conall se voltam para mim, então para Nessa de novo, e ele abaixa a voz.

— Agora não, Ness.

A expressão dela se fecha.

— Por favor — acrescenta Nessa. — Por favor, Conall. Precisamos disso. Ele também era meu irmão.

Conall curva os ombros como se bloqueasse a conversa para que não chegasse a mim.

— Nessa — sibila ele. — Isso não é apropriado...

— Conall. — Eu o interrompo. — Ela está certa. Você merece ser feliz.

A expressão de Conall se fecha.

— Tudo bem, minha rainha — diz ele, e contenho minha irritação diante do título nos lábios de Conall. Se isso é o necessário para que ele aceite o pedido de Nessa, não vou argumentar.

Conall permite que Nessa o arraste até a pista de dança. Ela estende os braços e tenta se mover ao ritmo, o que incita um sorriso ínfimo de Conall.

Em algum momento durante tudo isso, Ceridwen e Jesse entram de fininho, e passam girando por Nessa e Conall em sua própria dança frenética. Chutes e giros que inflam as roupas deles, a batida da música acelera e chama a todos para dançarem mais intensamente. Rir de tudo isso é inevitável; a profusão de cores em torno das chamas crepitantes, a ondulação constante do violão e do violino, e agora de alguns tambores em formato de tigela cujo som ricocheteia pela clareira.

Alguém surge ao meu lado, a presença é pesada, e sei quem é sem precisar olhar.

— O que achou da cerimônia? — pergunto, voltando os olhos para Sir.

Ele cruza os braços com a atenção voltada para a dança. Quase espero que não responda, ou que comece a falar de estratégias de guerra, mas parte da tensão nos ombros dele se dissipa.

— Acho que casamentos invernianos são mais bonitos — diz ele.

Não consigo impedir a forma como meus olhos se arregalam. O calor do fogo e de corpos dançando faz suor escorrer por minha testa, e tudo fica gélido sob os olhos vítreos de Sir.

Ele franze a testa. Depois de um momento, a tensão nos ombros de Sir retorna e ele indica a fogueira acenando com a cabeça.

— Você terá isso. Algum dia.

Engasgo com a sinceridade de Sir.

— Obrigada — sussurro, e cada pedaço de meu coração dói.

Dedos se fecham em torno de meu braço.

— Vamos! — cantarola Nessa, me puxando para a confusão enquanto Sir gesticula indicando para que eu vá. Queria que a tentação de me perder em uma atividade tão despreocupada fosse o suficiente para me distrair, mas sinto a pressão de Sir atrás de mim, das palavras dele, o tipo de coisa que quis ouvir dele durante anos.

Esta noite torna tais coisas possíveis.

Então solto o corpo em um giro, rindo quando Nessa segura a minha mão e a de Conall, nos prendendo em um emaranhado esquisito. Conall dá um sorriso completo agora, e Nessa está totalmente em êxtase à luz da fogueira, ao som da música e ao aroma de comida — porco assado, vinho quente temperado e algo tão coberto de canela que o ar fica pesado com o cheiro forte.

A música termina, mudando para uma que faz Ceridwen gritar em reconhecimento do outro lado da fogueira. Pela intensidade das batidas dos tambores, parece menos com o embalo da música outoniana e mais com a música veraniana. E deve ser, com base na forma com que Ceridwen impulsiona o corpo em um conjunto de movimentos coreografados, estendendo os braços, batendo os pés formando um padrão no chão.

Os amigos veranianos dela são os primeiros a se juntarem à dança. Jesse entra na roda logo em seguida e logo todos em volta da fogueira estão tentando acompanhar, braços se agitando, pés batendo, risadas ecoando.

Conall hesitantemente tenta os primeiros passos e Nessa se curva, rindo tanto que tenho medo que se quebre. O sorriso dele aumenta ainda mais, e nós duas nos juntamos a Conall, movendo os braços para fora, dentro, fora; os pés deslizam formando o padrão das batidas.

Ceridwen agarra Jesse, os amigos veranianos dela se dividem em pares, e a dança fica mais juntinha, a música incitando os casais a unirem os corpos.

Os olhos de Nessa percorrem a pista de dança. Os lábios dela se curvam em um sorriso malicioso, mas quando me viro para ver para onde ela olha, só vejo mais corpos dançando, nada fora do comum.

— O que foi? — grito, por cima da música.

Nessa entrelaça o braço ao de Conall e me empurra para longe.

— Esse parceiro aqui é meu. Vá encontrar um para você.

A força do empurrão dela me faz cambalear na direção de outro corpo. Mal entendo as risadinhas de Nessa antes de reparar na túnica azul como a meia-noite sob minhas mãos, o peito inflando e descendo, os braços em meus cotovelos. Mather.

Um calor sobe por meu pescoço.

A harmonia pausa, os tambores batem com tanta ferocidade que praticamente nos imploram para dançar.

Pressiono o corpo contra o de Mather e imito o caos retumbante da multidão que oscila. Mather parece chocado a princípio, mas não leva muito tempo para acompanhar.

O corpo dele se curva encaixando-se ao meu, os olhos tão brilhantes quanto a fogueira. Nunca estive tão próxima de Mather por tanto tempo, o que me deixa sem fôlego por motivos além do esforço de dançar. A cabeça de Mather se inclina para baixo, nossos braços e pernas acompanham a batida e nossos rostos estão a poucos centímetros de se tocar.

A música fica mais lenta, depois acelera de novo, aumentando a intensidade. Cada vez que há uma pausa na harmonia, a multidão comemora, os movimentos agitados ficam ainda mais fortes. Mas quanto mais a música continua, menos eu ouço. Os barulhos da comemoração ficam abafados, o cenário, as cores, os cheiros... tudo se afasta até que só reste Mather, o corpo dele contra o meu, a respiração dele se misturando à minha.

Sempre soube que ele era lindo. Mas a forma como Mather se move, tão exuberante quanto Nessa, tão confiante quanto Ceridwen... ele não é só lindo. Ele é... meu.

Paro quando a música acaba. Outra música começa, nem de perto tão rápida quanto a anterior. Mather hesita, ofegante, a euforia diminuindo até que ele passa a me encarar intensamente quando não recomeço a dançar.

Um fôlego, apenas um, e Mather recua um passo. Um convite, um sinal não dito.

Mather abre caminho pela multidão que dança. Ao chegar na extremidade externa da clareira, os olhos cor de safira não deixam os meus.

Os lábios de Mather estão quase sorrindo, e ele mergulha para a floresta.

A magia em mim se enrosca em meus nervos até me fazer andar. Passos lentos, a batida dos tambores ressoando em mim, a escuridão da noite engolindo a luz da fogueira e as lanternas da comemoração.

Eu me abaixo e me afasto da pista de dança para seguir Mather noite adentro.

Mather

Estava tudo tão claro.

De onde Mather estava agachado, em uma das bordas mais baixas das encostas que ladeavam Outono, era possível ver o acampamento inteiro. A lua tinha acabado de se tornar visível, sua luz pálida se despejando sobre as árvores, as tendas e a clareira em que os convidados ainda dançavam. O leve bater dos tambores alegrava o ar, a distância e a noite onipresente davam a ilusão de que o acampamento era tudo que existia. Não a sombra do mal que esperava para devorá-los, não os picos pontiagudos das montanhas Klaryn atrás de Mather, as montanhas que os engoliriam em alguns dias.

O olhar no rosto de Meira naquele dia quase o arrasara. A forma como ela se agarrava à imagem da felicidade de Ceridwen e Jesse como um pedinte tentando raspar as últimas migalhas da refeição. A testa enrugada, as mãos inertes, aqueles olhos cristalinos mostrando o quanto desejava exatamente o que Ceridwen e Jesse tinham.

E o quanto sabia que não estava destinada a ter.

Era o que mais assustava Mather — a expressão de arrependimento de Meira. Como se soubesse que apesar da necessidade incandescente de ter aquela felicidade, jamais a teria, e como tinha aceitado esse sacrifício em troca de seus planos.

Mather enterrou os dedos na terra. Suas pernas pendiam sobre a encosta quando ele fechou os olhos, curvando-se para baixo.

Folhas foram esmagadas atrás dele, e quando se virou, o desejo em seu estômago se debateu ao vê-la.

Meira estava no início da trilha que levava até ali, os dedos em volta de um galho baixo de árvore e ao lado de uma parede lisa de rocha que subia até a próxima elevação. Vestia uma roupa tradicional outoniana, mas isso não impediu Mather de se perguntar se alguém a desenhara com o único propósito de deixá-lo louco. O corpo todo de Meira estava envolvido em um tecido azul-claro, deixando a barriga dela exposta, a pele reluzindo ao luar delicado. Uma faixa mais longa de tecido pendia dos cotovelos, e quando Meira deu um passo adiante, deixou o tecido cair no chão, revelando os braços e os ombros de uma forma que fez o peito de Mather doer.

Ele voltou a atenção para o acampamento. Pelo gelo, algo tão simples quanto o vislumbre de uma *pele* não deveria deixá-lo com uma agitação tão patética. Mas quando Meira se sentou ao lado dele, a saia ficou presa em torno das pernas e Mather não ousou falar por medo do que poderia sair da boca dele. Tinha a sensação de que seria algo inapropriado como *Aquela dança esta noite vai me deixar louco durante meses*, ou *Deveríamos continuar dançando. Aqui em cima, sem mais ninguém olhando*.

Depois de uma longa pausa, Meira se virou para a floresta abaixo.

— Está pronto para a viagem? — perguntou ela, com a voz tão frágil quanto as folhas sob eles.

Mather se virou para encarar Meira.

— Você está? Jannuari, depois a mina Tadil. Deve ser bem fácil, depois de tudo que fizemos. — Mather parou, com ousadia, em tom de súplica. — Certo?

Meira não concordou imediatamente, e isso foi o bastante para fazer Mather sentir uma pontada de alarme — então ela suspirou, as lágrimas nos olhos por pouco discerníveis na escuridão.

— Nunca bastou — disse Meira. — Todos os sacrifícios que fizemos por esta guerra. Nada disso jamais bastou, não importa o quanto tenha doído. Mas este — Meira se virou na direção de Mather, a certeza lhe dando um ar levemente insano — este bastará, Mather. Este derrotará Angra.

Meira parou.

— Um condutor precisa ser sacrificado e devolvido ao abismo — sussurrou ela, e pareceu ser necessária uma dose de esforço físico para que Meira dissesse as palavras. — O sacrifício destruirá toda a magia, inclusive a Ruína de Angra. Eu *sou* o condutor de Inverno, e vou...

— O quê? — Mather a impediu. — *Pare*. É assim que vai derrotá-lo? Não... Meira, *não*.

Mas ela não pareceu convencida. Na verdade, pareceu cansada, como se tivesse perdido outro aliado.

— Não preciso que discorde de mim. — Meira se colocou de pé e Mather a seguiu. As mãos dela estavam fechadas em punhos apertados na lateral do corpo, enterradas nas dobras de cetim da saia quando ela se virou para Mather. — Essa é parte do motivo pelo qual hesitei em lhe contar, mas preciso que entenda o que me espera no labirinto, porque... — A boca de Meira se abriu hesitante, os olhos brilhavam com lágrimas. — Quero você. Por inteiro, Mather, mesmo que pelo pouco tempo que me resta, mas preciso que entenda o que isso significa. Sei que isso não vai durar, e que vai *doer*, porque sei o que estou pedindo que faça. Estou pedindo que me ame e me deixe... morrer.

As palavras de Meira se tornaram abafadas no ouvido de Mather. Ele levou tempo demais para entender por que sentiu um peso súbito e intenso sobre o corpo.

Meira estava realmente planejando morrer por eles.

Então Mather ouviu a outra coisa que ela disse, e tudo dentro dele se desfez.

Desejo se acumulou no fundo do estômago até Mather ter a sensação de que explodiria se não fizesse algo que sonhava em fazer há muito, muito tempo.

— E quanto a... Theron? — Mather fechou os olhos.

Uma palma fria da mão de Meira tocou a bochecha dele. Mather piscou para ela, a necessidade de ser cauteloso no fundo da garganta. Meira ergueu um olhar que demonstrava a mesma hesitação, como se não tivesse ideia de como tinha ficado tão perto, com a mão no rosto dele.

— Farei o possível para salvar Theron — afirmou Meira. — Mas sempre houve algo errado com a gente.

Mather inspirou breve e intensamente, então se inclinou mais sobre a palma da mão de Meira a cada palavra dita, a cada palavra não dita.

— Por quê?

Maldição, pare de fazer perguntas e simplesmente a beije.

A mão de Meira tremeu contra o rosto de Mather.

— Porque ele não era você — disse ela, arquejando.

Pronto.

Mather fechou os dedos em torno do pulso de Meira e a puxou para a si, segurando sua nuca com a mão em concha e baixando o rosto na direção do dela. Mather parou a centímetros dos lábios de Meira, ofegante, engasgando, porque, pelo gelo, aquele momento — era tudo. Era toda a sua vida se expandindo a partir daquele único ato, girando em torno de Meira porque ela estava no centro de tudo de bom que já acontecera com Mather.

O nariz dele pressionou a bochecha de Meira, o corpo dele vibrou com o impulso de absorvê-la como o olho de uma nevasca, um funil entorpecedor que não permitia pensamentos coerentes. Os cílios de Meira estremeceram contra o rosto de Mather, a pele dela brilhava nacarada ao luar que subia, o que a fazia parecer tão intocavelmente perfeita que os joelhos de Mather tremeram.

Meira inspirou e os lábios dela se abriram para dizer duas palavras que percorreram o corpo de Mather.

— Me beija — disse ela.

Então Mather fez a única coisa que conseguiu fazer, a única coisa que sempre quis fazer desde quando eram crianças vivendo como nômades sob a ameaça de guerra e Meira era aquela força teimosa e determinada que o chocara, assustara e lhe dera vigor.

Mather a beijou.

Com carinho, com cuidado, porque queria descobrir cada contorno dos lábios de Meira. Mather fechou os olhos e encontrou Meira no espaço entre os dois, e ela se agarrou à boca dele. Mather pegou Meira nos braços, o frio dela irradiava para o corpo dele e acrescentava urgência à necessidade pulsante que fazia o abdômen de Mather se apertar.

Eles cambalearam para trás até que Mather sentiu a face da rocha sob as palmas das mãos, a superfície irregular contrastando com a textura dos lábios de Meira. Maldição. Não era possível que alguma coisa pudesse ser tão macia assim. Mather a empurrou contra a rocha, uma das mãos servindo de apoio na pedra áspera. Cada beijo o fazia querer mais conforme ele inspirava o ar em intervalos irregulares e amaldiçoava a necessidade de ter que fazê-lo.

Os dedos de Mather se transformaram em garras, cravando-se na rocha, arrancando pedaços de pedra e terra enquanto a outra mão acariciava o braço de Meira, traçando linhas até encontrar a cintura dela. Mather passou a mão pela fenda do vestido dela e um gemido ecoou da garganta quando os dedos tocaram a pele exposta e provocadora da barriga de Meira, a curva do quadril. Meira naquele vestido era demais e ao mesmo tempo não era o suficiente, e ela não facilitou as coisas quando entrelaçou os dedos nos cabelos dele e repetiu o gemido de Mather, um ronronado baixo e inebriante que o fez segurar a parede de rocha com mais força.

Mather emitiu um ruído sufocado que era mais dor do que prazer. Com todos os instintos protestando, ele se afastou de Meira.

Ela piscou para ele, com as mãos no peito de Mather.

— O que foi?

O que poderia estar errado? Mather finalmente a tinha. Podia finalmente tocá-la, beijá-la, passar o resto da vida com os braços em volta de Meira...

Mas era justamente isso. Ele queria passar o resto da vida daquele jeito, com ela, mas Meira deixaria a vida dele vazia em alguns dias. Esse único pensamento extinguiu a maior parte do desejo que o sobrepujava ao sentir Meira se mover sob as mãos.

— Não vou deixar que você morra — disse Mather.

Meira ficou inerte contra a rocha.

— A decisão não é sua.

— Não é? — Mather se aproximou de Meira, mas não ousou beijá-la de novo, não ousou se perder na forma como ela olhava para ele e tocar em seus lábios cheios. — Como você pode achar que será a única pessoa afetada por isso?

Meira se curvou ainda mais.

— Eu sei que não vou ser. Por que acha que fazer isso é tão difícil para mim? Por que acha que comecei a pedir a você que *me ajudasse*? — Meira se aproximou até apoiar a cabeça no peito de Mather. Agarrou a camisa dele como se o tecido fosse a corda de proteção que evitaria que ela saísse voando. — Não sou forte o bastante para magoar você e todo mundo dessa forma. Mas preciso. Por favor, Mather — implorou ela, erguendo a cabeça de novo. — Não quero mais falar sobre isso. Vamos só ficar aqui.

Tantas imagens de Meira sendo forte tomaram conta da mente de Mather que ele não conseguia vê-la daquela forma, implorando, arrasada, com medo. Mas *ele* também estava arrasado e com medo e, pelo gelo, sua vontade era jogar tudo de ruim para o alto por uma noite. Apenas uma.

Mather se recostou em Meira de novo, e soube que jamais conseguiria recuperar o controle. Lágrimas queimavam seus olhos, mas ele não se importava; em vez disso, perdeu-se de vez na forma como Meira o recebeu com igual fervor, curvando o corpo contra o dele como se fossem dois talos de grama oscilando juntos.

Os beijos passaram de carinhosos a caóticos, mãos e línguas e suspiros que poderiam ter sido gemidos. E em meio a tudo isso, Mather teceu palavras em um santuário em torno deles.

— Eu te amo — disse ele, e prometeu, diversas vezes. — Sempre amarei você, e deveria protegê-la...

Ele sentiu Meira ceder sob as palavras, as lágrimas escorrendo, misturando-se às dele.

— Eu te amo — disse ela a Mather. — E eu *vou* proteger você.

Meira

Não acorde.

O acampamento estava silencioso quando finalmente voltamos de fininho na noite passada, todos seguros e dormindo nas muitas tendas. O que facilitou muito acenar rapidamente para os soldados e passar pelas trilhas de terra, as tendas eram a única plateia quando Mather e eu...

Nós...

Estou completamente acordada agora, um sorriso se forma em meus lábios enquanto enterro o rosto no travesseiro. Estou deitada de frente para as abas da minha pequena tenda e quando finalmente viro o rosto, agradeço à Meira da noite passada pelo bom senso de amarrá-las, tendo em vista a propensão de Nessa para entrar sem ser anunciada. A luz delicada e enevoada que é visível pelas bordas me informa que a manhã ainda está começando.

Meu corpo se resfria, o gelo da magia reage às minhas emoções intensas, uma sensação que me percorreu tantas vezes na noite passada que quase fiquei dormente de tão maravilhada. Levo a mão aos lábios, a memória incita a sensação das mãos de Mather em minha cintura, dos meus dedos aninhados nas depressões dos músculos dele, nossas bocas se encontrando.

Meu sorriso se abre mais e me deito sobre as costas, virando a cabeça para o lado.

Dois olhos azuis como joias encaram os meus.

O sorriso dele é tão largo quanto o meu, talvez até mais, e Mather se apoia nos cotovelos.

— Oi — diz ele.

Eu me dissolvo em risinhos, cobrindo a boca para abafar o som dentro da tenda fina.

O sorriso de Mather se abre.

— O quê?

— *Oi?* Não sei. É que parece meio simples demais.

— O que seria melhor? — Mather me envolve com o braço e aproxima o nariz do meu cabelo. — *Bom dia, minha rainha?* — Ele beija meu ombro. — Ou *maravilhoso ver você esta manhã, Lady Meira?* — Um beijo em meu maxilar. — Ou *Tive um sonho muito indecente com você ontem à noite, Vossa Alteza?*

Isso não acalma em nada minhas risadas.

— Estranho, tive um sonho bastante indecente com você também.

Mather gargalha e volta a se deitar sobre o cotovelo. O cobertor sobre nós escorrega até a cintura dele e, apesar de tudo, coro ao ver o peito exposto de Mather.

— Ah, é? — pergunta Mather. — Talvez tenha sido o mesmo sonho. O que aconteceu no seu?

A boca de Mather permanece naquele sorriso que ele sabe que me deixa sem reação. Mas posso fazer o mesmo com ele.

Eu me viro, enterrando o corpo contra o dele, traçando com os dedos cada linha de músculo trabalhada com anos de lutas, algumas cicatrizes ásperas que marcam sua pele.

— Sabe, não me lembro — digo. — Não deve ter sido muito memorável.

Mather uiva e me ataca. Dou um gritinho, desistindo de tentar falar baixo, e toco os lábios dele com os meus, nossos corpos alinhando-se de uma forma que a lembrança de cada toque da noite passada me percorre de uma só vez.

Entrelaço os dedos nos cabelos da nuca de Mather e me afasto para olhar para ele. Outra risada irrompe, essa de incredulidade.

— Como isso aconteceu?

Mather se vira de novo.

— Posso dizer *exatamente* como aconteceu. — Ele semicerra os olhos para parecer pensativo em uma demonstração excessivamente dramática. — Há uns 12 anos, uma garota de cinco anos me empurrou no pátio de treino e roubou minha espada. Aquele incidente foi apenas o início. Onze anos atrás, ela me convenceu a pintar uma tenda com nanquim, há seis anos ela roubou uma garrafa de vinho e me deixou bêbado... — Mather para de falar, percorrendo meu sorriso com os olhos, então sorri também. — Eu era burro demais para perceber que entrei voluntariamente em qualquer que fosse o plano louco que ela arquitetou. Era apenas uma questão de tempo antes que ela me trouxesse até *aqui*.

— Ah, então esse era o meu plano? — Eu me levanto para nivelar nossos olhares. — Mas você errou todas as datas. O roubo do vinho foi há cinco anos, e há onze anos tínhamos cinco anos.

Mather franze a testa.

— Eu sabia que deveria ter lembrado você.

— Do quê?

— Nossos aniversários. Bem, pelo menos do *seu*... foi há alguns meses. Você realmente não prestou atenção? Você tem 17 anos agora, Meira. Nós dois temos.

Paro.

— Pela neve. Nós *temos* 17 anos.

Mather gargalha.

— Creio que sim.

— Alysson e Dendera sempre me avisaram para esperar até que eu fosse mais velha. — Suspiro. — Então isso faz com que eu me sinta um pouco melhor a respeito do que aconteceu.

— Melhor? — Mather passa a mão na minha cintura, os dedos desenham padrões em meu quadril sobre o cobertor e me distraio completamente. — Por que se sentiria mal?

A mão de Mather para subitamente quando os olhos dele se arregalam tanto a ponto de eu ser capaz de ver meu reflexo neles.

— Pelo gelo — xinga Mather. — Nós... e eu não... *droga*. — Ele se inclina para trás, cobrindo o rosto com as mãos.

— Do que está falando?

Mather olha entre os dedos, ainda de olhos arregalados, e volta a atenção para minha barriga.

Meus olhos se arregalam devagar.

— Ah. *Ah*. Não. Eu não posso...

Minha boca se escancara, inerte.

Não posso... ter filhos.

Ao pensar nisso, a tristeza de Oana suprime minha alegria entorpecedora. O quarto de bebê empoeirado que ela e Rares mantêm trancado, esperando pelo dia em que será usado.

Eu me sento, envolvendo os joelhos com os braços. E com isso, a noite passada termina de verdade.

Mather se senta.

— Você não pode?

Forço um sorriso.

— Ser um condutor torna algumas coisas impossíveis.

Mather repousa a mão em torno de minhas pernas dobradas.

— Sinto muito, eu...

— Não. — Recuo, me virando o suficiente para permanecer nos braços de Mather, mas olhar nos olhos dele. — Não peça desculpas, por nada. Eu quis isso. *Quero* isso.

Mather sorri, mas os olhos dele informam que também está aos poucos aceitando que a noite acabou.

— Você diz como se nunca mais fosse acontecer.

Encosto em Mather. Mas não consigo me fazer repetir todas as coisas que disse na noite passada, como isso que temos não vai durar, como vai doer, como, em alguns dias, Mather estará sozinho.

Ele sacode a cabeça e me segura mais firme.

— Vamos pensar em alguma coisa. Nós dois sairemos daquele labirinto vivos e teremos muitas, *muitas* outras noites como essa. — Depois de tomar fôlego, ele sorri. — Além do mais, preciso de tempo para ficar realmente *bom* nisso.

Rio, segurando o braço de Mather. Sei que ele vê as lagrimas que enchem meus olhos — mas me agarro desesperadamente à brincadeira. Talvez porque seja fraca e não consiga suportar a ideia de... tudo. Talvez porque seja forte o bastante para afastar o que me assusta.

Seja como for, esbarro em Mather com o ombro.

— Achei que você já é muito bom.

Mather pressiona a testa contra minha têmpora.

— Mas quem não iria querer melhorar?
— Bela meta.
— Sei que vai *me* manter inspirado.
Tiro uma perna de baixo da coberta.
— Bem, acho melhor nos vestirmos em algum momento.
Mather resmunga contra minha pele quando faz meu cabelo roçar contra o ombro.
— Roupas — debocha ele, e dá beijos em minha nuca. — Isso parece uma má ideia.
Calafrios percorrem minha coluna. E embora o restante de mim ficasse feliz em derreter-se de volta na cama pelo futuro próximo, fico de pé.
As mãos de Mather se abaixam sobre o cobertor. Pego a peça de roupa mais próxima — uma túnica branca da pilha de roupas que os criados me deram — e enfio por cima da cabeça. Quando termino de me vestir, coloco um cinto, as botas que trouxe de Paisly estão fechadas firmes até meus joelhos, o chakram está em seu lugar e Mather também está de pé, com o cobertor enrolado no quadril.
Ele dá um passo adiante, uma das mãos segura a lã marfim e verde na altura da cintura. Uma lufada de vento balança as abas da tenda, um sopro suave contra seus pontos de junção, e o movimento projeta um feixe de luz no rosto de Mather que se curva pelo pescoço e desce até o peito.
Abaixo o olhar.
— Vou ver como estão todos. Você pode...
— Vou logo em seguida — assegura Mather. O tremor na voz dele faz parecer que Mather luta para manter o tom equilibrado, e isso me arrasa ainda mais, tanto que desato os laços da tenda e quase saio até que me vejo olhando de volta para ele.
Mather está sentado na cama, com as mãos no cabelo e os cotovelos sobre os joelhos.
Essa situação o está deixando arrasado como eu sabia que deixaria, mas fui adiante mesmo assim.
As abas da tenda se fecham com um tremor atrás de mim.
— Desculpe...
Mather fica de pé, o cobertor cai quando as mãos dele seguem para aninhar meu rosto. Mather me dá um beijo que engole meu pedido de desculpas.

— Você está proibida de pedir desculpas também — diz ele. — Nada de desculpas. Não importa o que aconteça, eu *nunca*, nem com milhares de finais trágicos, *jamais* me arrependerei de amar você.

Envolvo o pescoço dele com os braços.

— Amo você — digo a Mather, pelo que deve ser a milionésima vez desde o começo da noite passada.

Mather pressiona o rosto contra meu cabelo.

— Amo você também.

As palavras agem como ferretes em meu pescoço e fecho os olhos, memorizando cada letra à medida que recaem sobre meu corpo.

Não importa o que aconteça quando eu sair dessa tenda, quando for para Jannuari, quando chegarmos ao labirinto. Eu tenho isso.

Tenho *ele*.

A área diante da tenda principal ainda estampa a maior parte das decorações da noite anterior. Lanternas apagadas pendem do tecido trançado, o poço da fogueira está negro e chamuscado. As mesas de comida foram movidas para o centro do círculo, algumas cadeiras estão aglomeradas e em torno das mesas estão a maior parte das pessoas da comemoração, todas parecendo bem grogues.

Sir e Dendera conversam em uma mesa do outro lado, servindo-se de pão e frutas nos pratos diante de si. Na mesa mais perto de mim, Nessa está recostada em Conall, bocejando a cada mordida que dá na comida, e Ceridwen e Jesse me deixam chocada porque estão, ambos, aqui e acordados. Ainda usam as roupas da comemoração, só drasticamente mais amarrotadas, e quando passo para uma cadeira diante deles, suspiro aliviada por ter me lembrado de pegar roupas limpas de manhã.

Ceridwen enfia uma amora preta na boca.

— Você dormiu bastante — observa ela.

Pego a tigela de frutas mais próxima.

— E por que vocês não, recém-casados?

— Quem disse que chegamos a dormir?

Jesse engasga com uma uva.

— Cerie!

Ela pisca os olhos.

— Ah, todos sabem o que fizemos à noite.

Nessa se estica.

— Como assim? O que fizeram?

É a vez de Conall de engasgar agora. Jesse parece igualmente constrangido, mas Ceridwen emite um estalo com a língua para Conall, um gesto debochado de reprovação. Os olhos dela se voltam para mim e Ceridwen ergue as sobrancelhas.

Aperto os lábios.

— Meira. — Ceridwen se inclina para frente, e acho que estou prestes a agradecer por Sir e todos os demais terem escolhido lugares a uma mesa mais afastada. — Diga que sabe do que estou falando.

Mas quando ela fala isso, o interesse se transforma em choque.

— Você sabe? Com a queda de seu reino, achei que não teria tido tempo para...

Trinco o maxilar, brincando com uma fatia de maçã.

— Eu... sei — digo, em tom esganiçado. E sei mesmo... principalmente agora, mas antes da noite passada eu já sabia. A lembrança de Alysson e Dendera explicando certas coisas é algo que tento não reviver. Em grande parte, porque o rosto de Dendera estava vermelho como chama durante a coisa toda, e Alysson ficava dizendo *É perfeitamente normal* diversas vezes.

Consigo dar um sorriso tímido.

— Eu sei — repito. — E fico feliz por sua noite de núpcias ter sido satisfatória.

Jesse bate a palma da mão na testa.

— É isto que vai me matar. Não a guerra. *Isto.*

— Ahhhh — exclama Nessa, e a compreensão transforma a palavra em uma música. Ela dá risadinhas, e Conall faz um tipo de ruído que parece um grito de boca fechada para a comida.

— Bom dia. — Mather se senta na cadeira do lado oposto ao meu. Embora faça pouco tempo desde que nos vimos, a alegria em meu peito faz parecer que foi há séculos, e mordo o lábio para evitar um sorriso óbvio demais. Mather sorri de volta, me encarando.

Por tempo demais.

Ceridwen cantarola.

— Minha nossa. Será que nossa noite de núpcias foi satisfatória para *mais alguém*?

Meu rosto se incendeia.

— O quê? — Nessa se inclina por cima de Conall. — Para quem? Conall se coloca de pé.

— Precisamos ir. Espadas. Ou algo. Armas. Nessa, venha.

— Espere! — protesta ela quando se coloca de pé. — O quê? Por quê?

Eles se afastam alguns passos e eu me curvo para frente.

— Surgiu essa vontade repentina de enterrar meu rosto na tigela de frutas.

Jesse ergue uma taça de água e a inclina para mim.

— Experimente ser casada com ela.

— Olhe só você, rainha de Inverno — diz Ceridwen, rindo. — Não perde tempo.

— Tudo bem, acho que já chega. — Eu me viro na direção de Mather, esperando que ele esteja tão morto de vergonha quanto eu, mas ele está sorrindo. E não é apenas um sorriso de diversão, é um sorriso que grita em confirmação, tão alto quanto se ele tivesse ficado de pé na mesa e gritado.

Mather estende a mão para segurar meus dedos.

— O quê?

Eu me recosto de volta na cadeira.

— Você quer mesmo falar sobre isso, não quer? Pela neve. Você é a Ceridwen deste relacionamento?

Jesse gargalha enquanto bebe e água se derrama na frente da túnica dele.

Ceridwen se inclina na direção de Mather.

— Sim, você é, porque preciso de detalhes. Lembro de ver vocês dois na dança, mas apenas nas primeiras músicas. Em que momento vocês saíram escondidos?

— Depois daquela música — diz Mather. — Quando todo mundo dançou a mesma coreografia.

— Ah, isso. — Ceridwen se recosta na cadeira. — Mas tocaram essa no início da noite. E agora faltam umas duas horas para o meio--dia? Isso quer dizer que vocês dois ficaram fora por umas 12 horas...

Pela primeira vez, uma distração funciona a meu favor, vindo de um trio de soldados outonianos. Presto atenção para a chegada deles pelo outro lado da clareira e reparo no cansaço da viagem em seus semblantes com um rompante de reconhecimento. Mais dos espiões de Caspar. Trazem notícias de Angra? Ou do último grupo de refugiados? Henn e o degelo já deveriam ter voltado a esta altura.

Todos em minha mesa se viram para ver o que chamou minha atenção e as expressões se fecham como velas se apagando em uma brisa forte.

— Algum de vocês tem notícias? — pergunto.

— Devemos estar prontos para marchar no início da tarde — diz Ceridwen. — Depois que decidirmos o local.

— Quantos vão ficar aqui?

— Uns cem soldados, para proteger aqueles que não podem lutar, o que nos dá pouco menos de três mil homens contra Angra.

Eu me desanimo ao ouvir os números, mas a ideia não é ser uma guerra deflagrada. Apenas uma distração.

Uma sombra se projeta sobre nossa mesa.

— Se puderem terminar de comer — começa Sir, então inclina a cabeça para a tenda principal.

— Acabamos de terminar, general — responde Jesse por nós.

Ele assente com os olhos fixos em mim antes de sair andando para a tenda principal. Nós quatro ficamos sentados por mais um tempo, a mão de Mather sobre a minha, o braço de Jesse em volta de Ceridwen.

Não há espaço para emoções na guerra.

É uma das muitas regras que Sir martelava em minha cabeça quando eu era criança. Vejo agora que é necessária. São apenas números que discutimos; são apenas campos que mapeamos; são apenas pedaços de ferro que dividimos. Não pessoas, não locais de batalha, não armas.

— Meus batedores disseram que as forças de Angra estão a quatro dias de se reunirem completamente — diz Caspar, e aponta para um mapa da fronteira entre Outono e Inverno, contra as montanhas Klaryn. — Este vale percorre Outono até Inverno. Poderíamos escassear o exército de Angra e impedir que ele cerque a todos ao mesmo tempo. Ele só conseguiria mandar uma fração dos soldados contra nós por vez.

Ceridwen franze a testa.

— Mas ele poderia nos bloquear lá dentro. E se precisarmos bater em retirada?

— Não precisarão — prometo. — Depois que a magia for destruída, ninguém lutando ao lado de Angra terá magia para usar contra vocês.

Jesse fica inerte, com a mão no ombro de Ceridwen.

— O *exército inteiro* de Angra será capaz de usar a Ruína dele? Achei que fosse apenas um grupo seleto.

— Não imagino que ele poupe forças em uma batalha — digo. — E... há uma chance de a Ruína infectar vocês também. Se Angra estiver lá, a única coisa que o impedirá de mandar a Ruína para enfraquecê-los será a própria resiliência, nenhum de vocês tem proteção de condutor. Mesmo os invernianos só a terão enquanto eu estiver com eles.

Ceridwen parece sombria.

— Agora que sei qual é a sensação da magia dele, de maneira alguma Angra vai entrar em minha cabeça de novo. Os anos que passei repelindo a magia de Simon devem servir para alguma coisa.

Uma ideia me vem à mente.

— Espere... é uma boa observação. Talvez os princípios que tenha usado para resistir à magia de seu irmão possam ajudar todos os demais a afastarem a Ruína. Por um tempinho, pelo menos?

Ceridwen dá de ombros.

— Posso pedir que os veranianos comecem a ensinar os métodos que usamos, mas não sei o quão eficiente seria. Cada um de nós levou anos para conseguir resistir por completo a Simon, e eu só durei algumas horas sob a influência de Angra em Juli.

— É melhor do que nada — concorda Caspar.

Ninguém mais comenta sobre a ameaça que paira, a possibilidade de ser levado na guerra de Angra não pela morte, mas pela Ruína. Talvez seja algo que todos consideraram também. Todos já viram pessoas caírem nela, pessoas que já sabíamos que eram perigosas, como Raelyn, e pessoas que jamais teríamos adivinhado serem capazes de nos ferir, como Theron.

Estamos todos em risco, e eles sabem disso.

— Quanto tempo marchando até esse vale? — pergunta Sir.

— Com o nosso exército, três dias. — Caspar coça o queixo. — Poderíamos nos apressar e fazer em dois, mas ainda chegaremos antes de Angra deflagrar qualquer ataque.

— Três dias — repete Sir antes de se virar para mim. — Vamos logo.

O rosto dele pesa com a mesma percepção que sinto cravada em meu peito.

Temos um prazo.

Eu me recosto à mesa.

— Sim. Não há tempo a perder.

Todos se movem, disparando para as diversas tarefas. Eu me abaixo para fora da tenda e hesito por tempo o bastante para que Mather saia atrás de mim. Quando ele o faz, abraço-o pelo pescoço, beijando-o. Não há como nos esconder-mos agora, Dendera surge da tenda atrás de nós, seguida por Sir. Eles veem, e não me importo em reparar nas reações dos dois. Só me restam alguns dias para viver momentos como esse, e se eu passar sequer um segundo desse tempo longe de alguém que amo, nada disso terá feito diferença.

Eu me afasto de Mather, que desce as mãos até minha cintura.

— Estão todos atrás de mim, não estão? — pergunta ele.

Sorrio.

— Creio que sim. Acho que vou deixar que você explique.

— Que grande governante benevolente.

— Qual é a graça nisso? — Mas já estou recuando. Mather se vira para Dendera e para o pai dele, os quais sem dúvida têm algumas coisas para dizer a respeito dessa novidade.

Mas tenho outras pessoas para ver, e sigo para onde veranianos, yakimianos e invernianos estão assentados.

Nessa está sentada diante de uma pequena fogueira, com um livro no colo, e um grupo de crianças de olhos arregalados está em volta dela. Atrás de Nessa, Conall prende uma corda nova no arco. Ele vê a mim primeiro, e então se coloca de pé quando me aproximo, embora não consiga dizer uma palavra antes que Nessa também se levante.

As crianças resmungam.

— Termine a história! — reclama uma, a filha mais velha de Jesse, Melania.

Nessa gesticula com as mãos para as crianças.

— Depois! Vão ajudar com as tarefas agora, alguns dos soldados partirão em aventuras próprias em breve, então precisamos fazer nossa parte para ajudá-los!

O olhar no rosto de Conall quando as crianças comemoram e se dispersam é de incredulidade. Que a irmã dele seja alguém capaz de transformar uma marcha para batalha em uma aventura; que tenha sido ele quem criou a menina alegre que vem saltitando até mim, um sorriso estampado no rosto enquanto as crianças dão adeus.

— Meira! — diz Nessa. — Alguém disse que você foi chamada para outra reunião. Decidiram mais detalhes? Quando partiremos?

— Hoje — começo a dizer, reparando em como o sorriso de Nessa lentamente vai ficando sério à medida que as crianças se afastam.

Conall assente.

— Podemos estar prontos em uma hora.

— Não — digo a Conall. — Vocês ficarão aqui. Não virão conosco para a batalha.

Conall inclina a cabeça. Ele não diz nada, mas a expressão é de resistência.

Suavizo meu tom de voz.

— Agradeço tudo que fizeram por mim. Tudo que perderam. — Emoções afloram, sinto um nó na garganta. — Mas preciso que vocês protejam quem ficar. Porque se eu fracassar... — Hesito. — Se essa guerra terminar mal, não consigo pensar em ninguém em quem eu confie mais para levar as pessoas deste acampamento a um lugar seguro.

Conall trinca o maxilar, e depois de tempo demais, ele abaixa o rosto para mim com os olhos semicerrados. Está com raiva, mas é meu soldado.

— Tudo bem — diz Nessa, concordando baixinho. Olho para ela, vendo uma emoção que percebi que esperava. Ela não se importa de ficar para trás porque encontrou seu lugar nesta guerra.

Não digo nada, apenas dou um passo adiante e abraço Nessa pelo pescoço.

— Mas não quero que sinta como se estivesse sozinha. Como se eu a estivesse abandonando — sussurra ela contra meu ombro.

Uma risada irrompe pelo nó em meu peito.

— Você já me *mostrou* que não estou sozinha. E dificilmente isso poderia ser considerado abandono se sou eu quem está dizendo a você para ficar.

Nessa se afasta. Parece subitamente mais velha, como se pedaços da garota inocente que era no campo de trabalhos forçados de Abril tivessem se soltado ao longo dos últimos meses. Nessa toma a mão de Conall e sorri para o irmão.

Observando os dois juntos, lembro-me de estar no campo de Abril, de conhecer Nessa, Garrigan e Conall, três sobreviventes muito mais fortes do que eu jamais poderia ser. Lembro de como Nessa passou a me amar imediatamente, de Garrigan me tratando com preocupação cautelosa, e de Conall me odiando no momento em que me conheceu. Ele temia que eu tivesse dado esperanças demais a Nessa, que as destruísse quando Angra me matasse.

Engulo a tristeza que quase me faz confessar o futuro aos dois. Sobre como a minha morte virá, e o quanto espero que isso não destrua Nessa, como Conall temia que acontecesse.

Mas um olhar de confusão recai sobre os rostos dos dois.

Então ouço de novo. O ruído que interrompe minha confissão.

Gritos.

Meira

— Minha rainha!

Semicerro os olhos para o cavaleiro que vem correndo pela estrada. Atordoada, pisco os olhos quando ele para ao meu lado.

— Trace?

Tanto Trace quanto o cavalo parecem prestes a desabarem de exaustão. Meus olhos se focam no que há atrás dele, procurando o restante do Degelo ou Henn — deveriam estar todos juntos, liderando o último grupo de refugiados. Mas é apenas Trace, e ele desce da montaria.

— Eu vim... à frente... para avisar...

Seguro Trace pelos ombros, mantendo-o no lugar. Ele me encara de volta, com tanta tristeza nos olhos que me pergunto como não se desfez em pedaços.

— Estávamos escoltando os refugiados de volta — diz Trace. — Há três noites, percebemos que Phil tinha sumido...

— O quê? — Sacudo a cabeça. — Sumido? Como?

— Henn mandou Phil ir à frente para fazer o reconhecimento, mas ele nunca mais voltou. Hollis saiu em busca dele, mas simplesmente tinha *sumido*. — Trace inspira fundo, se acalmando. — Achamos que os soldados de Angra o pegaram, porque...

— Onde? — Minha voz está espantosamente calma, apesar do pânico que sobe no fundo da minha garganta. Se estavam perto demais de Oktuber, os soldados cordellianos posicionados ali sob o comando de Angra poderiam...

Mas Trace interrompe minha análise.

— Tem mais, minha rainha — diz ele. — Hollis viu algo quando saiu para procurar. Ele voltou com notícias de um exército marchando de Oktuber. Marchando *para cá*.

O susto me faz pular para longe dele.

— O quê?

— Ainda não encontramos Phil — continua Trace. — Se os soldados de Oktuber o pegaram... não sabemos. Não sabemos, mas eles estão vindo. *Agora*.

Conall já está se movendo, carregando as armas espalhadas pela tenda. Nessa fica ao meu lado, calma e quieta.

Se os soldados estão marchando de Oktuber, não são a força total de Angra. Serão cordellianos, em grande parte, mas ainda assim estarão fortemente armados. No entanto, como eles sequer sabem onde estamos? Esse acampamento deveria estar escondido...

Lembranças de Paisly quase me fazem cair de joelhos. Phil arrasado, inconsolável, pedindo desculpas pelo que contou a Angra.

E agora, se ele foi levado de novo... não será nada difícil para os homens de Angra o fazerem falar ainda mais.

Meu coração parece chumbo e pesa sobre o estômago, a força da sensação me dá ânsia de vômito. Mas não, não, não vou formar nenhuma teoria, não até ter certeza.

— Quanto tempo até chegarem? — pergunto a Trace.

Ele sacode a cabeça.

— Já devem estar aqui.

Meu corpo fica frio. Saio correndo, Conall, Nessa e Trace vêm atrás de mim.

Gritos voltam minha atenção para a ponta nordeste do acampamento. A princípio abafados, são gritos sobressaltados que atingem direto a confusão em meu corpo — *foi rápido demais, isso não deveria estar acontecendo, como isso aconteceu?*

A ponta nordeste do acampamento já é um campo de batalha. Conall, com uma espada em uma das mãos e uma adaga na outra, fica à postos ao meu lado, Trace do outro e Nessa segue ofegante atrás de nós.

Soldados brotam da floresta e disparam entre as tendas, cortando tecido, tentando formar linhas de batalha nas ruas irregulares do acampamento. Eles tiram vantagem do elemento surpresa dando início a cada combate com velocidade maior do que nossos soldados são capazes de acompanhar. Outonianos passam correndo por mim, que, chocada, estou no meio da estrada de terra, a menos de cinco passos do limite da batalha.

A batalha, a luta de que precisávamos como distração, está acontecendo *agora*, nesse momento, no meio de um acampamento cheio de inocentes.

Pego o chakram e atiro na confusão, a magia no meu peito saltando atrás dele. Esse empurrão encoraja a lâmina a seguir mais rápido, com mais força, cortando inimigos em um arco ágil de defesa. A primeira linha de soldados cai, as armaduras ressoando ao tocarem o chão, e meu chakram volta.

Cada vez mais e mais soldados chegam.

Pego Conall e Trace.

— Precisamos de ajuda!

Eles concordam por cima do barulho. Nessa, com o rosto lívido, se estica ao meu lado, e odeio a ironia dessa situação — tínhamos acabado de decidir nos separar para a batalha final, e agora estamos aqui, ela ao meu lado. Espero que ela saia correndo para ficar com as crianças na outra parte do acampamento, mas Nessa permanece e corre comigo quando embainho o chakram e sigo adiante.

A tenda principal não está longe — muito perto da luta, perto *demais* — e me inclino para frente no momento em que Caspar e Sir disparam para fora; há fúria nos olhos pretos de Caspar, severidade nos de Sir.

— Rainha Meira — diz Caspar. — Os soldados de Angra...

— Eu sei — interrompo. — Mas não são de Angra.

Sir me olha sobressaltado, mas um dos generais de Caspar dispara para fora da tenda e Caspar se volta para ele.

— O quê? — insiste Sir, franzindo a testa.

— Não são os soldados de Angra — digo. — São de Cordell. De Oktuber.

A expressão de Sir se desanuvia e ele se vira para pegar o braço de Caspar, que se vira com a testa franzida, assustado, e quando Sir repete o que eu disse, Caspar pisca para mim, a percepção estampada em seu rosto. Ele entra de novo na tenda e grita para os demais dos comandantes que não é o exército completo de Angra.

Os olhos de Sir percorrem meu corpo de cima a baixo, o familiar exame em busca de ferimentos, antes de fazer o mesmo com cada membro de meu grupo. Quando Sir chega a Trace, ele para.

Trace se está recostado em um dos mastros da tenda, o rosto lívido.

— Não consegui chegar aqui a tempo — diz ele, para ninguém em especial.

Temos batedores posicionados por todo o acampamento que deveriam ter nos avisado do ataque muito antes de Trace aparecer. Alguém teria visto um exército tão grande chegando.

Isso não está certo.

— Meira! Trace?

Mather para subitamente ao nosso lado. Meus olhos se voltam para a espada ensanguentada na mão dele e todos os meus instintos gritam.

— Os invasores — diz Mather, sua confusão a respeito da presença de Trace sumindo diante da ameaça do banho de sangue. Mather assente para Sir sombriamente. — Estão vindo para cá.

Isso não está certo, isso não está certo...

Sir já está com uma espada em punho quando pergunto, com a voz fraca:

— Aqui?

Meus olhos se voltam para a tenda principal, a clareira diante dela, cheia de mesas que serão facilmente viradas e decorações de casamento que serão facilmente rasgadas. De todos os lugares no acampamento, aquele é o que tem a melhor chance de sucesso — liberdade para atacar em grupos maiores, com o benefício extra de ser nosso centro de comando.

Como os cordellianos ao menos saberiam que estamos aqui? O acampamento é um labirinto de ruas irregulares e tendas tortas.

Mas é tarde demais para buscar respostas, tarde demais para consertar isso, tarde demais para fazer qualquer coisa que não seja olhar boquiaberta para os soldados marchando por uma rua que segue da ponta nordeste do acampamento, as armaduras cordellianas manchadas com os sinais da batalha.

E à frente deles está alguém cuja presença faz Mather e Trace darem um salto adiante.

— Phil! — gritam os dois, avisando-o para que saia do caminho... mas um alerta dispara tão forte em meu coração que quase vomito.

Sir me encara. Ele também sabe. Então ficamos parados ali, compartilhando um olhar como se ambos pudéssemos ver uma avalanche se aproximando.

Alguém que sabia a localização exata do acampamento.

Alguém que poderia ter descoberto os turnos de nossos batedores para permitir que um exército agressor evitasse ser detectado.

Phil para, do outro lado da praça.

— Phil! — grita Mather, de novo, mais incerto dessa vez.

Trace se dá conta e o olhar de ódio no rosto dele faz tristeza perfurar meu estômago.

Trace segura o braço de Mather.

— *Ele* fez isso.

Mather sacode a cabeça. Mas a prova se solidifica quando Phil estende a mão e aponta.

Para mim.

Os soldados cordellianos atrás dele não precisam de mais instruções. Invadem a clareira com as armas em punho. O grito do ataque deles atrai nossos combatentes para a área e todos vêm correndo de ruas laterais. Nossos homens irrompem em uma muralha de defesa contra as dezenas de cordellianos.

Sir, Mather e Trace entram na luta. Mather e Trace são impulsionados por um misto confuso de determinação e dor que torna tóxicos os movimentos deles. Permaneço em um estado de choque perto da tenda principal, com Conall e Nessa.

Essa não foi a primeira vez em que Phil contou a Angra minha localização — de acordo com Mather, foi assim que eles acabaram em Paisly. Mas na ocasião Phil estava apavorado e se mostrava arrependido.

Agora — agora ele está rindo, orgulho praticamente escorrendo dele.

A familiaridade daquilo me atinge com um choque e cambaleio para trás, mas Conall me segura sob os cotovelos.

Já vi isso antes — Angra torturando alguém, apenas para que essa tortura plante a semente da traição. Theron.

Eu me viro para Nessa.

— Vá para um lugar seguro! — grito ao entrar na batalha, Conall mergulhando atrás de mim em uma espiral de lâminas. Com o chakram em uma das mãos, abro caminho golpeando, lançando rompantes de magia para onde posso. Correntes de força para os invernianos que lutam; um ângulo perfeito do chakram para proteger um veraniano. Os soldados cordellianos se movem com rapidez, cortando e esfaqueando como se estivessem sufocando e cada movimento lhes devolvesse o ar. Mas estamos em número maior, uma pequena vantagem. Só não sei por quanto tempo essa vantagem se sustentará.

Não pude salvar Theron de Angra, mas posso expurgar a Ruína de Phil. O exército agressor sem dúvida seguirá com a batalha, mas posso salvá-lo ao menos. Preciso.

Phil está de pé no início da estrada pela qual os cordellianos vieram, observando o frenesi com prazer. Antes de ver que me aproximei, embainho o chakram e uso as duas mãos para canalizar magia na direção dele, uma espiral de gelo que dispara de mim. Praticamente sinto o gosto da escuridão em Phil.

Mas purifiquei constantemente meus invernianos sempre que estávamos expostos à Ruína.

Exceto quando Phil e Mather foram capturados.

Exceto pelo que quer que Phil tenha sofrido nas mãos de Angra.

Sou atingida pela lembrança de Theron na cela de Angra, a tortura mental que Angra infligiu a ele até que, no chão do calabouço de Rintiero, Theron tivesse me contado que *queria* aquilo.

Angra está fazendo tudo de novo.

Não, não...

Phil uiva quando minha magia o atinge. Eu me desvencilho da batalha e fico a poucos passos dele, com Conall ao meu lado.

Phil me encara, seu olhar fervilha de ódio.

— Não quero sua ajuda!

De novo, lanço a magia e Phil desliza para trás, uivando com os dentes trincados.

— Já vi o que sua magia pode fazer — dispara Phil. — Ela fere a todos. Você está lutando, mas tudo foi culpa sua. Se simplesmente se rendesse nós estaríamos livres. *Você é o motivo pelo qual estávamos naqueles campos. Você é o motivo pelo qual todos nos ferimos.* Eu me recuso a permitir que nos machuque mais.

— Não estou machucando você, Phil — tento, com as mãos abertas, a magia em pausa. — Estou protegendo você de Angra, ele é o motivo pelo qual está fazendo isso! *É você* quem está ferindo pessoas agora!

Indico a batalha. Quando o faço, Mather e Sir saem dela, cambaleando, com os rostos manchados de terra e sangue. As armas de Mather pendem ao lado do corpo e ele encara Phil com uma postura de derrota.

— Phil — tenta Mather, e a voz sai como uma lufada de ar depois de um soco. — Por quê?

Atrás dele, um cordelliano sai da luta e mergulha contra nós, mas Sir intercepta, voltando para a confusão. Os olhos dele se voltam para nós sempre que consegue, e sua expressão tem algo que vi poucas vezes: preocupação.

Sir está preocupado. Conosco.

Contenho o tremor no estômago até que se acalma.

A fúria de Phil fervilha.

— Por *você*! Por todos nós! Você se feriu e ela nem ligou. Você se feriu *de novo* e ela continuou insistindo porque ela não se importa com a gente. Ela não se importa com nada além da sua vingança idiota! Não deixarei que você nos machuque mais!

Agora Phil está gritando, os olhos injetados e insanos, a pele esticada como se não pudesse conter a loucura sob ela.

Meus olhos se voltam para um movimento atrás de Phil.

E meu mundo inteiro se dissolve.

O pânico me impulsiona para a frente, um rompante tolo de instinto, mas é tudo que é preciso para afastar a atenção de Phil de nós para a figura que surge entre duas tendas atrás dele. Ela ergue a faca na mão como se pretendesse esfaqueá-lo pelas costas.

— Nessa! — grito agora porque Phil a vê, não adianta se esconder. — CORRA!

Nessa não se move quando Phil se vira, ambos congelam na estrada. Então percebo: Phil é inverniano. Eu deveria conseguir impedi-lo.

Mas estaria forçando algo a alguém, fazendo com que obedeça à minha vontade. Seria um uso negativo de magia.

Mather, Conall e eu disparamos para os dois, mas Phil está perto demais de Nessa, ambos de pé na estrada que leva para longe da clareira, livre da batalha. A clareira ao nosso redor contém as piores ameaças, lâminas perfurando o ar, gritos agonizantes ondulando pela brisa. Todo o combate se dá ali, então, conforme disparamos, enfrentamos inimigos que tentam nos atacar, precisamos desviar dos golpes, enquanto Phil e Nessa só têm um ao outro com que se preocupar.

Ouço um grito.

— Meira!

Mas não me viro. Sinto o pânico de Sir onde ele está preso na batalha, incapaz de se desvencilhar e nos ajudar — mas não posso pensar nisso. Não com a forma como ele está preocupado, e demonstrando isso. Não com a forma como a voz de Sir perfura meus ouvidos, entrecortada e áspera, e me faz engolir um grito.

Busco minha magia. Eu a usei para realocar os invernianos em Juli sem precisar tocar neles, mas estava impulsionada por puro instinto, e antes que eu consiga me soltar o suficiente para tentar o mesmo com Nessa, um cordelliano urra e mergulha sobre mim. Conall se vira, cruzando espadas com ele.

Eu me desvencilho de novo, mas Phil nos ouve correndo, ou sente o chão tremer, ou sente meu pânico se aproximando.

Ele não tem problema algum em usar magia contra nós — o que apenas confirma que está tomado pela Ruína. Phil estende a mão de volta para mim. Um nó de sombra escura dispara dos dedos dele, poluindo o ar até me atingir. Recuo e esbarro em Conall no momento em que ele mata o cordelliano. Nós dois caímos. Mather para, solta um grunhido e ataca.

Uma corneta soa, e gritos preenchem o ar, pés batem em uma onda poderosa. São os outonianos em luta que gritam ao reconhecerem os compatriotas que invadem a área, mais homens nossos finalmente organizados e convocados. Não levará muito tempo agora — nossos números sobrepujarão os cordellianos. Mesmo atrás de Phil e Nessa surgem mais outonianos e eles correm na direção dos dois com armas em punho. Eles a salvarão, eles impedirão aquilo.

Luto para me colocar de pé. Magia sai de dentro de mim quando meus olhos encontram Nessa de novo, um comando que se enterra no coração dela.

Vá, VÁ! CORRA!

Phil vê os outonianos vindo e puxa um machado do coldre em sua coxa. A arma reluz no punho dele e os olhos de Nessa se arregalam.

Ela se vira, determinada a correr na direção dos outonianos.

Mas Phil se atira para a frente, um passo, apenas um, e alcança Nessa primeiro.

Ela não é uma combatente. É a minha Nessa, *minha*, e o machado de Phil se prende ao pescoço de Nessa antes que eu ao menos consiga começar a correr de novo. Mas não, eu não corro. Envolvo meu corpo em magia e me atiro ao lado de Phil, que sorri maliciosamente. Nessa apenas olha boquiaberta. Está confusa, e em choque, e...

A adaga que Nessa segurava cai aos pés dela.

Golpeio Phil com o ombro e o lanço ao chão com um ruído. O machado se solta, formando um rastro de sangue, e Nessa cai. Eu a pego, nós duas caímos.

Os outonianos irrompem ao nosso redor, a maioria correndo para a luta na clareira, alguns pausando para verificar se o inimigo mais próximo está mesmo morto. Mas eles seguem em frente embora eu esteja ali parada, segurando meu mundo inteiro nos braços, observando-o sangrar.

— Nessa! — grito, e magia dispara de meu corpo para dentro dela, tantas ondas de frio que sei que o chão ao nosso redor deve parecer um redemoinho de gelo. — NESSA!

A cabeça dela pende contra mim. Há muito sangue e não há magia o bastante. Faço mais um esforço, mas a magia apenas passa por Nessa conforme o sangue se derrama. Dirijo cada gota de qualquer poder que eu tenha para dentro *dela*, para que seja dela, por favor, *por favor, Nessa, apenas aceite, aceite tudo que precisar, por favor, Nessa...*

Não pude salvar Garrigan, mas preciso salvar você. Por favor, Nessa, me deixe salvar você.

Algo se move. Phil.

Ele fica de pé, grunhindo, mas Mather, que cambaleia até ele, me salva de precisar matá-lo. Não — Mather não deveria precisar fazer isso, não deveria precisar ter isso nas mãos...

Conall se choca contra Mather, que, sem protestar, cai no chão ainda com os olhos em Phil, sem piscar, os lábios entreabertos como se estivesse implorando ao outro que parasse. Mas Phil não para, não *consegue* parar, está tão ensandecido que ruge para mim como um animal.

É Conall quem perfura o peito de Phil com uma espada, mergulhando-a até o cabo.

Mather passa a mão no cabelo, deixa escapar um soluço que abafa o meu próprio.

Braços me puxam de volta para Nessa. Braços que se fecham em torno de nós duas, segurando com tanta força que quase penso que ficaremos bem. Estamos seguras nos braços de Conall e ela ficará bem.

As lágrimas de Conall escorrem em meu rosto, mas ele apenas me abraça mais forte enquanto grito o nome de sua irmã.

Ceridwen

CERIDWEN SÓ VIU o fim da batalha.

Depois da última reunião, ela foi dividir seus combatentes entre aqueles que partiriam e os que ficariam para trás. Então estava com Lekan quando os primeiros gritos surgiram. Corria pelo acampamento quando a corneta tocou. Perdia o fôlego no limite externo da clareira quando os reforços outonianos chegaram. O apoio deles levou a luta a um fim decisivo.

E agora estava correndo de novo, até a tenda principal, saltando sobre vítimas caídas e desviando das últimas tentativas desesperadas dos cordellianos agonizantes de derrubá-la. Ceridwen disparou para dentro da tenda, mas a encontrou vazia, a mesa onde tinham feito os planos de batalha ainda coberta de mapas.

Ceridwen se virou e correu de novo, o cheiro pungente que sempre acompanhava um combate arranhando sua garganta.

Jesse não partira com Ceridwen. Tinha ficado para ajudar Caspar — tinha ficado *ali*, naquela tenda, na clareira que muito recentemente estava cheia de alegria e música.

Ceridwen correu até a tenda de Jesse. Ele dormia com os filhos todas as noites na área dos invernianos. Bem, dormira lá todas as noites exceto uma — a noite passada, aquela depois do...

Era apropriado, até demais, que aquela clareira agora fosse um campo de batalha. Talvez de alguma forma fosse uma punição. Quando

Ceridwen parou subitamente do lado de fora da tenda de Jesse, sentiu essa percepção estilhaçar a frágil estrutura de felicidade que tinha construído.

Aquilo era punição por acreditar em alegria durante uma guerra.

Aquilo era punição por ser feliz quando não tinha o direito.

Ceridwen segurou as abas da tenda de Jesse, inspirou e as abriu.

Que ele esteja aqui, que ele esteja aqui...

Primeiro viu Melania. Então Geneva, depois Cornelius, aninhados juntos no chão, envoltos em um único cobertor longo. Eles piscaram para Ceridwen, com os olhos arregalados por trás das máscaras pequenas e surradas, as únicas que tinham conseguido trazer de Rintiero.

Melania levou um dedo aos lábios.

— Shh, Cerie! Está interrompendo.

E a menina se acomodou de volta contra os irmãos, olhando para cima, para Jesse, que fez uma pausa no livro aberto em seu colo. Os olhos dele encontraram os de Ceridwen, a princípio arregalados por um sorriso, então se semicerrando quando viu a tensão dela.

Jesse apoiou o livro e se levantou da cama. Melania resmungou.

— Não, você precisa terminar! — implorou ela. — Nessa também não terminou.

Jesse gesticulou com a mão para a menina e ergueu o olhar para Ceridwen.

— O que foi?

Ele não sabia da batalha. Estava ali, lendo para os filhos.

Uma única risada escapou e se dissolveu na língua de Ceridwen e lágrimas escorreram pelo rosto. Jesse correu até Ceridwen, e ela o abraçou pelo pescoço, respirando com dificuldade junto a ele, tentando não soluçar alto demais para que as crianças não se preocupassem.

— Começou — sussurrou Ceridwen para Jesse. Ela sentiu Jesse se encolher sob seu toque, os braços dele estremeceram. Jesse hesitou, deu um beijo na bochecha de Ceridwen e se voltou para Melania, Geneva e Cornelius.

— Preciso que vão brincar com Amelie — disse ele às crianças. Jesse olhou para Ceridwen em busca de confirmação de que aquilo era seguro, e ela assentiu. Dali, a parte veraniana do acampamento não ficava no caminho da batalha, a qual, seja como for, àquela altura já havia acabado.

Então Jesse se virou para Ceridwen, e ela estendeu a mão, precisando segurá-lo. Parte dela doeu como se ainda estivesse do lado de fora da tenda dele, esperando para abrir as abas, sem saber o que a aguardava.

Era assim que todos os momentos seriam de agora em diante, percebeu Ceridwen.

Incertos.

Meira

— Os cordellianos foram derrotados por nossas forças.

— ...apenas meio batalhão. Phil liderava um pequeno grupo daqueles posicionados em Oktuber.

— Estavam despreparados, como se tivessem vindo correndo.

— Ainda bem que só tivemos poucas perdas.

Poucas perdas. Meus dedos apertam a manga do vestido de Nessa, o sangue seco dela racha contra minha pele. As vozes ao meu redor param, sobressaltadas pelo meu forte tremor. Estou no mesmo lugar há horas. Talvez dias. No chão com o corpo de Nessa nos braços.

— Meira.

Desvio os olhos da clareira coberta de sangue que um dia abrigou a comemoração de casamento de Ceridwen e Jesse. Aquela mancha é sangue ou vinho que alguém derramou?

— Meira — diz Sir de novo, agachado diante de mim. Ele estende a mão para Nessa. — Precisamos...

— Não! — digo, como um grunhido. Sir se encolhe.

Não posso culpá-lo. Também quero me afastar de mim.

Ceridwen está de pé atrás de Sir. E além dele, outonianos, veranianos e yakimianos trabalham juntos para limpar a carnificina na área. Caspar me observa, e Nikoletta, e Dendera... todos estão por perto, com olhares de empatia.

Alguns passos mais a frente, Mather está agachado sobre um corpo no chão. O Degelo, Henn e os refugiados restantes chegaram em algum momento durante a luta, então Hollis, Kiefer, Eli, Feige e Trace cercam Mather agora. Alguns choram, alguns estão sentados em silêncio, com expressões lívidas em torno do corpo de Phil.

Seguro Nessa com mais força.

Mais alguém se ajoelha ao meu lado. Conall. Quando ele saiu?

Conall se curva sobre Nessa, e não o afasto quando ele passa a mão pelo rosto cinzento da irmã. Os dedos de Conall passam para o braço dela, e ele o levanta, deslizando algo entre o braço e o peito de Nessa.

Um livro.

— Eu estava... — A voz de Conall falha. — Eu estava anotando os entalhes da caverna das lembranças. — Ele fecha os olhos, e quando os abre, volta o olhar para mim. — Deveria ser um presente para ela. Para que Nessa pudesse levar Inverno consigo para onde quer que fosse. Queria que ela tivesse um pedaço de nosso reino consigo. Eu queria que ela...

Mas Conall não termina o pensamento. Seus olhos azuis molhados de lágrimas percorrem meu rosto, e o luto evidente que Conall estampa me arrasa.

— Sinto muito mesmo, Conall. — Eu me ouço dizer. O lamento balbuciado de alguém que fracassou parece frágil. — Deveria ter usado minha magia antes. Deveria ter impedido Phil, independentemente do custo. Eu deveria... sinto muito...

Conall oscila para a frente e me puxa contra si, levando a testa à minha.

— Meira, não.

Isso me choca e me cala, mais do que qualquer coisa que Conall poderia ter dito.

Ele não me chamou de *minha rainha*.

— Eles a queimarão — sussurro.

Conall engole em seco, assentindo.

— Eu sei.

Mas será uma cerimônia outoniana. Para Nessa, a garota com o livro das memórias invernianas nos braços, a garota que deveria ter partido em aventuras pelo mundo e reunido pedaços de cada reino em Primoria... é adequado.

Conall abaixa as mãos devagar, passando o corpo da irmã dos meus braços para os dele, e deixo que ele a leve. Ele fica de pé, com o cuidado de manter o livro no peito de Nessa. Os olhos dele se fixam no meu em um último olhar de compreensão. De dor... Uma dor lancinante e avassaladora.

Assim que Conall se afasta, Sir me coloca de pé. Minhas pernas falham por estarem encolhidas no chão há tanto tempo, mas Sir me mantém de pé, me apoiando sob o braço.

Faço uma tentativa fraca de me desvencilhar.

— Você deveria ficar com seu filho.

Sir não diz nada, apenas me levanta enquanto encaro Mather, ajoelhado sobre o corpo de um dos melhores amigos.

A mão que usei para afastar Sir está apoiada no peito dele e meus dedos se fecham, agarrando sua camisa. Empurro Sir de novo, ou talvez o segure no lugar, minha garganta está tão inchada de pesar que tenho ânsia de vômito e oscilo, empurrando e puxando Sir. Ele pega meu outro braço, me segurando ao chão, e eu o empurro agora, batendo no peito dele.

— Me solte — digo, mas as palavras não se igualam à ferocidade com que o golpeio.

Paro, as mãos espalmadas se apoiam nos braços de Sir.

— Me solte — repito, uma súplica fraca que direciono para a terra. — Nós... Nós deveríamos ir. Agora mesmo, antes de perdermos mais alguém...

As palavras saem de mim borbulhando, desejos entrecortados que despedaçam meu coração enquanto as digo.

Os dedos de Sir se apertam nos meus cotovelos. Ele vai gritar comigo agora. Vai me reprimir por falar assim.

Fecho os olhos com força, me preparando para o ataque de culpa de Sir. Uma rainha deveria ser forte e resiliente. Uma rainha deveria enfrentar a tragédia com esperança.

Mas tenho o sangue de Nessa no corpo. Tenho a imagem da morte dela na cabeça. Nos ouvidos, o grito de Mather ao ver Phil morrer. E nem sequer chegamos perto de derrotar Angra.

Quanto pode piorar?

— Você poderia partir — diz Sir, e a voz grave dele ressoa por meus braços. Encolho o corpo, então ouço. O quê? — Mas não vai, porque você é mais forte do que a pior coisa que poderia acontecer, e isso a torna imbatível.

 Ofegante, ergo o olhar para Sir, meus olhos percorrendo suas feições como se não o visse há meses. Talvez não tenha — todo o tempo que passei com raiva de Sir não me permitiu ver o quanto isso também o mudou. Impossivelmente, o Sir que vejo agora parece... gentil. Reconfortante. E as palavras dele acalmam o fogo em meu coração, um rompante frio de ar no inferno que é esse luto.

 Sir solta meus braços como se para provar o que quer dizer, que posso ficar de pé sozinha. Ele passa para o lado, abrindo caminho até Mather.

 Engulo um soluço. Nikoletta ajuda Conall a colocar o corpo de Nessa com os demais enquanto parte do Degelo levanta e carrega o corpo de Phil até o mesmo local. Mather fica no chão, com as mãos no rosto, as costas curvadas. A área toda parece murmurar com tristeza, com um choque que não pode ser apaziguado.

 Antes de hoje, essa guerra estava sob nosso controle. Alguma pequena parte dela, pelo menos. Agora, as expressões de todos... Todos estão com medo.

 Angra nos encontrou. Qualquer segurança que achávamos ter era falsa.

 Eu me ajoelho ao lado de Mather e me enrosco em torno dele, coloco o rosto em seu pescoço, meus braços puxam Mather para mim. Ele se rende voluntariamente. Acho que ele pede desculpas, mas não digo nada.

 Esse é o futuro que terei se continuar seguindo em frente. Nada além de lágrimas e sangue e dor, com a eventual esperança de felicidade — para todos os outros também. *Vale a pena?*

 A pergunta está coberta com o sangue derramado, partida sob a dor que sinto. Mas eu a faço mesmo assim, meus olhos se fecham com força sobre lágrimas recentes quando Mather ajusta os braços sobre mim.

 Minha magia responde.

 Sim.

Em Outono, o reino das árvores infinitas e folhas secas, precisam levar os corpos para uma clareira ampla e vazia o suficiente para que as chamas não se espalhem além dos mortos. O que significa que queimar adequadamente todos os corpos levaria pelo menos um dia inteiro que o exército não tem.

Então deixamos o corpo de Nessa com os outros oito que caíram durante o ataque. Nikoletta promete que ela receberá um funeral honroso, um digno da realeza outoniana.

E eu darei a ela um futuro honroso, penso. *A memória de Nessa viverá em um mundo livre de Angra.*

Horas depois, partimos.

Aqueles que não se juntarão a nós no local da batalha final se reúnem na ponta leste do acampamento para se despedir. Nikoletta e Shazi; Jesse e os filhos dele; Kaleo e Amelie; todos outonianos, invernianos, veranianos e yakimianos que não podem mais lutar e um pequeno grupo de soldados que ficará para protegê-los.

Mas como Phil revelou esse local aos cordellianos posicionados em Oktuber, o acampamento mudará para um local novo, mais seguro — mas só depois de partirmos. Já vimos agora, mais do que nunca, o quanto a magia de Angra é impiedosa. Se algum de nós for tomado pela Ruína e souber da nova localização... É melhor que se mantenha desconhecida. Nós os encontraremos quando tiver acabado.

Encolho o corpo diante desse pensamento.

Caspar os encontrará quando tiver acabado. E Ceridwen. E Mather, e Sir e todo mundo que sobreviverá a isso.

É a única parte de nosso plano que mudou agora. O restante — marchar até o vale, revelar nossa localização para Angra e esperar que a batalha final comece — permanece igual.

Mas não parece certo. A morte de Nessa, a traição de Phil, a destruição de nossa sensação de segurança — tudo isso faz parecer que nossas vidas deveriam estar irremediavelmente abaladas.

Nos limites do acampamento, eu me viro na sela do cavalo. O espaço diante de mim não pode ser exatamente chamado de clareira, mas as árvores são finas o bastante para permitir que nosso exército se reúna em uma formação coesa em grande parte. Os limites do acampamento estão tomados por gente que se despede, famílias chorando junto aos soldados que partem, sussurrando palavras de coragem.

Conall está naquele grupo não muito longe de mim, com as mãos cruzadas às costas. Ele vai ficar mesmo assim, ou para cumprir minha última ordem, ou porque, diferentemente de mim, não suporta não dizer adeus à irmã. Não teve a chance de ficar de luto por Garrigan também.

Só restou ele.

Conall me encara como se pudesse sentir o que estou pensando, ou talvez esteja pensando o mesmo — *não deveria ser eu.*

Eu me afasto dele, incapaz de encará-lo sem que lágrimas caiam de novo. Mas quando olho para frente, para os soldados de partida que seguem para a floresta enquanto se despedem, vejo a mesma emoção. Arrependimento encoberto pelo luto em virtude do destino para o qual marchamos.

Meus olhos se viram por vontade própria para Sir. Ele está sentado no cavalo ao lado de Henn e Dendera, personificando a presença que eu conheci tão bem quando crescia — um general marchando para a guerra.

Medo é uma semente que, depois de plantada, jamais para de crescer.

Antes, sabíamos do perigo que Angra representava para o mundo, mas ainda achávamos, tolamente, que estaríamos a salvo até que escolhêssemos marchar até ele. Agora vejo, todos vemos, a verdade dessa guerra, como nos alcançará não importa onde nos escondamos ou o quanto achemos que estamos a salvo.

E percebo que é assim que a morte de Nessa e a traição de Phil mudaram nossas vidas: agora sentimos medo. Se entrarmos na batalha com emoções às quais a Ruína possa se agarrar...

Já perdemos.

Toco o cavalo para frente, seguindo para o ponto mais vantajoso entre os soldados que se vão e o acampamento que fica. Olhos se voltam para mim conforme reduzo a velocidade até um trote calmo, avançando pela fila de rostos que estampa o mesmo medo que sufoca minha força.

Nenhum deles espera sobreviver a isso. Um dos meus próprios soldados levou os homens de Angra diretamente até nós — que outras traições nos esperam? Quem será infectado? Será que morrerão não por uma espada inimiga, mas pelas mãos dos próprios irmãos e irmãs?

Ergo as mãos acima da cabeça, com a boca aberta pronta para chamar atenção. Mas como me dirigir a eles? Não é um reino que eu possa chamar.

Mas é isso mesmo.

— Angra procura unir o mundo — começo a dizer, com a voz ecoando acima das despedidas murmuradas. A atenção se volta para mim em uma onda constante conforme me estico na sela, o coração martelando. — Já vimos até onde ele vai para alastrar seu controle. Mas vejo diante de mim algo muito maior: uma união *verdadeira*. Vejo um exército de Outono, Verão, Yakim, Ventralli e Inverno. Vejo Ritmo e Estação lado a lado, marchando juntos em defesa de um sonho coletivo. Um mundo que jamais conhecemos, mas que desejamos construir, sem a ameaça da magia. Um mundo no qual cada um de nós seja livre para viver e amar e *ser* por conta própria.

"Todos perdemos algo. Lares, entes queridos, *liberdade*, e é por isso que marchamos para a batalha. Mas hoje sofremos uma perda igualmente grandiosa, a perda da inocência. Vocês sabem como a luta progredirá, que Angra atacará não apenas com armas e soldados, mas com lembranças e arrependimentos. Assim que o encontrarmos na batalha, cada dor que vocês abrigam em si, cada medo que habita em seus corações será usado contra vocês. E seria fácil ceder aos ataques dele."

Minha voz falha.

— Mas não estamos aqui porque procuramos o que é fácil. Estamos aqui porque sabemos que alcançaremos a vitória quando marcharmos para aquele campo de batalha. Angra quer obscurecer nosso mundo. — Sacudo a cabeça, sorrindo tanto que começo a achar que fiquei louca. — Mas não podemos ser extintos, e nossa luz o cegará.

Assim que termino, a multidão ruge.

Punhos se erguem no ar. Cabeças se inclinam para trás. Gritos e comemorações e vivas explodem ao meu redor, cada soldado afastando o medo em favor da manta protetora da fé. Eles sentem tanto quanto eu — o quanto é melhor se ater a palavras de esperança do que aos tremores do medo.

Não muito longe de onde estou, Mather aplaude junto com o Degelo. O sorriso no rosto dele é de cura, esperança. Só preciso disso. Mather, sorrindo. Os soldados, o luto deles esquecido por um momento.

Todos estão prontos para a guerra. Todos estão prontos para a *vitória*.

Faço o cavalo dar a volta, entrando nas fileiras reunidas de nossos exércitos até encontrar Caspar e Ceridwen na frente. Passo por Dendera e Henn, que aplaudem com a multidão. Os olhos de Dendera estão úmidos e os lábios dela exibem um sorriso de orgulho. Inclino a cabeça para Dendera e meus olhos se voltam para o lado, fixando-se em Sir.

Ele está ereto sobre a sela, imitando Dendera quase perfeitamente, até os olhos úmidos e o sorriso nos lábios. O fato de Sir estar aplaudindo seria o suficiente, mas ele está, de fato, mostrando emoção. *Para mim.* Sorrindo. *Para mim.*

Solto o ar e estremeço, recusando-me a chorar de novo.

Enfrentarei essa guerra, *todos* enfrentaremos, com as únicas armas que realmente importam: nós, nossas forças e fraquezas. Boas ou ruins, terríveis ou maravilhosas, essas coisas me moldaram e eu as usarei para ser a pessoa que o mundo precisa que eu seja. A pessoa que Rares e Oana precisam que eu seja; a pessoa que Conall, Mather, Sir e todos os invernianos precisam que eu seja.

A pessoa que Nessa me tornou.

Serei Meira.

Mather

O DISCURSO DE Meira tinha tomado a dor causada pelo ataque e sufocado o sentimento como se alguém chutasse neve em cima de uma fogueira. Ao menos a dor nos soldados em torno de Mather, mas, mesmo enquanto aplaudia, cada movimento das mãos esbarrava no luto sombrio em seu coração.

Mather observou o Degelo sem querer. Todos estavam cobertos de armas e vestidos para uma viagem rápida. E cada um estava sério, aplaudindo apenas porque a energia da multidão os impelia a ignorar o luto por um doce momento de clareza. Mas o momento passaria, e a realidade os esmagaria de novo, assim como Mather sabia que esmagaria a ele.

O olhar no rosto de Phil quando Conall o matou não era de arrependimento ou tristeza, nada que Mather esperava ver. Era apenas ódio.

A magia de Angra tinha feito isso. Tomara o leal e feliz Phil e o tornara... colérico.

Mather deveria ter visto acontecer. Ele sabia que Phil estava ferido depois da tortura em Rintiero, mas jamais achou... jamais ao menos *considerou*...

Mas como líder do Degelo era seu dever enxergar essas coisas.

Tinha fracassado com Phil. Tinha fracassado com todos.

Mather engoliu em seco quando o discurso de Meira terminou. Ela passou por eles apressadamente, seguindo para as linhas de frente, e o Degelo, na posição de guardas de Meira, deveria seguir. Mas Mather observou William, Dendera e Henn seguirem atrás dela, e suspirou aliviado por ter um momento para falar com o Degelo antes que o dever o chamasse.

Apenas um momento. A guerra jamais permitia mais do que isso.

Mather se virou para o Degelo, que se aglomerou mais quando os soldados passaram em volta deles, as comemorações reduzidas a despedidas murmuradas.

— Vocês têm uma escolha — começou Mather, com a boca seca. — Não vou forçar nenhum de vocês a ir à guerra. Ficar para proteger o acampamento terá tanto valor quanto...

— Esqueça. — Foi Kiefer quem o interrompeu, encarando-o com um olhar severo. Se Kiefer tinha alguma objeção aos planos que o faria dar as costas bufando, Mather não tinha energia para lidar com isso no momento.

Mas o rosto de Kiefer estava quase gentil.

— Vamos com você — afirmou ele.

E foi isso. Nenhuma menção a como a viagem deles para escoltar os refugiados tinha levado à morte de Phil, nem sobre Mather não estar com eles quando aquilo aconteceu. Isso sem falar das outras vezes em que tinham ficado separados e as consequências difíceis de cada ocasião.

Agora o momento era apenas de união. União e obediência, de Kiefer, ainda por cima.

— Desculpe. — Mather se ouviu dizer. Uma palavra que não quisera dizer, embora estivesse na cabeça dele desde que Phil levara os soldados para o acampamento. Seria um sinal de fraqueza pedir desculpas ao Degelo daquela forma? William jamais pediria desculpas por nada. O que quer que fosse, aquela única palavra ondulou pelo ar, e Mather fechou os olhos.

O silêncio não permaneceu por muito tempo até que alguém lhe desse um tapa na cara. Com força.

Mather piscou para Feige, as bochechas dela estavam vermelhas como chamas e a menina fazia um biquinho.

— Não — disse ela, grunhindo. — Nada disso é sua culpa. Isso é culpa de *Angra*. Tudo isso.

O ódio de Feige incendiou os olhos dela, e Mather sentiu esse mesmo sinal de aviso da primeira vez em que lutou com ela. Não era apenas ódio pela traição de Phil. Era ódio de cada momento vivendo no campo de trabalhos forçados de Angra, de todo o terror que Feige suportara sob o reinado dele. A traição de Phil era, infeliz e terrivelmente, mais um pesadelo em uma longa fila de pesadelos, todos com raiz em Angra.

Trace se moveu, os dedos segurando com firmeza os cabos de faca que despontavam dos coldres nas coxas dele. Então mexeu a cabeça com um aceno curto que, sem hesitação, foi replicado por Hollis, Kiefer e Eli.

Hollis se aproximou da irmã.

— Mas vamos concordar que a melhor forma de superarmos isso é ajudando um ao outro.

— Não nos deixaremos ser tão consumidos pela Ruína a ponto de não podermos ser salvos — acrescentou Trace. — Podemos trazer um ao outro de volta. Os veranianos estão tentando ensinar as pessoas a resistir à magia, então sei que é possível. Nunca estamos sozinhos. Não importa no que a magia de Angra tente nos fazer acreditar.

Eles não culpavam Mather. Não culpavam Phil. E conforme Mather os olhou nos olhos, a tristeza no coração dele o dilacerando de novo, viu além do sofrimento do Degelo a mesma faísca de vida que inicialmente o atraíra para o grupo. Eram combatentes, apesar de tudo. Eram sobreviventes e continuariam a sobreviver, não importava quais tragédias enfrentassem.

— Então?

Mather se sobressaltou. Trace ergueu a sobrancelha.

— Você é nosso líder, ex-rei — disse ele. — Estamos juntos ou não?

Mather endireitou os ombros. Sentiu o lema do grupo agora mais do que nunca.

— Não seremos derrotados — sussurrou Mather. E foi sincero.

Três mil soldados deixaram o acampamento, uma mistura de outonianos, yakimianos, veranianos e invernianos.

Conforme Mather marchava com o Degelo, não podia impedir de voltar olhares observadores para as pessoas ao redor. William, com as costas eretas sobre o cavalo. Dendera, mais uma vez a guerreira relutante de quem Mather se lembrava, destemida e mortal ao lado de Henn.

E Meira, tão alerta quanto William, tão destemida quanto Dendera. Um peso maior pendia sobre ela agora, um fervor ainda mais intenso para manter todos seguros. Enquanto o imenso exército montava acampamento toda noite, Meira percorria o perímetro, quase ignorando o fato de ser seguida por Mather e membros alternados, mais uma vez agindo como seus guardas. E só ia se deitar apenas quando Mather a chamava. Relutante, entrava na tenda e desabava nos cobertores, caindo no sono ao lado de Mather tão rapidamente que ele sabia que ela estava se exaurindo, esticando os limites da magia de alguma forma.

Mas Mather apenas se aninhava em volta de Meira, o braço sobre o quadril dela, o rosto enfiado em seu cabelo, e tentava se acalmar o máximo possível, um lugar para o qual Meira podia ir todas as noites para descansar.

A preparação para a batalha iminente aguçara a atenção de todos. Era por isso que ninguém dizia nada a respeito de Mather dormir com Meira — pelo menos não em voz alta. William encarava Mather todas as noites e todas as manhãs, e quando chegaram ao vale, até mesmo William parecia incapaz de permanecer envolto em sua habitual inexpressividade e estoicismo.

Mather entendeu imediatamente por que Caspar recomendara aquele lugar. A encosta das montanhas Klaryn compunham o lado direito, erguendo-se até as montanhas além, enquanto o lado esquerdo era uma colina coberta por árvores que criavam a ilusão de uma onda dourada e laranja subindo pelo meio da planície gramada. Na metade do vale, a grama esmeralda terminava em uma interrupção tão deliberada que só poderia ser causada por magia — a fronteira inverniana de branco e neve e árvores perenes.

Aquela batalha aconteceria nos termos deles, sem escapatória por qualquer direção.

Caspar, Ceridwen e Meira se puseram a trabalhar imediatamente ao chegarem ao vale. Ergueram tendas na ponta mais a oeste, o que reivindicava o lado outoniano do campo de batalha em favor deles. Soldados se prontificavam em fileiras pelo gramado, saíam pelo bosque para começar a patrulhar em busca de inimigos avançando da retaguarda e tentavam fugas ousadas para cima dos penhascos íngremes para obter pontos de vantagem mais abrangentes.

Mather e o Degelo se aglomeravam perto de Meira. Ela não parecia se importar, envolvida demais em verificar os planos com Caspar ou repassar um mapa com Ceridwen ou projetar a magia em busca de problemas. Meira viu o olhar de Mather durante uma dessas varreduras e ele sorriu.

Uma pausa, então Meira sorriu de volta e se inclinou para dizer algo a Ceridwen.

— Ela é sua rainha antes de tudo.

Mather se virou para William, que estava ao lado dele, do lado de fora da maior tenda a céu aberto, montada para discutirem estratégia e planejamento. Quando Meira o beijou no acampamento outoniano, Dendera conseguira sorrir apesar do choque. Mas William sequer reagira. Mather tentara explicar a situação — não era algo com que deveriam se preocupar, não era passageiro, mas um relacionamento verdadeiro, duradouro, pelo qual Mather pretendia lutar.

William cruzara os braços, semicerrara os olhos e dera as costas.

Mather se voltou para ele agora, com as sobrancelhas erguidas.

— Eu sei.

William fixou o olhar em Mather.

— Não perca isso de vista. Principalmente agora, ela é sua rainha e você é o soldado dela.

Mather manteve a voz baixa.

— O que você acha que acontecerá? Na verdade, isso me deixa ainda mais disposto a protegê-la, e eu...

— Proteção não é tudo de que ela precisa — interrompeu William. — Ela é a rainha de Inverno e você é um soldado de Inverno. As metas de vocês dois deveriam ser o bem-estar do reino... Independentemente de como isso afetaria qualquer um dos dois, emocional ou fisicamente. Você protegerá Inverno acima dos sentimentos que tem por ela, e espero que ela faça o mesmo.

Mather ouvira discursos semelhantes de William antes, e sabia que Meira também. *"Inverno primeiro, acima de tudo"*; *"Sua meta é a salvação do nosso reino, nada mais."* Ele nunca estivera do outro lado de tal discurso, na posição de soldado e ela de monarca. Era isso que William tinha dito a Meira durante todos aqueles anos? O motivo pelo qual não quisera que ela amasse Mather? Para que os sentimentos de Meira não interferissem no desenvolvimento do reino?

Pior do que isso, Mather sabia que Meira concordava com William. Sabia que ela escolheria Inverno a ele, e por mais que tentasse abafar a preocupação constante, Mather não conseguia contê-la agora.

Meira morreria por eles. E William esperava que Mather permitisse.

Ele já perdera muita gente para Angra — Alysson, Phil, e dezenas mais ao longo dos anos. Talvez não conseguisse salvar Alysson ou Phil, mas, que droga, não ficaria simplesmente sentado assistindo a Meira morrer também.

O gosto de luto veio à boca de Mather, metálico e rançoso, quase obrigando-o a vomitar ou gritar para libertá-lo de alguma forma. Bastava de mortes. *Bastava.*

— Alguém precisa lutar por ela — afirmou Mather. — Alysson fez o mesmo por você. Sou dela primeiro, e de Inverno depois.

— Problemas familiares?

Mather se virou para Meira e calor subiu pelo pescoço dele.

— Não, minha rainha — disse William a ela. — Está pronta para partir?

Mather se assustou.

— Partir? Já?

Meira também se assustou, mas se recuperou mais rápido do que Mather. Não foi a pergunta de William que a abalou — foi a forma como ele estava parado ali, mais distante e estoico do que nunca.

— Sim. — Meira incluiu Mather na conversa com um olhar. — Recebemos notícias da localização de Theron. Angra está marchando com o exército, mas...

— Jannuari? — adivinhou William quando Mather não confiou em si mesmo para falar.

Meira assentiu. Ela apontou para uma tenda menor à direita deles.

— Peguem suas armas e me encontrem aqui em dez minutos.

— Angra não chegou — debateu Mather, um pânico lhe subindo pelo peito dele. Estavam partindo para Jannuari em *minutos*. Achou que não fariam isso até que Angra marchasse até eles, que ainda poderia ter uma última noite com Meira, com o corpo enroscado contra o dela na tenda que compartilhavam.

A suavidade de Meira se dissipou.

— Angra já está próximo, e ele sabe onde estamos. Precisamos de cada momento que pudermos ter.

A boca de Mather se escancarou.

— Como você...

Mas ele parou quando Meira tocou o medalhão distraidamente, a joia reluzente tão deslocada em uma mulher vestida com armadura de couro emprestada de Outono, túnica e botas paislianas e um chakram.

A magia dela. Meira podia usá-la para sentir Angra, então Angra conseguia senti-la também? Ou Meira era capaz de se proteger dele e deixar que Angra soubesse onde ela estava apenas quando *ela* escolhesse?

Se pudesse fazer isso, Angra sem dúvida conseguiria se proteger de Meira. Então por que permitiria que Meira soubesse onde ele estava?

Mather conteve essas preocupações. Meira sabia o que estava fazendo. Mather confiava nela.

— Tudo bem — concordou ele. Quanto antes acabassem com aquilo, mais rápido aquele desgraçado deixaria de ser uma ameaça para Meira, e mais rápido ele pagaria por tudo que tinha feito.

Mather correu na direção da estrutura que Meira indicara, aquela abarrotada de armas e equipamentos. O restante do Degelo ficou perto da tenda principal, observando o líder passar com uma mistura de preocupação e dor. Mather os deixaria de novo, em breve.

Mas aquilo tudo também acabaria logo.

Meira

Isso está fácil demais.

Consigo bloquear Angra durante toda a viagem. Mas quando chegamos ao vale sem emboscadas, nenhuma mudança de planos, nenhuma notícia ruim, sei que algo está errado. Angra não nos deixaria sair ilesos com o plano se soubesse sobre ele. Sendo assim... Ou conseguimos fazer algo que o surpreendeu...

Ou estamos com sérios problemas.

Logo depois de descer as proteções e liberar a contenção sobre minha magia, sei que não temos muito tempo. Curvada sobre os mapas do vale e das montanhas ao redor, com Ceridwen e Caspar, não os alerto ao fato de que estou testando a área em nosso entorno em busca de Angra. Meus olhos estão na mesa, mas a mente está bem longe.

Até que ponto consigo estender minha magia? Tenho vigiado a área próxima a nós ao longo da viagem, mas posso ir mais longe?

Tateio a floresta ao nosso redor. Nada.

O lado de Inverno do vale. Nada.

As montanhas, a floresta além — nada.

Mas então...

Agarro a beirada da mesa, fingindo interesse no que quer que Ceridwen esteja apontando.

Angra se faz notar, uma gota d'água rompendo a quietude da superfície de um lago. Nenhum contato direto, minha mente ainda está protegida contra ataques, mas o reconheço — e tenho total certeza de que ele está fazendo o mesmo comigo, atendo-se à minha localização agora que não o estou mais bloqueando.

Ah, aí está você, quase consigo ouvi-lo dizer. *Que bom que se juntou à nossa guerra de novo.*

Angra não está me bloqueando com magia como eu fiz com ele por tanto tempo — quase como se estivesse esperando que eu tentasse encontrá-lo. Ele quer que eu saiba que está vindo.

Porque já está a caminho, sem dúvida liderando um exército até nós. No mínimo, pudemos escolher o local da batalha, mas o fato de que Angra já está se movendo diz que ele não esperou que as forças se reunissem antes de partir. Mesmo assim, deve ter o bastante para nos massacrar.

Angra é a única presença que sinto. Embora momentos antes Caspar tenha recebido notícia dos batedores de que Theron está de fato em Jannuari, parte de mim esperava que a informação estivesse errada. Mas Theron não está com Angra, eu conseguiria ao menos sentir a ligação dele com a magia. Ele é um possuidor de condutor agora, mesmo que não tenha mais o próprio condutor.

Meu coração pesa, mas expando a magia na direção de Angra. Theron definitivamente não está com ele.

Será que Theron ao menos está com as chaves? Angra poderia tê-las tomado antes disso. Mas se eu chegar a Theron e ele não estiver com elas, não haverá motivo para eu ficar. Se Angra realmente quer me atrair para uma armadilha, a melhor maneira de fazer isso seria me forçar a tentar pegá-las com Theron.

Se é assim que Angra quer que aconteça, então Theron ainda está com elas e espera por mim em Jannuari.

A maior fraqueza de Angra também está lá.

— Ele está vindo — anuncio, erguendo a cabeça. Ceridwen e Caspar recuam, os rostos franzidos em cautela.

— A que distância? — pergunta Caspar, já curvado sobre outro mapa, traçando possíveis rotas a partir de Jannuari. A última notícia que recebemos dos espiões de Caspar não ajudou muito. Eles quase foram pegos e precisaram fugir antes que qualquer informação pudesse ser apreendida.

Afasto a mão de Caspar e aponto mais para baixo, para a área que repuxa em minha consciência, a sensação inquietante de alguém nos observando à distância. Um local logo além da fronteira entre Outono e Inverno, a norte de nós, mas não tão longe quanto Caspar esperava. Os soldados de Angra em Oktuber devem ter contado a ele sobre nossa presença em Outono.

Caspar se afasta da mesa e se vira para dois dos guerreiros, posicionados do lado de fora da tenda.

— Chamem seus batedores. Digam que se dispersem para o nordeste. Quero números, velocidade de viagem...

A voz de Caspar se dissipa quando ele sai batendo os pés para o acampamento, gritando ordens para os soldados sem olhar para trás. Essa é a tática dele, aprendi: não desperdiçar tempo. O que é condizente com a vida que Outono leva — mova-se, faça, *seja*, porque a qualquer momento, Angra pode surgir e destruir tudo.

Ceridwen também parte, Lekan junto a ela, e os dois estão em uma discussão sussurrada que cessa depois que saem da tenda a céu aberto. Sou deixada com o sopro da brisa da tarde entre as árvores que abraçam nosso acampamento, as batidas constantes dos ferreiros no tosco arsenal improvisado que montamos ali perto.

Não me permito pensar. Eu me viro, procurando minhas recém-adquiridas sombras. O Degelo está em volta da tenda em uma formação defensiva que fez Sir assentir em aprovação. O que quer que Mather tenha feito para treiná-los no curto tempo que teve, foi eficiente.

Mather fala com Sir no limite da tenda, um inclinado na direção do outro. Hesito, mais uma vez chocada pelo quanto fiquei cega por tanto tempo e não percebi que eram parentes. Até a maneira de discutir de ambos é idêntica — com as cabeças inclinadas para a direita, os olhos no mesmo nível, sem piscar. As semelhanças trazem à tona um sopro de gelo há muito necessário, uma enxurrada suave do... lar.

Cruzo a tenda até os dois, marcando as imagens de Sir e Mather na memória a cada passo.

* * *

Momentos depois, Sir, Mather e eu estamos de pé na tenda principal, tão prontos para a guerra quanto três pessoas podem estar.

Sir está com a mesma aparência que teve em todos os momentos de minha infância — vestido de preto, armado e severo. Mather aperta a faixa da armadura peitoral de couro, o material profundamente desbotado está desgastado e maleável devido à idade. Ele tem duas espadas curtas às costas, uma pequena sacola de suprimentos presa ao peito, e facas presas nas botas e na calça.

Estou muito menos armada. Uma espada curta oscila em meu quadril e o chakram está às costas, mas qualquer outra arma pareceu restritiva demais. Se vamos fazer isso, se vou usar minha magia, quero a liberdade para me mover sem obstáculos.

Passei a maior parte da vida lutando para ter as minhas armas. Agora estou marchando para a guerra e escolhendo partir com apenas duas.

Mas eu mesma sou uma arma.

Ceridwen se coloca ao meu lado, já vestida para a guerra, só que num estilo muito mais veraniano — a armadura de couro justa ao corpo está presa por faixas acima da calça laranja esvoaçante. Ela porta armas de aparência cruel que nunca vi antes, pequenas adagas com cabos que se curvam em pontas mortais. Ceridwen passa os dedos pelos cachos que se soltaram das faixas de couro trançado na qual ela transpassou o cabelo.

— Temos uma despedida em Verão — diz Ceridwen, com um tom que não ouço dela há um tempo, o véu da neutralidade política. — Quando alguém parte em uma longa jornada, aqueles que ficam para trás desejam à pessoa a energia de um fogo selvagem. O poder de derrubar as coisas que tentam contê-la, como vento e inimigos se debatendo, e usá-las para se tornar mais forte. O poder de queimar tão forte que todos que olhem para a pessoa se perguntem como a escuridão jamais existiu no mesmo mundo que ela. — Ceridwen apoia a mão em meu ombro, mas a determinação dela se esvai, os olhos ficam úmidos. — Incendeie este mundo, rainha de Inverno.

Puxo Ceridwen para um abraço, pigarreando para fortalecer minha voz.

— São vocês que farão o trabalho mais difícil. Só estou indo para uma viagem de lazer nas montanhas.

Ceridwen se afasta e me olha fixa e longamente. Os olhos marejados dela exibem uma ínfima ameaça.

— Comemoraremos sua vitória *quando* você voltar.

Quero agradecer a Ceridwen por tudo que ela fez. Por me ajudar em Verão, por se juntar à minha cruzada, por acreditar em mim. Quero dizer a ela o quanto estou feliz por tê-la como amiga, e saber que ela estará viva para liderar o mundo adiante torna o que preciso fazer um pouco mais fácil.

Mas não posso dizer nada sem confirmar para ela que não planejo voltar. Então dou um último apertão no braço de Ceridwen e faço uma leve reverência.

— Incendeie este mundo — repito. *Por nós duas.*

Caspar me dá adeus de um jeito muito menos emotivo. O sentimento dele é o mesmo, no entanto — velocidade, força, vitória. Dendera e Henn se reúnem para se despedir do jeito deles. Formamos um tipo de procissão, Mather e Sir se movendo pela fileira para também receber os votos de sucesso. O Degelo é o último da fila, esperando com os ombros retos, parecendo mais soldados do que jamais os vi.

A traição de Phil fez isso. Ou talvez cada pedaço dessa guerra tenha feito, lascado a camada externa até que não restasse mais nada além das pessoas resilientes que me encaram.

Eles param, em silêncio, e engulo em seco. Dar adeus a Caspar e Ceridwen foi diferente. Nem mesmo Dendera e Henn fizeram meu peito pesar. Mas encarar o Degelo é como encarar Inverno inteiro, todas as pessoas pelas quais a vida inteira lutei para proteger.

— Não desapontarei vocês. — É tudo que consigo dizer.

Isso suaviza um pouco a severidade deles, as expressões exibem gratidão.

Trace inclina a cabeça.

— Jamais poderia, minha rainha — diz ele, com as sobrancelhas franzidas.

Meu maxilar se fecha subitamente, e quase desabo de novo. Ainda bem que sou salva por Mather, que se adianta com ordens finais para o grupo — devem servir Caspar durante a batalha, e dar qualquer ajuda necessária.

Eu me afasto, deixando que Mather tenha um momento sozinho com o Degelo, e saio da tenda, observando a área uma última vez. Angra não se moveu de onde o senti pela última vez, o que é... estranho. Ele sabe onde está nosso exército — deveria estar liderando o posicionamento dos próprios soldados. Ou será que pretende se sentar e observar suas marionetes levarem o mundo ao fim sem ele? Esfrego a nuca, fazendo uma careta para a extensão vazia do vale diante de mim.

Em algumas horas, esses tufos de grama serão ninhos de corpos. Os bancos de neve intocados do lado oposto estarão macabros com as próprias estampas de marfim e escarlate.

Mas o quanto antes eu fizer isso, menos sangue será derramado. Só preciso me concentrar na tarefa diante de mim — um ato, depois outro, depois outro. Agora, só preciso ver aonde vamos.

Mather e Sir passam para meu lado.

— Vou nos levar até Jannuari — digo. — Encontraremos Theron e pegaremos as chaves com ele. Assim que estivermos com elas, eu nos levarei até a mina Tadil. Quanto mais rápido fizermos isso, mais curta a batalha precisará ser. Angra colocou mais guardas na mina, então provavelmente haverá soldados lá, mas com sorte teremos o elemento surpresa ao nosso lado. Depois que todos caírem, olhem para a porta. Precisamos cruzar a barreira e passar por ela o mais rápido possível.

— Pegar as chaves. Cruzar a barreira. Entendi — frisa Mather.

Sir está menos pronto.

— Da última vez que você tentou cruzar a barreira...

— Por isso preciso de vocês dois — digo. — Três pessoas precisam cruzar, todas com a mesma vontade de chegar ao abismo de magia. Um esforço conjunto. — Estico as mãos para eles, esperando que não vejam o quanto estou tremendo. — Não sei se a barreira cairá completamente depois disso, e se os soldados conseguirão nos seguir para dentro e levar a luta para o próprio labirinto.

Solto o ar. Uma coisa de cada vez.

O rosto de Theron toma minha memória, o olhar que ele me deu em Juli. Olhos livres de qualquer emoção, exceto lascívia, possessividade e domínio.

Uma coisa de cada vez.

— Esforço conjunto — repete Sir ao tomar minha mão. — Estou com você, minha rainha.

Mather pega minha outra mão. Assim que nós três estamos unidos, volto toda minha concentração para um único destino.

Inverno.

Meira

Locais passam voando por minha mente conforme a tensão familiar da magia nos arrasta para o esquecimento. Uma ínfima exaustão me repuxa, o esforço de precisar transportar várias pessoas, mas a adrenalina torna fácil ignorá-la.

Se Angra mandou Theron para Jannuari, ele estará no maior símbolo de minha cidade — o palácio. E quanto antes o alcançarmos, mais rápido poderemos pegar as chaves.

Visualizo o labirinto de corredores de pedra fria sob o palácio. Os corredores que levavam à ponta noroeste eram os menos utilizados, lugares que ninguém ainda tinha alcançado durante o tempo breve demais em que precisamos consertar nosso reino.

Meus pés ficam presos em paralelepípedos desgastados e cambaleio para frente. Uma parede de frieza me atinge no rosto, uma queda drástica na temperatura, mesmo em comparação com a fronteira entre Outono e Inverno. A queda alivia meu peso de preocupação.

Na última vez que estive em Inverno, minha magia era uma esfera de poder temerosa e incerta que se debatia contra as barreiras que eu tinha erguido. Agora, ela irradia por cada braço e perna, como espirais ascendentes que se enroscam em meus nervos e puxam energia da própria terra.

Casa, diz cada pedaço de mim, cada fôlego do ar frio me enche de alegria.

Se achei que minha magia era poderosa antes, estar de volta a Inverno faz com que pareça... nem consigo descrever. Revigorada; encorajada; *certa*, a mesma noção de pertencimento inominável que todos os invernianos têm quando estão em qualquer lugar próximo da neve.

O propósito de minha magia é proteger este reino, e ela sabe disso.

Escuridão envolve o corredor tão completamente quanto o frio, então só escuto Mather cambalear para trás, ainda não completamente habituado a viajar dessa forma. Lanço um rompante de magia para os dois, livrando-os de qualquer efeito indesejado. Sir não perde tempo.

— Ele está aqui? — pergunta, um sussurro breve que demonstra o quanto está silencioso aqui. Nenhum passo forte acima ou mais ao fundo dos corredores; nenhum grito de ordem ou clangor de armas. Mas o que eu esperava? Que um exército estivesse nos esperando?

Sim. Porque um exército teria sido muito mais fácil de lidar do que aquilo que suspeito que Angra planejou — jogos mentais como aqueles que usou para me torturar em Abril, para brincar com meus medos mais profundos.

Mas a pergunta de Sir me faz seguir em frente. Será que Theron está aqui ao menos?

Faço exatamente o que fiz para sentir Angra: amplio minha consciência.

Os corredores ao nosso redor — nenhum sinal dele.

O piso acima...

O reconhecimento me assusta.

Theron está no salão de baile, quase diretamente acima.

Minha magia sente a dele com uma clareza assustadora. Estamos ambos conectados aos Condutores Reais — a minha conexão é mais forte, mas é igual a quando sinto Angra. Será que Theron também consegue me sentir? Será que a Ruína de Angra permite que ele apreenda minha magia?

Mas no mesmo momento em que me pergunto, minha magia dá uma resposta própria.

Não importa o que Angra tornou Theron capaz de fazer. Sequer importa o que *Angra* é capaz de fazer. Porque aqui, em Inverno, sou mais poderosa do que em qualquer outro lugar.

Estou bloqueando Angra há semanas — então faço de novo. Mas dessa vez, bloqueio minha cidade inteira dele, um rompante de magia que dispara sobre Jannuari como um escudo. Enquanto estivermos aqui, Angra não pode vir. Pegaremos as chaves de Theron sem interferência dele. Vamos ver como *isso* se encaixa nos planos de Angra.

Gelo corre em minhas veias, me deixando quase alegre. Tudo em mim é um turbilhão de neve, gelo e geada, minha magia está no centro de uma poderosa nevasca que poderia derrubar todos os inimigos desta cidade, um a um.

Dedos se fecham em meu braço, e mesmo no escuro eu me viro para Mather com um sorriso malicioso.

— Ele está aqui. No salão de baile acima. Podemos fazer isso rapidamente... não contava com essa força extra por estar de volta a Inverno. Theron não...

— Isso é uma armadilha, Meira. — A voz de Mather está baixa. — Angra queria que você viesse até aqui. Precisamos presumir que ele planejou isto.

— Planejou que eu estivesse ainda *mais* poderosa?

— Planejou que fosse descuidada. — Os dedos de Mather percorrem meu braço até que ele esteja segurando minhas duas mãos. — Planejou por algo que a enfraqueceria.

Engulo em seco e os tendões de magia mergulham de volta para meu peito. Um fôlego profundo enche meus pulmões e aperto as mãos de Mather em resposta.

— Você tem razão. — Recuo um passo. — Vamos, mas devagar.

Começo a dar a eles ordens mais definidas quando um ruído me faz pausar. Duas batidas leves, como metal contra metal.

Clank, clank.

— Está vindo do fim do corredor — diz Sir. No caminho para o salão de baile.

Resmungo e avanço com as botas deslizando pelo chão. A parede de pedra está suja quando a toco, o toque dos meus dedos me guia para a frente. Mather e Sir seguem, sem fazer ruído exceto pelo farfalhar constante das roupas à medida que deslizam atrás de mim.

De novo, as batidas ecoam na nossa direção. *Clank, clank.*

O corredor se acende, sombra após sombra, graças a uma única lanterna acesa dois corredores adiante — exatamente no nosso caminho até o salão de baile. Meu poder antes revigorante recua e dá lugar à hesitação conforme nos aproximamos da lanterna. Todas as sombras ao meu redor se curvam sob a atração hipnotizante da luz.

E quando me viro para o corredor da lanterna, os dois soldados que montam guarda diante de uma das salas me encaram como se estivessem esperando que aparecêssemos.

Eles sorriem, com as espadas já em punho, e não perdem tempo em disparar na minha direção. Sir e Mather reagem mais rápido do que eu, mergulhando para a frente com as próprias armas quando meus olhos se voltam para a sala que os soldados estavam guardando. Barras de ferro enferrujadas formam a porta — uma cela. A luz amarela de candelabro brinca com sombras que percorrem as paredes cobertas de mofo e com o corpo que se choca contra as barras. Duas batidas ecoam acima do choque de espadas, olhos encaram, vazios, conforme o prisioneiro bate uma xícara de metal contra as barras.

Clank, clank.

Eu viro de volta para a luta quando um dos soldados cai nas mãos de Mather. Sir derruba o segundo e não perde o ritmo — ele se agacha à distância de um braço da cela.

— Greer — sussurra Sir, aliviado.

Greer ergue o olhar.

— William — diz ele, como se tivesse esbarrado em Sir na rua. Então olha além dele. — Mather. — Depois para mim, quando me coloco à luz.

Greer sorri.

— Minha rainha. — *Clank, clank.* — Ele me disse que você viria.

Olho para além de Greer, para dentro da cela.

— Onde está Finn?

Greer sorri um sorriso fervoroso. Com um gesto ágil da magia, consigo sentir a Ruína dentro dele, um estoque profundo e pleno que Angra sem dúvida passou dias bombeando para dentro de Greer. Ele teve livre reinado sobre Jannuari — qualquer inverniano presente facilmente se tornaria vítima da Ruína sem a proteção de minha magia.

Clank, clank.

— O rei Angra nos livrou daqueles que desejam impedir que o mundo mude — cantarola ele, atento à xícara de novo. — O rei Angra matou o fraco. O rei Angra...

Greer continua balbuciando, batendo aquela xícara com mais força a cada palavra, mas eu o bloqueio.

Angra matou Finn.

A dor da morte dele recai junto com todos os demais que perdi. Tantas perdas, ainda, sempre, nada além de perdas, mesmo aqui.

Impulsiono determinação por meu corpo. Angra sabia que eu encontraria Greer, então sabia que eu não o deixaria aqui, possuído pela Ruína, quando tenho a habilidade de expulsar isso dele, já que é Inverniano. Mas não deixarei de ajudar meu povo só porque Angra planejou algo. Ele tomou tantas outras coisas de nós — não vai tomar minha habilidade de ajudá-los.

Lanço uma corrente de magia para Greer, removendo a Ruína do corpo dele com uma descarga gélida. Um movimento limpo e ágil, como deveria ter sido com Phil. Mas na parte mais profunda e mais verdadeira de Greer, ele não quer que a Ruína o possua. Não acredita que o salvará, não como Phil acreditava.

Greer para no meio da frase, me olhando boquiaberto.

— Minha rainha — diz Greer. Os olhos dele se voltam para Sir e Mather. E Greer solta a xícara, ajoelhando-se ao se agarrar às barras com os dois punhos fechados. — Onde estão os demais? Trouxe um exército? Diga que trouxe mais do que...

— Um exército não teria sido prático, sob as circunstâncias — responde Sir.

A risada de Greer é quase um soluço.

— Veio reivindicar Inverno.

— De certa forma.

Greer se curva na direção de Sir.

— Tenho ouvido passos há horas, marchando acima. Theron tem soldados no salão de baile com ele. — Os olhos de Greer se voltam para mim. — Está esperando você.

Trinco o maxilar e olho para cima, para o teto.

— Dezenas de homens — diz Greer, como se lesse os cálculos em meu rosto. — Minha rainha, você precisa de mais ajuda.

— Ou de uma distração. — Olho para Mather.

Ele fica sombrio, a luz dançante do único candelabro no corredor faz com que pareça ainda mais preocupado.

— Não deixaremos que entre sozinha.

— Sozinha? — Sir se levanta, e quando fica de pé, percebe o que quis dizer. — Você quer que a gente atraia os soldados para fora do salão de baile.

Faço que sim, confirmando.

— Dou conta de Theron. Posso até expulsar a Ruína dos invernianos em Jannuari como fiz com Greer... podem arrumar outros combatentes para ajudar...

Mas Sir dispensa meu comentário com um gesto da mão.

— Não. Não queremos nenhuma baixa civil. Mather e eu podemos manter os soldados ocupados sozinhos por tempo o suficiente.

Mather olha para o pai.

— Dois contra dezenas? — Ele sorri levemente e dá de ombros. — Já estivemos em situação pior.

Greer se levanta impulsionado pelas barras.

— *Três* contra dezenas. — Ele para, recostando todo o peso no ferro, e um tremor quase imperceptível percorre as feições dele quando me encara de novo. — Finn. Minha rainha, sinto muito. Angra...

— Não — digo. Nesse momento preciso escolher ser forte.

Sir fica em silêncio por um momento, sem dúvida afastando as próprias memórias de Finn. Depois de uma pausa, ele repara nos ferimentos no corpo de Greer e olha para mim. Eu me coloco em ação.

Os ferimentos de Greer são fáceis de curar, embora revirem meu estômago conforme despejo magia nele. Angra o torturou com mais do que a Ruína — muito mais. Mas não digo nada a respeito, e quando termino, momentos depois, Greer resmunga com alívio e se espreguiça.

— Não me sinto tão bem em anos — murmura ele enquanto Sir trabalha para abrir o trinco da cela.

Dou um passo para o fim do corredor antes que a porta esteja totalmente aberta. Angra o torturou. Torturou de verdade, impiedosamente, e mesmo assim a Ruína o fez balbuciar em devoção a Angra.

Então o que Angra fez com Theron? Em que estado eu o encontrarei? E, pior ainda, em que estado está o restante de meu reino? Será que os invernianos em Jannuari estão todos perambulando com a mesma paixão insana por Angra que Greer demonstrou?

Fecho as mãos em punhos. Não importa. Em breve eles serão livres. Em breve *todos* serão livres.

Mather coloca a mão sobre um de meus punhos.

— Não entre até que o salão esteja livre.

— Eu sei.

— Tentaremos ficar perto do palácio para que consiga nos encontrar quando terminar. Pode nos sentir com sua magia. Ou deveríamos...

— Mather. — Eu me viro para ele no momento em que chegamos à escada que nos levará para o primeiro andar. — Este é *nosso* reino. Podemos sobreviver a isto.

Ele coloca a outra mão em minha bochecha, o polegar acaricia minha têmpora.

— Não é essa a parte que me preocupa.

Beijo Mather, rápido e com força.

— Ficarei bem.

Ele me puxa com ainda mais força contra si.

— Sim, eu sei — diz Mather para mim.

Eu me afasto, incapaz de encará-lo, então olho para Sir.

— Depois de você, general.

Sir para por um momento, os lábios entreabertos como se quisesse dizer algo. Mas ele apenas assente e passa para a minha frente para liderar Mather e Greer escada acima. Sigo atrás deles, acompanhando os passos silenciosos, durante o tempo todo deixando que metade de minha concentração flua até o salão de baile. Theron ainda está lá, imóvel, esperando por mim. Verifico de novo a barreira sobre Jannuari — Angra não pode vir.

Seremos apenas Theron e eu.

No topo da escada, Sir desvia para a direita, percorrendo um caminho para uma porta lateral no limite leste do palácio. Mather me lança um último olhar, carregado de propósito e certeza na forma como tenta sorrir, e então os dois se vão, me deixando sozinha no corredor escuro e silencioso.

Posso fazer uma última coisa por eles, no entanto. Fecho os olhos, inspiro e concentro uma corrente poderosa de magia para Mather, Sir e Greer, derramando força nos corpos deles.

Inspiro e viro no fim do corredor oposto a eles.

Nenhum soldado vigia esses corredores; mais nenhuma armadilha me espera. O único ruído é o ranger e o resmungar do palácio quebrado, lufadas ocasionais de poeira descendo do teto. Quando olho de relance pelas janelas, as estradas estão vazias, os únicos habitantes são espirais aleatórias de flocos de neve que giram com sopros do vento.

Se não conseguisse sentir Theron, quase acreditaria que este reino estava novamente deserto.

Por fim, o corredor termina em portas duplas imponentes e além delas está o salão de baile. Paro com uma das mãos na maçaneta curva e coloco o ouvido contra a fenda entre as portas.

Metal tilinta. Alguém sussurra ordens ríspidas antes que tudo fique silencioso.

Os soldados ainda estão do lado de dentro.

Paro, com a atenção dividida entre ouvir o salão de baile e vigiar o corredor atrás de mim. Depois de alguns segundos de antecipação, cada momento acumulando-se sobre o anterior para criar uma parede trêmula de expectativa, tudo desaba quando um grito ecoa pelo salão de baile.

— Atacar!

— Intrusos, vistos do lado de fora...

Uma voz, então. Uma que conheço bem.

— Atrás deles!

A ordem de Theron impulsiona os soldados para a ação. A batida de botas preenche o salão de baile com uma torrente tão deliberada que não consigo dizer para que direção marcham. Pânico ressoa em meu peito e recuo em disparada da porta, pressionando o corpo contra a parede caso irrompam por esse lado. Mas um momento passa e o caos se dissipa pelas portas principais, recuando para uma batalha com Mather, Sir e Greer enquanto me resta um salão de baile vazio.

E Theron.

Porque ele ainda está aqui. Consigo senti-lo, uma sensação pulsante que corrói meu coração conforme minha magia reage à dele. Perto, muito perto...

Eu me afasto com calma da parede e me aproximo novamente da porta, com os dedos em torno da maçaneta. Não há tempo para hesitação — quanto mais tempo isso se arrastar, mais tempo a batalha durará fora do palácio.

Então abro a porta e marcho para meu salão de baile com a cabeça erguida, os músculos tensos e prontos para o que possa estar à minha espera. Um ataque; uma visão debilitante; uma lembrança.

O salão está vazio, o piso de mármore reluzindo branco. As janelas entalhadas na parede ao sul foram cobertas com um tecido preto pesado que pende do buraco no teto, interrompendo a maior parte da luz natural. Tendões dessa luz despontam, no entanto, fiapos brancos que me permitem ver a única pessoa que ainda está aqui.

Theron, no meio do salão, com os braços às costas e o queixo erguido.

Os olhos sombrios dele se fixam nos meus como se soubesse exatamente onde eu estaria. Assim que me vê, a expressão de Theron fica tão parecida com *ele*, tão feliz e calmo, que quase me esqueço do que ele é agora, de tudo que fez.

— Minha rainha — diz Theron. — Bem-vinda ao lar.

Ceridwen

Tudo que Ceridwen sabia sobre guerreiros outonianos se provou verdade.

Ela jamais vira soldados tão dedicados. Assim que Meira e o grupo dela partiram — pela chama e pelo calor, assim que concordaram em ir à guerra — cada corpo destinado ao combate se tornou uma arma, nada mais. Os outonianos estavam calmos, os olhos deles estavam alerta, os músculos tensos, de forma que cada um deles se parecia mais com um animal caçando do que com uma pessoa.

Se alcançaram a ferocidade daquela forma, sem uma monarca do gênero feminino que pudesse usar a magia do condutor dela para lhes dar força, quanto mais intimidadores não seriam se tivessem uma?

Ceridwen se interrompeu. A magia jamais voltaria a ser uma influência na vida deles depois daquele dia — essa mudança bem-vinda equilibraria o mundo caótico em que viviam. Mas ter sido capaz de ver os outonianos impulsionados por habilidades naturais e mágicas teria sido espetacular.

Enquanto Ceridwen corria de volta para a tenda principal para uma última reunião com Caspar, não conseguia se impedir de olhar para o oeste, onde quer que estivesse o novo acampamento que abrigava os entes queridos de cada pessoa naquele exército. A família de Caspar, a família de Lekan, a família dela.

Um sentimento de gratidão se aninhou no coração de Ceridwen, e ela disparou olhares silenciosos como se agradecesse a cada soldado outoniano por quem passou. Precisariam ter como aliados combatentes tão destemidos e dedicados. Precisariam de toda ajuda possível.

Lekan parou o cavalo ao lado de Ceridwen e desceu da montaria fora da tenda.

— Nossos soldados estão centralizados no vale; os yakimianos também. A infantaria de Caspar os cerca. Se Angra quiser passar, terá que pagar caro com sangue.

— Angra jamais teve medo de pagar esse preço.

Lekan encolheu o corpo.

— Você é mestre em discursos motivacionais.

— Todos estão bastante cientes do que estamos fazendo aqui. — Ceridwen se abaixou para entrar na tenda a céu aberto, ziguezagueou por mesas cobertas de mapas e armas. — E o custo que acarretará.

— Em menos de duas horas agora. — Caspar não ergueu o rosto do mapa sobre o qual estava curvado, no centro da tenda. — Meus batedores conseguiram uma localização mais específica, o exército de Angra deve estar aqui esta tarde. Vai lutar?

Então ele olhou para Ceridwen.

— Não sou muito boa em deixar meu povo arriscar a vida sem mim — disse Ceridwen.

Lekan pigarreou. Se Caspar não pretendia lutar, ela praticamente o chamara de covarde.

Mas Caspar sorriu.

— Nem eu — disse ele. — Imagino que estará com seus combatentes?

Ceridwen assentiu. Ela e Lekan tinham resolvido aquilo.

— Nas linhas de frente.

— E eu estarei com minha cavalaria. — Caspar ficou de pé, gesticulando para chamar alguém para frente. Invernianos se aproximaram, o mesmo grupo que tinha acompanhado os filhos de Jesse para fora de Rintiero, o Degelo, como Meira os chamara.

— Mas se ambos estivermos na confusão, precisaremos de uma forma de nos comunicar. — Caspar indicou os invernianos. — Eles se ofereceram para passar informações entre nós durante a batalha.

Ceridwen fez uma reverência de gratidão com a cabeça. Tais trabalhos costumavam trazer mortes mais rápidas.

E quando ela abriu a boca para agradecer, qualquer palavra recuou graças ao seu instinto de guerreira, um construído ao longo de anos de lutas e dificuldades constantes.

Uma corneta soou. Uma das muitas usadas pelos outonianos posicionados em torno do perímetro do vale, montando guarda em busca de ataques iminentes pela dianteira ou pela retaguarda. Aquela especificamente disparou aos berros do lado inverniano do vale, uma explosão distante que fez todos na tenda se virarem ao mesmo tempo.

Caspar se virou para encarar Ceridwen, franzindo a testa.

— Tão cedo? — Foi Ceridwen quem perguntou.

Mas Caspar já estava reunindo os suprimentos de que precisaria. Alguns mapas, diversas armas espalhadas sobre a mesa.

— Podem ser os reforços de Angra chegando antes dele — disse Caspar. Quando olhou de volta para Ceridwen, sua expressão ficou mais suave.

— Estará na frente, então deixarei o comando com você — disse ele. — Para a guerra, princesa Ceridwen... *Rainha* Ceridwen.

Aquilo perfurou Ceridwen com mais força do que qualquer golpe físico. Ela *era* a rainha de Verão agora, não era? Ou seria, depois que Verão fosse, de fato, seu de novo. E então teria toda a questão confusa de descobrir como governar tanto Verão *quanto* Ventralli agora que era casada com Jesse...

Mas esse era um problema que Ceridwen enfrentaria com satisfação, depois que tudo aquilo terminasse.

— Para o futuro, rei Caspar — replicou Ceridwen.

Ele assentiu para ela e partiu quando mais cornetas soaram, mais batedores viram a ameaça que se aproximava e soaram o aviso. Alguns dos membros do Degelo se dividiram para seguir Caspar enquanto o restante seguiu Ceridwen e Lekan, formando um grupo diverso que seguiu para a tenda. Nada de cavalos — lutariam a pé, ao lado dos combatentes refugiados que estiveram ao lado de Ceridwen durante anos.

As cornetas lançaram ondas de choque pelo pequeno acampamento. Tendas médicas se preparavam para o fluxo esperado de feridos; tendas de armas emitiam clangores conforme ferreiros se apressavam em afiar cada lâmina que tinham. Tudo se resumia a um objetivo — tanto que Ceridwen poderia jurar que todos respiravam no mesmo ritmo.

Ela se agarrou a isso conforme liderou o grupo para fora da área do acampamento e para dentro do vale. Corpos se pressionavam lado a lado, soldados estoicos e prontos que se separavam para ela passar. Ceridwen ziguezagueou entre todos eles — veranianos, yakimianos, outonianos — o orgulho dela inflando com cada rosto determinado que via.

Talvez conseguisse fazer aquilo. Não apenas distrair Angra por tempo o suficiente para que Meira fosse bem-sucedida, mas de fato *derrotar* o exército dele.

Ceridwen chegou à linha de frente e se adiantou, suas botas esmagando a grama. Árvores perenes cobriam a ponta oposta, os galhos curvos pesados com neve. Aquelas árvores detiveram a atenção de Ceridwen pelos minutos seguintes, pelas horas seguintes, os olhos dela indo de um lado para outro, à procura de qualquer sinal dos soldados correndo para atacar, de Angra disparando a magia maligna contra eles.

Então Ceridwen viu imediatamente quando o primeiro cavaleiro surgiu.

Caspar tinha posicionado os soldados de Angra a algumas horas de distância. Não fazia sentido estarem ali tão cedo.

Agora eram tudo o que Ceridwen conseguia ver. Os dedos dela se fecharam com força em torno dos cabos das facas. Caspar estava certo — eram os reforços.

— Aquele não é o exército de Angra — resmungou Ceridwen. — De novo.

Lekan não se moveu. Tinha chegado à mesma conclusão que ela. Assim como os ataques alguns dias antes, Angra enviara outros para fazer a vontade dele, como dilúvios desgastando uma montanha, preparando a área para um deslizamento de terra.

A mulher que liderava o exército para fora das árvores de Inverno foi, para Ceridwen, uma distração muito grande. Um dilúvio e um deslizamento de terra e uma tempestade frígida, uivante, tudo de uma vez.

Raelyn.

Ela não passava de uma pequena forma em um cavalo, mas Ceridwen conhecia bem. Podia sentir o desdém que emanava da ex-mulher de Jesse assim que Raelyn apareceu. Soldados ventrallianos se materializaram da floresta, marchando atrás dela com passos cadenciados.

— Mande uma mensagem para Caspar — Ceridwen disparou para um membro do Degelo perto dela. — Diga que isso não é tudo.

O garoto assentiu e saiu.

Quem sabia quantos soldados Raelyn tinha trazido consigo? Quantas lâminas tinha acrescentado àquela guerra? Soldados ventrallianos tinham supostamente se unido às forças de Angra, mas ainda deveriam estar velejando pelo Feni. Obviamente, Raelyn tinha sido impedida de se juntar diretamente a Angra e fora enviada para lá primeiro.

Não importava. A única coisa que mudava era que agora Ceridwen tinha um objetivo pessoal impulsionando seu coração.

Meira explicara que tipo de magia enfrentariam. Raelyn tinha *escolhido* tal magia quando o condutor de Ventralli poderia tê-la mantido em segurança — tudo que tinha feito com Jesse, com os próprios filhos, com Ceridwen, fora escolha dela.

E Raelyn morreria por isso.

Ceridwen deu um passo adiante, inspirando profundamente o ar até os pulmões, e segurando o fôlego conforme o exército ventralliano se aproximava em ritmo constante, com Raelyn na liderança. Ela não era uma combatente — o que significava que queria que Ceridwen a visse. Queria o confronto iminente.

Somos duas, então.

Os ventrallianos estavam a passos de onde o lado inverniano do campo terminava. Quase na metade do vale.

A expectativa que se acumulava no peito de Ceridwen começou a doer e ela conseguia sentir a mesma necessidade ondulando pelos soldados.

Lutar, lutar, LUTAR...

Os dedos de Ceridwen se fecharam em torno de uma das facas. Ela a ergueu, a lâmina apontando para os ventrallianos que se aproximavam, com o braço reto e rígido enquanto batidas do coração ressoavam pelo corpo dela.

O exército atrás dela inspirou coletivamente. Armas foram posicionadas, pés se arrastaram para se apoiarem no chão.

Lekan passou os dedos pelo ombro de Ceridwen.

Ela gritou. *Atacar! Avançar! Lutar! AGORA* — alguma combinação de todas essas palavras. O grito emergiu das profundezas dela conforme Ceridwen se distanciou das fileiras da infantaria, a primeira a disparar de cabeça erguida na direção do exército ventralliano.

Meira

— Meira — diz Theron, se adiantando devagar, com as mãos estendidas.

Deixo a porta se fechar atrás de mim, a batida ecoa e se iguala ao ritmo do meu coração batendo contra as costelas. Theron parece tão feliz.

Parece tão *ansioso*.

— Estava me esperando — digo, uma leve provocação para ver até que altura vão as chamas.

Outro passo para mais perto.

— Eu sabia que viria.

— Não saiu com seus homens.

Os lábios de Theron se erguem.

— Você também não.

Ele fica de pé ali, observando, e as peças se encaixam.

Greer, nos dizendo que os soldados esperavam acima. Theron, sozinho no salão de baile. Eu, mandando meu único apoio para longe, para criar uma distração.

Era parte da armadilha de Angra. Me fazer ficar sozinha.

Somos realmente apenas Theron e eu — e subitamente, essa ideia é apavorante.

Theron continua se aproximando, sua cabeça está inclinada para um lado, de forma que o cabelo dourado forma uma cortina sobre o ombro.

— Não sabe a dor que me fez passar — diz ele, agora apenas a dois braços de distância de mim.

Deixo Theron se aproximar lentamente, meus olhos estão fixos nele conforme tento avaliar a situação. Theron não tem armas, o uniforme cordelliano verde e dourado dele não tem adornos. Há uma leve saliência no peito, logo à direita do colarinho. As chaves?

Um pouco da minha tensão se dissipa. Theron está com elas.

Mas uma nova preocupação surge rapidamente. Angra deu a Theron as chaves pelo mesmo motivo que eu sabia que daria — para me fazer ficar aqui. Quanto mais permaneço aqui, falando com Theron, maior as chances dele de me enfraquecer. Se aquelas chaves não estivessem aqui, eu pegaria Sir, Mather e Greer e partiria antes que pudéssemos cair em qualquer armadilha.

Agora, no entanto, estou presa. Exatamente como Angra quer.

— Igualmente — respondo. Mas qualquer que seja o significado que Theron apreende de minhas palavras lança alívio pelas feições dele, e Theron sorri quando percorre a distância entre nós.

— Eu sabia — declara ele, e pega minha mão.

Tocar em Theron acende a conexão que sinto sempre que tenho contato pele a pele com outro possuidor de condutor. Vejo o passado dele, as memórias, até mesmo as emoções naquele momento — Theron se abre para mim quando a pele dele toca a minha.

Vejo Theron esperando por mim, caminhando de um lado para outro nos corredores de meu palácio, supervisionando meu reino com a mesma arrogância que atribuí ao pai dele.

Theron, falando com Angra em Verão, em Inverno; os dois planejando este momento, sabendo que eu viria até ele.

Reverência toma conta de Theron com cada lembrança de Angra. Adoração e devoção tão puras que me parte o coração.

Eu me desvencilho do toque porque tudo em mim dói. Ele me quer — mas essa necessidade não é humana. É algo cultivado pela Ruína. Mesmo a expressão no rosto de Theron é uma que ele jamais estamparia, caso fosse ele mesmo — um controle sombrio na forma como os olhos dele me seguem, sem piscar, conforme recuo.

Eu me obrigo a encarar Theron de volta. Obrigo-me a permanecer calma, a ignorar o zumbido de aviso que percorre meu corpo. Meus instintos não veem apenas Theron — veem um perigo, um homem que me olha de uma forma quase familiar.

Herod.

Angra o transformou em Herod.

Meus joelhos tremem e eu caio para a frente. Theron desliza os braços em volta de minha cintura, me prendendo contra o corpo dele. Não toca minha pele de novo, mas está muito perto, *perto demais...*

Não consigo falar, não consigo me mover. Sabia que Angra o havia infectado — aprisionado —, mas jamais me permiti imaginar que ele iria tão longe. É claro que iria — Angra conhece meus medos. Conhece minhas fraquezas.

E ele as combinou em Theron.

— Meira — diz Theron de novo, e a boca dele está sobre a minha antes que eu consiga me mover. O braço de Theron em volta da minha cintura é como um torno; os lábios dele são insistentes e famintos e me ferem, o oposto de qualquer outro beijo que já recebi dele.

Mais emoções, tão claras que são palavras ditas da mente de Theron para a minha.

Isso será perfeito. É assim que deveria ser. Ela vai me amar com toda a devoção que conquistei dela.

Frio me envolve, a frigidez de meu reino se agarrando a meu pânico crescente. O toque de Theron me queima, os pensamentos dele, o único desejo que ele cultivou por tanto tempo que até nesse breve sussurro cada sensação parece *real* demais, marcando o corpo de Theron contra o meu...

Na altura do peito, sinto um pequeno volume por baixo do casaco de Theron. As chaves.

Concentre-se!

Agito minha magia para finalmente bloquear os pensamentos de Theron — nunca estive tão feliz pelo treinamento de Rares — e apoio a mão no casaco dele. Algo duro e de ferro e com a forma distinta de uma chave está ali dentro. O veludo suave desliza entre meus dedos quando levo a mão para dentro do bolso de Theron.

As mãos dele beliscam meus ombros e Theron se sobressalta e recua para longe de mim.

— Você... — Os olhos dele se voltam para o bolso, então para minha mão, os dedos se estendem na direção dela. — Não veio atrás de mim — afirma Theron. As palavras ecoam ao meu redor, e a atmosfera do salão de baile passa de silenciosa e vigilante para mortal. Os dedos dele se enterram mais em meus ombros. — Não veio atrás de mim — repete Theron. — Veio atrás das chaves. Veio para impedir Angra.

— Ele infectou você — digo, contendo o grito de dor quando a mão de Theron quase me racha um osso. — Mas prometi que o salvaria...

— Prometeu. — Theron contrai os lábios. — Que outras promessas andou fazendo?

Ele me solta ao me atirar contra as portas fechadas. Eu me choco contra a madeira e uso a energia do movimento para desviar de Theron, não permitindo que ele me mantenha presa no canto. Meus ombros gritam quando sinto os novos hematomas que Theron deixou enquanto tropeço mais para o interior do salão de baile.

— Angra está deixando o mundo doente — tento dizer, com as mãos estendidas na direção de Theron em algo parecido com submissão. Mas me preparo ao dar passos longos e lentos para mantê-lo afastado.

O ato de atrair um objeto até mim parece familiar agora, e estendo a mão para Theron, disparando a magia para as chaves a fim de puxá-las de dentro do casaco dele. Theron vê o meu movimento e reage, abaixando o ombro e erguendo a mão para me bloquear, uma névoa da Ruína o envolvendo como um escudo.

— Você não entende a magia dele — diz Theron, com os olhos semicerrados como fendas. — Não viu o quanto somos poderosos agora, como não temos amarras. Mas entenderá, porque eu a farei usá-la.

— Theron...

Ele recua como se para me dar um soco, mas está longe demais para me tocar — até que reparo na sombra que ainda envolve a mão dele.

Theron vai lutar comigo usando a Ruína.

Cruzo os braços diante do corpo, disparando a magia para atrair neve do céu — dentro do salão. É minha magia, meu reino, e não me será negado o inverno *em Inverno*.

Nuvens se formam acima de mim, lençóis de gelo que respondem ao meu chamado.

Mas é tarde demais.

Assim que o primeiro lençol de neve recai sobre nós, a sombra de Theron dispara pelo ar e me lança com toda força contra o chão. Tenho ânsia de vômito, perco o fôlego, mas como Theron atravessa o salão, fico de pé e faço descer uma parede de gelo quando ele lança outra explosão da Ruína.

— Me ataque! — grita ele. — Foi assim que Angra disse que abriu a mente dele: usou magia *para si mesmo*. Ninguém jamais permitiu que você fizesse isso, não é? Seja egoísta uma vez na vida, Meira. Lute comigo! Vai sentir o poder dela. Verá o quanto estava errada.

Minha parede de gelo reverbera com a força dos golpes de Theron, formando rachaduras que eu cubro com mais gelo. Não posso ficar aqui para sempre. Poderia combatê-lo com magia — seria defesa, então não alimentaria a Ruína.

Mas não quero lutar com ele.

Elimino a parede derretendo-a. O chão fica coberto de água. Theron espera com uma das mãos em punho puxada para trás.

Sacudo a cabeça, permitindo que parte de minha verdadeira exaustão transpareça.

— Estou cansada de lutar — digo a ele, e não é mentira. — Se é paz que você oferece, eu quero.

Theron relaxa, abaixando a mão. Quase digo mais, quase alimento a mentira quando Theron gesticula com o pulso e cada músculo de meu corpo reclama de dor.

Theron caminha em minha direção, os lábios inclinados em um meio sorriso.

Não consigo me mover — a magia de Theron me mantém presa, de pé, diante dele, com os músculos estremecendo de forma que nem sequer consigo me encolher quando ele para, quase me tocando. Usei minha magia apenas quando tinha uma forma de canalizá-la, apontando ou estendendo o braço para fora, e antes que consiga tentar usar sem me mover, Theron inclina a cabeça, o sorriso dele lança um pânico incandescente por meu corpo.

— Essa paz tem um preço, embora não seja um preço alto a pagar, posso lhe assegurar. — Theron se inclina contra mim, os lábios dele param à distância de um dedo dos meus.

A magia se afasta de minha cabeça, mantendo o resto de meu corpo preso. Theron não me beija, apenas fica ali, esperando que eu inicie. Que aceite.

Recuo, apenas um leve tremor, o suficiente para colocar mais um milímetro entre nós.

E esse único tremor em resposta basta.

Theron entrelaça os dedos em minha trança e puxa minha cabeça para trás de forma que me encare diretamente.

— Seria tão fácil para você — dispara ele, metade como súplica, metade como grunhido. — Só que *mais uma vez* você me rejeita. Mesmo quando a paz está tão próxima, quando a salvação do mundo está ao seu alcance. — O rosto de Theron fica sombrio e ele se abaixa para levar o lábio ao meu ouvido, se aproximando devagar, com os movimentos provocadores e carinhosos de um amante. A magia de Theron me mantém parada, meu corpo grita com a necessidade de lutar, o mesmo pânico ofuscante e avassalador que tomou conta de mim no quarto de Herod, em Abril.

Este é Theron, não Herod — *este é Theron, não Herod...*

Mas meu coração não acredita nisso conforme bate dolorosamente contra minhas costelas.

— É o antigo rei de Inverno, não é? Onde esteve esse tempo todo, me pergunto... com ele? — Theron inspira contra minha bochecha. — Você fede a ele. Mas sempre foi minha, desde o momento em que a salvei em Abril você pertence a mim, e eu a lembrarei disso até que se esqueça de como era ser tocada por ele.

Theron recua, todo indício de felicidade sumiu de sua expressão, dando lugar à determinação.

— Mais uma chance — diz Theron para mim. — Mais uma chance.

É quase uma súplica. Ele está tão perto de implorar que me pergunto com quem está mais preocupado, consigo mesmo ou comigo, caso eu não obedeça.

A magia que mantém meu corpo imóvel solta meu braço direito.

— Me ataque — ordena Theron. — Abrace este novo mundo, Meira. Por favor.

Ele está definitivamente me implorando. A tensão no rosto, a preocupação.

— Tudo bem, Theron. — Ergo a mão.

Ele começa a sorrir, esperando, querendo, *precisando*.

Até que pego o chakram nas costas.

O rosto de Theron se fecha.

— Com sua magia!

Mas usarei minha magia — mais ou menos.

A tempestade de neve ainda paira sobre nós, e chamo lençol após lençol de gelo para envolver a lâmina de meu chakram.

Sinto muito mesmo, Theron.

Meu chakram dispara para Theron no momento em que ele salta até mim, e os dois colidem. O gelo que cobre a lâmina do chakram se transforma em um nó denso que golpeia a cabeça dele. Theron cai no chão ao lado da arma, inconsciente, aos meus pés.

A magia de Theron se dissipa assim que ele apaga, e cambaleio na direção dele, com a mão imediatamente disparando para seu pescoço. Suspiro aliviada: há pulsação. Fraca, mas constante.

Levo a mão ao bolso dele. Pedaços frios de metal tocam minha palma, e os puxo para fora, encarando as duas chaves que passei semanas procurando há não muito tempo. Aguardo, esperando que o alívio percorra meu corpo, mas só sinto o empurrão gentil do dever.

Para o labirinto agora. Isso ainda não acabou.

Então percebo que estou tocando as chaves, mas não tenho visões. Nada a respeito do que preciso fazer para acessar a magia; nada para me preparar, como aconteceu da primeira vez que toquei aquelas chaves. Eu as verifico, mas são definitivamente aquelas que encontrei semanas antes.

Isso quer dizer... que eu devo estar pronta.

Libero o gelo do chakram e o coloco no coldre. Theron nem sequer geme quando disparo para as portas, e cada passo que dou para longe dele se iguala a quantas vezes prometi silenciosamente que o salvaria.

O pátio está um caos.

Cordellianos aos gritos se aglomeram em grupos, passando informações sobre onde os agressores invernianos foram vistos pela última vez. Alguns dizem oeste, outros, leste — mas graças a minha magia, sei que se espalharam. Um disparou por cima dos telhados ao norte do palácio, outro para leste e um para oeste, cada um deles atirando qualquer que fosse o projétil à mão para atrair os soldados para o ataque.

Então, quando saio pelos degraus da frente, os soldados já coléricos se voltam contra mim.

— A rainha!

— Atrás dela!

A neve cobre a cidade, espessa e cinza, inchada de condensação. Ergo as mãos, reunindo cada floco em um puxão furioso.

Estilhaços de gelo são levados por ventanias de tirar o fôlego; lufadas brancas cegam a todos no pátio. Os cordellianos uivam diante do ataque da nevasca, com as armaduras tilintando e os pés batendo forte.

Para Mather, Sir e Greer, disparo um desejo poderoso para que me encontrem no norte do palácio, então também corro até lá. Minha magia me atira à rua a poucos passos de soldados cordellianos se debatendo, punhos socando desesperadamente na tempestade. Outras formas ficam visíveis em meio ao ataque de fúria gélida — Mather e Sir, agachados contra um prédio do outro lado da rua.

Disparo a magia para eles, impulsionando-os com uma certeza silenciosa para que corram até mim. Mather avança aos tropeços, às cegas, e percebo quando minha magia não mais precisa guiá-lo — ele me distingue na nevasca e mergulha para a frente, me puxando para um abraço esmagador tão terrivelmente diferente do de Theron que gemo.

Sir nos alcança, mas não tenho tempo para palavras — pego a mão dele.

— Onde está Greer? — grito, por cima da ventania.

Sir sacode a cabeça.

— Ele vai cuidar das coisas por nós.

Não tenho tempo de discutir. Enterro o rosto em Mather, cravo os dedos em Sir, e nos lanço em espiral para a entrada do abismo, deixando Theron e minha cidade em meio ao nada da nevasca.

Meira

Tochas iluminam uma sala que se parece exatamente com o que eu me lembrava — o piso com padrão de diamantes; a condensação úmida de magia no ar; a porta com os entalhes elaborados alguns passos atrás de onde nos posicionei, bem em frente à sala ao lado da barreira invisível, nosso primeiro obstáculo para alcançar o abismo.

Da última vez em que estive aqui, o mundo era um lugar completamente diferente. Theron estava comigo, era meu aliado e não inimigo; fiquei parada diante daquela porta com espanto e apreensão, não determinada e decidida.

A maior diferença agora, no entanto, são os soldados que nos esperam ao longo da parede da frente.

Puxo o chakram e deixo sair voando.

Minha lâmina está coberta de sangue antes que Mather e Sir sequer tenham se situado na sala. Mais uma onda de magia livra os corpos deles dos efeitos da viagem. Os dois se viram, se juntam à luta, e em segundos os cordellianos estão mortos, rios densos de sangue escarlate preenchem os entalhes do assoalho.

Embainho a arma e marcho até a porta imponente, com as mãos fechadas, os olhos determinados.

Dedos seguram meu braço.

— Meira, espere...

— Não — disparo, incapaz de olhar para Mather. — Se eu parar para pensar, desabo. Por favor, Mather.

Não consigo pensar nos desejos de Theron ou em Ceridwen e Caspar travando minha guerra ou em Conall e Nikoletta no acampamento, ou em Rares e Oana — pela neve, o que devem estar fazendo? Será que foram bem-sucedidos em reunir apoio? Será que algo aconteceu com eles?

Mather para, a mão dele se afrouxa.

— Tudo bem. Como entramos?

Esfrego os olhos e me volto para a porta.

— Juntos.

Sir se coloca do meu outro lado, e o silêncio dele, que geralmente me lançaria em uma espiral de frustração, me deixa infinitamente agradecida agora.

Nós três formamos uma fila, encarando a porta.

— Lembrem-se — sussurro —, precisamos estar unidos em nosso desejo de chegar ao abismo.

Mather aperta minha mão, entrelaçando nossos dedos.

— Estamos com você.

Sir também pega minha mão.

— Até o fim — diz ele. Isso é tudo. Nada de *minha rainha*, apenas apoio.

Eu sei, então, que tomei a decisão certa. Não há mais ninguém que eu preferiria que estivesse comigo.

Começamos a andar, dando passos lentos e deliberados pela sala. Cada passo nos aproxima da barreira, e prendo o fôlego, meu corpo se lembrando da terrível sensação da barreira destroçando meus nervos.

Tento não encolher o corpo conforme atravessamos o meio da sala, a barreira invisível. Mas continuamos andando, sem obstáculos ou dor, e assim que passamos, cada partícula de ar parece um fôlego coletivo. A densidade da magia assume uma nova aura — se antes parecera presente, mas quieta, com a umidade sufocando o ar com poder, agora ela faísca contra minha pele, pequenos rompantes de um estado de alerta que me inundam com um inegável senso de propósito.

O labirinto nos quer aqui — a *magia* nos quer aqui.

Talvez durante todo o tempo em que Primoria queria redescobrir o abismo de magia, o próprio abismo queria ser redescoberto.

Paramos logo diante da porta. Mather estremece ao meu lado.

— Isto é... incrível.

Sir repete o espanto dele soltando o ar ruidosamente.

— E agora?

Sempre o pragmático. Solto as mãos deles e deslizo para frente com mais um passo cauteloso. A porta está a poucos passos de distância, mas não há maçaneta que eu consiga ver, apenas aqueles buracos para as chaves nos entalhes de vinhas, livros e máscaras perto do símbolo da Ordem dos Ilustres no centro.

Tiro as chaves da corrente em torno do meu pescoço e entrego uma a Sir e uma a Mather. Eles se aproximam das fechaduras de cada lado daquela que escolhi e erguem as chaves.

Importa qual chave entra em qual fechadura? Acho que descobriremos.

— No três — digo, e conto. Mergulhamos as chaves nas fechaduras, giramos e... esperamos. Todas se encaixam, mas nada acontece.

Recuo um passo da parede.

— Talvez precisemos...

Mas minha voz é arrancada da garganta por um ataque súbito de escuridão.

Mather e Sir gritam. Meu corpo registra a leveza da queda conforme a luz das tochas some acima de mim. A queda faz com que meu pânico precise correr para me alcançar quando me choco contra a parede de um túnel que se inclina infinitamente para baixo, me guiando para dentro da terra.

Mather e Sir não estão nesse túnel comigo — não que eu consiga ver, pelo menos. Quando recupero o fôlego, o túnel me joga em um piso de pedra lisa, a escuridão dá espaço a uma luz intensa e clara que é de alguma forma... antiga.

Não tenho certeza se há um lugar de meu corpo que não esteja ferido. Um gemido gorgoleja da minha garganta quando me viro sobre os cotovelos, com a cabeça ainda girando.

Mas essa desorientação recua com um rompante de clareza quando me viro e descubro que o piso de pedra simplesmente *termina*.

Recuo às pressas, com o coração galopando de novo.

Estou na beirada de uma queda, a pelo menos sete andares de altura, sobre uma longa sala retangular. O túnel que me jogou aqui oferece a única saída, mas uma olhada para a pedra lisa das paredes me informa que escalar não é uma opção.

Fico de pé, levo uma das mãos a um machucado especialmente ruim na têmpora. O pânico residual da queda deixa um gosto metálico em minha língua. Deve ser o primeiro teste de nosso valor. O que dizia a pista da Ordem?

Três pessoas o labirinto clama
As que nele entrem com intuito sincero
Para enfrentar um teste de liderança,
Um labirinto de humildade,
E purificação do coração.
Que será concluído apenas pelos verdadeiros.

Este será o teste de liderança.

Abaixo o braço. Rares mencionou que não foi dito à Ordem quais seriam as verdadeiras tarefas, além dessa mensagem, e eu também não me perguntei o que seriam. Em parte porque não tinha ideia de por onde ao menos começar a me perguntar, e em parte porque um pedaço de mim não acreditava de fato que eu chegaria até aqui.

Mas *estou* aqui. No labirinto. Um lugar que ninguém mais alcançou em séculos.

Respiro fundo. Cheguei até aqui. Posso passar por esses testes também.

Poços de fogueiras crepitantes cobrem a sala. Um altar circular espera diretamente abaixo de mim, longe demais para saltar sem que isso me garanta diversos ossos quebrados. Além dele, uma parede se ergue pela metade, dividindo a sala inteira ao meio.

Fico de joelhos e me curvo sobre a beirada, tentando ver melhor. Como o chão da câmara da entrada, esse piso parece ser entalhado, embora não com diamantes e sim plataformas. Formas desencontradas se espalham de uma parede a outra em cada lado da divisória, e os limites têm entalhes mais profundos do que o normal, o que causa a ilusão de que cada plataforma é independente das demais.

Isso já teria sido estranho o bastante, mas quando me inclino para enxergar melhor, meus dedos tocam algo frio na beirada. Recuo sobressaltada, minha mão formiga de um jeito que conheço bem demais — é magia de condutor.

Uma pequena forma oval prateada está embutida na rocha, coberta com a poeira fina e marrom da idade. Uso a bainha da manga para limpar a poeira — e sou obrigada a rir.

É um espelho. A princípio, parece um espelho qualquer, mas quando inclino a cabeça para o lado, a luz o alcança e revela uma imagem luminosa — o selo da Ordem dos Ilustres. Exatamente como aquele que encontrei na biblioteca de Yakim. Esse, no entanto, está firmemente plantado na pedra; não é um dispositivo para ser manuseado como aquele em Yakim. Franzo a testa para o selo, então toco a superfície reflexiva com o dedo.

Imediatamente, as plataformas abaixo de mim começam a brilhar em tons suaves — verde, branco, marrom, vermelho, castanho, prateado, dourado e roxo.

Pela neve — são as cores dos *condutores*. Branco para Inverno, marrom para Outono, vermelho para Verão, prateado para Ventralli, dourado para Yakim e roxo para Cordell. O verde e o castanho devem ser para Primavera e Paisly.

De novo, minha mão começa a formigar, e sei que essa chapa espelhada foi embebida em magia, assim como as chaves. Quando as toquei, elas me mostraram visões do que eu precisava fazer para alcançar o abismo. Talvez a chapa me mostre o que preciso fazer a seguir? Faz sentido — se a Ordem criou este labirinto para manter de fora as almas indignas, mesmo assim gostariam que uma alma digna passasse por ele algum dia, para livrar o mundo da magia segundo o objetivo original. Mas como se certificar de que uma alma digna passaria nos testes quando chegasse o momento?

Desço as barreiras que tenho na mente e me abro para qualquer ajuda que o lugar possa oferecer.

Uma única cena flui em minha mente — nas plataformas abaixo de mim, as cores brilham mais forte, em pares. Uma plataforma verde do lado esquerdo; uma verde do lado direito. E assim por diante, começando na outra ponta da sala e terminando abaixo de mim, no altar logo abaixo da beirada em que estou.

Recuo, confusa. Não tenho muito tempo para pensar nisso — gritos me fazem ficar de pé para que possa olhar para baixo, para a extensão da sala. Em cada uma das pontas, pequenos buracos pretos soltam duas figuras em altares circulares exatamente como aquele abaixo de mim. Mather e Sir saem aos tropeços, um de cada lado da divisória, separados de mim pela longa extensão de plataformas iluminadas.

— Vocês estão bem? — grito, a pergunta ecoando pelas paredes imponentes.

Minha voz faz Mather erguer a cabeça.

— Estamos. — Ele se coloca de pé com um salto e segue aos tropeços até a beirada do altar. — E você?

Sir também se levanta, percorrendo a sala com os olhos. Quando me olha, estica o corpo como se esperasse que uma luta acontecesse a qualquer momento.

— Estou bem — grito, ignorando cada ferimento que diz o contrário. — O labirinto está nos testando.

Olho pela sala de novo. Mather está do lado esquerdo da divisória; Sir está do direito. A visão das plataformas gêmeas criou um caminho irregular deles até mim.

A percepção surge como um fogo selvagem.

— Acho que vocês precisam vir até mim. — Aponto para o altar que está onde a parede divisória termina, abaixo de mim.

Sir verifica as plataformas.

— Isso parece elaborado para uma tarefa tão simples.

Mas Mather gesticula com os ombros.

— Não vou simplesmente ficar parado aqui.

E ele dá um passo para fora do altar, até uma plataforma que brilha prateada. A plataforma desce sob o peso de Mather. Ele cambaleia, os braços se agitam, e quando o chão afunda sob seus pés, as fendas em torno da plataforma liberam algo que me faz gritar em aviso. Não que Mather precise disso — assim que as chamas irrompem em torno da plataforma, disparando até a altura da cintura dele, Mather xinga e recua aos tropeços até o altar, chegando antes do fogo que pegou em sua calça.

A plataforma volta ao normal e as chamas se extinguem como se jamais tivessem existido.

Cambaleio para frente, rochas se soltam sob minhas botas e se quebram no chão abaixo. Reconheço isso também. De onde encontrei a chave em Verão — o poço que se abriu, o círculo de fogo no fundo. Isto é muito mais grave, no entanto, e cair nesses poços parece um jeito rápido de ser incinerado.

Sir caminha de um lado para outro na plataforma dele, desviando a atenção de mim para a parede que separa ele e Mather.

— O quê? O que aconteceu?

— Fogo — grita Mather de volta. — Parece que precisamos atravessar a sala *sem* pisar nas plataformas.

Sir cruza os braços, analisando o restante do espaço em torno dele.

— Poderíamos...

— Esperem! — grito. — Vocês precisam pisar nas mesmas plataformas de cada lado. Guiarei os dois.

Mather me olha, com as mãos ainda estendidas como se esperasse que o chão inteiro cedesse. Sir parece igualmente pensativo, mas avança para a beira do altar dele. Os dois esperam.

Meu coração dá um salto. Esse é o teste — liderança. Testando minha habilidade de liderar, e a habilidade deles de seguirem.

Meses atrás — pela neve, até mesmo *semanas* atrás — eu teria me encolhido ao pensar em ser aquela dando ordens e esperando que fossem seguidas. Teria me atormentado com pensamentos de que Sir seria melhor do que eu nessa situação, ou Mather, e que deveria ter sido aquela a obedecer, um soldado destinado a executar missões anonimamente.

Mas não posso me dar o luxo de duvidar. Sim, abriguei o medo o tempo todo, mas ser uma líder competente e digna não significa ser *apenas* competente e digna — significa ser isso apesar das emoções que possam surgir.

Inspiro, meu coração se agita até que a concentração afaste todo o resto.

— Mather... para a plataforma verde. Sir, verde, à direita. Mather, vermelho, logo adiante. Sir, passe por cima da plataforma marrom e caia na outra vermelha...

Minhas mãos se estendem para apontar as plataformas que correspondem às que vi na visão; minhas ordens são claras e determinadas. Cada músculo formiga com adrenalina, cada nervo faísca em alerta enquanto vou catalogando as plataformas em volta deles e calculo quais precisam alcançar.

Mather e Sir pulam de uma plataforma para outra, vacilando conforme cada uma se encaixa. Eles não hesitam ao me ouvir, não questionam como sei o que precisam fazer, como se obedecer a ordens minhas seja um estado natural para os dois.

Mal reconheço a mulher de pé na beirada acima da sala, gritando ordens com toda a confiança de uma rainha. Uma vez, Mather desce na plataforma um segundo antes de Sir e a coisa toda mergulha para baixo, o fogo sobe em um rompante em torno dele como uma espiral laranja e amarela de calor. Mas grito para Sir pular, *agora*, e ele obedece a tempo, de forma que as plataformas dos dois se nivelem com segurança.

O destino de todos que amo depende de eu conseguir fazer Mather e Sir atravessarem aquilo.

E sei, acima de tudo, que não fracassarei.

Por fim, os dois saltam ao mesmo tempo no altar circular abaixo de mim. Fico de joelhos, sorrindo para eles quando Mather e Sir compartilham um olhar de alívio.

Quase digo algo aos dois, mas o labirinto não nos permite esse luxo dessa vez.

A beirada em que estou se inclina, junto com o altar.

— De novo não — resmunga Mather quando nós três mergulhamos para outro túnel, dessa vez juntos, um emaranhado de braços e pernas e armas embainhadas e gritos que se abafam na escuridão empoeirada do labirinto.

Mather

O ÚLTIMO TÚNEL cuspiu os três em uma pequena área quadrada ladeada por paredes lisas. Tochas tremeluziam em três das paredes, projetando luz o suficiente para que Mather voltasse os olhos para Meira, verificando qualquer ferimento que ela pudesse esconder.

Mas Meira foi a primeira a ficar de pé, com as mãos batendo distraidamente na calça para retirar a camada de poeira que se prendeu a cada espaço livre em todos eles.

— Isso foi fácil demais — sussurrou Meira.

Mather verificou que nenhuma das armas tinha se soltado durante a queda, então passou para o lado de Meira.

— O que você esperava?

Meira gesticulou com os ombros e finalmente olhou para ele, fixando o olhar em Mather. Olhando para ele de verdade, como tinha feito em Outono.

Mather se sentiu fraco.

Meira interrompeu o olhar ao inclinar a cabeça.

— O teste seguinte será de humildade — disse ela, direcionando a afirmativa para William também, que tinha ido mais para o interior da sala com passos excessivamente cautelosos. Duas quedas inesperadas em túneis misteriosos tinham deixado todos um pouco desconfiados do chão.

— Como sabia como completar aquele teste? — perguntou William a Meira enquanto analisava a sala.

Meira também começou a olhar em volta, embora seu olhar estivesse concentrado no chão. Um momento se passou, e Meira parou, de pé bem no centro da sala.

Ela se agachou e limpou poeira. As tochas iluminaram o que quer que Meira tenha revelado — um espelho? E daquele ângulo, Mather conseguia ver que o símbolo que tinha decorado o complexo de Rares e Oana estava entalhado na superfície reflexiva. O raio de luz que atingia o topo da montanha.

Meira pressionou a mão contra o espelho e permaneceu ali, com o corpo rígido. O estômago de Mather ficou ainda mais revirado de ansiedade. Quando ela ergueu o rosto, lançou um olhar fixo para William.

— A Ordem criou o labirinto para manter longe qualquer um que abusasse da magia — disse ela. — Mas no fim queriam que alguém digno o alcançasse para destruir toda a magia... então deixaram essas chapas, assim como deixaram as chaves que encontrei. — Ela gesticulou quando viu que tanto Mather quanto William franziam a testa. — Nunca contei isso a vocês, mas não importa. Isso são condutores suficientemente embebidos com magia para oferecer visões sempre que um possuidor de condutor com a intenção de alcançar o abismo tocar neles. O último espelho me mostrou o caminho que precisavam tomar para atravessar a sala.

— O que este mostrou a você? — perguntou William. Ele aceitou a explicação de Meira com muita facilidade. Não que Mather esperasse que William debatesse com ela, mas precisou trincar o maxilar para evitar fazer um monte de comentários inúteis, como: *Essas pessoas colocaram muita fé em que um possuidor de condutor chegaria ao labirinto* e *Estão ajudando você a morrer mais rápido. Odeio eles.*

Meira ficou de pé, franzindo a testa para as paredes da sala. Mather acompanhou o olhar dela...

E quase deu um salto de volta ao túnel.

Esse lugar fazia coisas terríveis com os instintos de soldado dele... cada músculo de Mather estava pronto para o ataque, cada pensamento dele dizia para sacar as armas. Mas até então não tinham visto inimigos físicos, apenas a sensação dormente de uma emboscada que se aproximava a cada respiração.

Se era assim que morreriam, atraídos para algum final fantástico sem inimigos exceto por túneis místicos e plataformas reluzentes, Mather ficaria louco muito antes de morrer.

Aquilo para que Meira franzia a testa, o que Mather *jurava* que não estava ali momentos antes, eram portas. Três delas nas paredes ao lado de cada tocha.

Meira se aproximou da porta à esquerda, as mãos dela recaíram distraidamente sobre as faixas do coldre do chakram.

— Há três portas — disse ela. — E três de nós.

Mather se assustou.

— Precisamos nos separar?

A recusa devia estar clara na voz dele, porque os ombros de Meira se curvaram um pouco. Mather conteve mais uma réplica. Aquilo era difícil o bastante para Meira sem que ele questionasse cada pensamento dela, mas o que esperava dele? Que Mather silenciosamente concordasse com cada ideia que a aproximava da morte?

Havia três tarefas, no entanto, e aquela era apenas a segunda. Eles passariam por aquela e ainda teriam mais uma antes que Mather precisasse pensar em uma forma de salvar Meira.

E talvez aquele maldito labirinto desse a resposta.

— Tudo bem — cedeu ele. — Fico com a do meio.

Mather seguiu na direção dela, mas Meira o interceptou. O corpo dela tocou o de Mather, a boca de Meira foi até a dele em um beijo imóvel, congelado, como se quisesse simplesmente absorver a sensação.

— Este é um labirinto de humildade — disse ela. — Estamos por conta própria nele. Foi tudo o que esta chapa me mostrou, um labirinto, cada um de nós sozinho.

Mather riu.

— Por que tenho a sensação de que está preocupada comigo?

— Bem, você não é o homem mais humilde que conheço.

— Minha senhora, estou magoado por ter tão pouca fé em mim.

Quando Meira o soltou, tinha estampado no rosto o mesmo olhar que dera a Mather no último teste, confiança e seriedade e atenção destemida.

Ela olhou para William, que permanecia à porta à direita, observando os dois com uma expressão que mais uma vez impulsionou a necessidade de Mather de defender seu relacionamento com Meira. Mas William apenas abaixou a cabeça em uma reverência respeitosa.

— Nos vemos do outro lado — disse ele a Meira. — Onde quer que seja.

Meira e William ergueram a tocha ao lado das respectivas portas e as levaram consigo, entrando na escuridão que se dissipava graças à poça constante de luz das chamas das tochas. Mather inspirou e esperou, imóvel, até que as luzes de Meira e de William fossem engolidas pela escuridão adiante. Quando nenhum dos dois gritou por ajuda, Mather endireitou os ombros e se aproximou da porta no centro, a luz tremeluzindo quando ele ergueu a tocha. Ferro compunha a base de um compartimento de combustível, mais provavelmente óleo, e Mather estremeceu ao se perguntar como aquilo ainda estava ali depois de tantos milhares de anos.

A chama fazia o calor escorrer pelos dedos de Mather, e ele passou pela porta, avançando devagar, aos poucos. Paredes se erguiam em torno dele, terminando antes do teto, mas ainda assim altas demais para que Mather escalasse. Uma camada espessa de escombros e poeira cobria o chão.

Mather dera apenas dois passos para dentro quando uma lufada de ar o atingiu pelas costas. Ele pegou uma faca e se virou, agachando-se, percorrendo com o olhar a parede atrás de si.

A *parede* atrás de si? A porta, a abertura que levava de volta à sala em que tinham sido jogados, sumira.

Mather empurrou com o ombro a parede recém-surgida, sabendo, mesmo ao fazê-lo, que ela não cederia. Aquele teste tinha realmente a intenção de separar os três.

A chama brilhou mais forte por um segundo quando Mather — a respiração presa na garganta — virou de costas para ver o corredor. Nenhum lugar para ir agora, além de seguir em frente.

Os passos dele se tornavam menos cautelosos à medida que avançava, adentrando mais no labirinto. Curvas se abriam vez ou outra, corredores se ramificavam à esquerda ou à direita, bifurcações dividiam o caminho em dois, corredores sem saída surgiam em cantos cegos.

Mather bateu em outra parede sem saída, a quinta até então. Agora sabia por que Meira temera por ele — jamais fora bom nessas coisas, tarefas que requeriam paciência, análise e uma mente aguçada e inteligente. Meira não teria problemas com aquilo. William também não. Os dois deviam estar esperando por Mather naquele momento, onde quer que o teste os tenha largado, conspirando sobre qual seria a melhor forma de entrar no labirinto para salvá-lo.

Ótimo — Mather fizera aquela jornada para salvar Meira e seria ela quem precisaria salvar *a ele*.

Mather se virou, marchando de volta para o último lugar no qual tinha virado errado. Não — ele atravessaria aquele maldito labirinto. Descobriria os segredos dele e pensaria em alguma forma de tornar aquilo tudo nada mais do que uma história de aventura que contariam aos filhos um dia.

Mather abriu uma faca para entalhar um X do lado esquerdo da parede na qual tinha virado à esquerda. Agora, se passasse por ela de novo, saberia que estava andando em círculos e que deveria virar à direita.

Depois de mais alguns passos, Mather entalhou outro X.

Uma ramificação de quatro corredores. Dessa vez à direita. X.

Mather moveu a bolsa que estava presa ao peito dele, o conteúdo dela roçando contra as costas. Suor escorria pela coluna e descia em gotas oleosas pelo rosto de Mather, mas ele afastou o cabelo cheio de poeira usando o pulso e entalhou um X ao virar à direita de novo.

Outro corredor ramificado. Mather fez menção de entalhar uma marca ao virar à esquerda...

Mas então resmungou para a pedra quando um X já o encarava de volta. Ele *estava* andando em círculos.

Mather disparou para trás, mergulhou para o corredor à direita e parou apenas para entalhar um X trêmulo nesse. Direita, direita, esquerda, reto...

Até que deu com um corredor com letras X entalhadas em todas as curvas.

— Droga! — xingou Mather.

Ele disparou correndo, reto, à esquerda, reto, tomando o caminho mais diretamente adiante que conseguiu. Bastava de círculos, bastava de curvas se pudesse evitar...

De novo de volta ao corredor com um X em cada curva.

Se o labirinto queria jogar daquela forma...

Mather jogou a tocha no chão, a chama subiu quando bateu na pedra, mas continuou acesa. Mather não pensou na chama se extinguindo; não pensou muito em nada além da frustração daqueles corredores, da escuridão que se estendia sempre adiante, as paredes se fechando ao redor em disposições que pareciam quase debochadas. Será que as paredes podiam debochar dele? *Aquelas* paredes podiam, e quando Mather atacou a mais próxima, jurou ter ouvido a parede gargalhar.

A adaga de Mather raspou furiosamente a pedra, entalhando um tosco apoio para o pé. E outro, um pouco mais alto; e mais um, e outro, até que Mather precisou se levantar sobre os primeiros apoios para entalhar mais. Devagar, foi entalhando até subir, lascando a rocha e lançando uma chuva de projéteis.

Mather enterrou a adaga na parede a cerca de um braço do topo. Mais um apoio para o pé e ele conseguiria ficar no topo e ver aquele labirinto — pelo menos até onde a luz mostraria.

Mas enquanto Mather se esforçava para arrancar mais um pedaço de rocha, a parede... *tremeu.*

Mather enrijeceu, as pernas dele se agarraram aos apoios de pé improvisados, as duas mãos envolveram a adaga cravada na parede. Um segundo tremor percorreu a pedra até o alto, esse mais deliberado e sem nenhum aviso, e cada apoio de pé que Mather tinha entalhado sumiu.

Ele se agitava contra a parede agora lisa, apenas a faca restando como apoio. Mas mesmo isso deixou Mather na mão quando a parede pareceu ejetar a arma como uma flecha saindo do arco. Mather caiu, chocando-se contra a pedra conforme deslizou por pelo menos duas vezes a própria altura antes de desabar com um estampido...

Sobre a tocha.

A luz se apagou sob Mather, envolvendo o labirinto em escuridão.

Ele achou que entendia a escuridão. O tempo que passara nas planícies Rania dera novo significado à palavra, quando noites sem luar caíam e as fogueiras deles se extinguiam. Nuvens de tempestade avançavam às vezes, projetando tons de cinza à escuridão, e Mather se lembrou de ficar de pé na fronteira do acampamento, petrificado, mas se forçando a suportar a sensação crepitante de estar cego, porém cercado. Inimigos podiam estar bem diante dos olhos dele, mas Mather, perdido, desorientado, era incapaz de vê-los, não importava o quanto se esforçasse.

Era o que ele mais temia: ser incapaz de perceber o perigo mesmo que estivesse bem diante dos olhos dele.

Como com Meira.

Mather se levantou com um salto, lâminas novas nas duas mãos, os ouvidos se esforçando para compensar a falta de visão. Pensar em Meira impulsionava a vontade dele, levando-o a um frenesi.

Sim, como com Meira. Da forma que, mesmo deitado ao lado dela à noite, mesmo beijando-a e tocando-a e tendo Meira *bem ao seu lado*, Mather não conseguisse ver que tipo de perigo a possuía. Não podia protegê-la.

Não podia protegê-la.

Mather atacou o nada.

— Droga! — gritou ele, ao se chocar contra uma parede, a pedra rasgando seu ombro. — DROGA!

Mather se virou, esfaqueando o ar, o suor escorria por seu corpo em ondas.

Se não saísse dali, não poderia proteger Meira. Ela seguiria com William para o teste seguinte, e, depois disso, William deixaria que Meira morresse. Ela caminharia para qualquer que fosse o fim que tinha planejado, um que Mather não podia ver, um inimigo agachado na escuridão, sorrateiro, esperando com mãos ansiosas e impiedosas para destruir a melhor parte da vida dele.

— Não! — Uma das lâminas de Mather atingiu a parede e saiu da mão dele, tilintando na escuridão. Os músculos doíam, a garganta queimava com sede, e ele se curvou contra a parede, com a testa contra a pedra empoeirada.

Não. Ela não morreria. *Não morreria.* Mather a salvaria. Ele sairia dali — droga, *ele sairia dali...*

Mather caiu no chão, os joelhos contra a pedra. Jamais tinha se sentido tão impotente, nem mesmo quando Herod tinha capturado Meira. Algo a respeito daquele lugar, daquela escuridão, a ameaça iminente de perdê-la, fazia com que cada medo e dúvida e ódio se reunissem no coração dele. Cada osso do corpo de Mather doía, e ele desabou para a frente, querendo se descontrolar, querendo se dissolver.

— *Você não é o homem mais humilde que conheço* — disse uma voz.

Mather exalou, a poeira foi soprada como uma nuvem que cobriu o rosto dele.

— *Este é um teste de humildade. Você não é o homem mais humilde que conheço.*

— Meira! — Mather se colocou de pé, cambaleando para a frente. — Meir...

Ele parou. Não era ela. Meira dissera aquilo para ele antes de partirem.

Mather tomou fôlego para se acalmar. Será que estava alucinando?

Um teste de humildade. Os testes tinham sido projetados para se certificar de que apenas aqueles que eram dignos chegassem ao abismo de magia. E humildade significava ser capaz de reconhecer a própria falta de valor e admitir coisas como... derrota.

A reação instintiva de Mather a isso foi um estrondoso *Nunca*. Admitir que não pudesse fazer algo ia contra tudo que Mather jamais fora, principalmente quando esse algo envolvia Meira. Não... ele pensaria em uma forma. Sairia dali. *Ele a salvaria.*

Mather se ajoelhou de novo, com as mãos espalmadas e vazias sobre as coxas.

Humildade.

— Não consigo... — Ele começou a falar, a determinação envolvendo as palavras. Mas ele *conseguiria*. Se tentasse com mais afinco; se conseguisse escalar as malditas paredes; se, se, se...

Se admitisse que não pudesse fazer aquilo, que outras palavras sairiam em uma torrente da boca de Mather?

Não consigo salvá-la.

Sei que não consigo salvá-la.

Ela morrerá, e ficarei ali de pé, incapaz de fazer qualquer coisa a não ser vê-la partir.

Mather se curvou, levando a testa aos joelhos.

Aquele teste estava invadindo a mente dele. Ele precisava *sair*. Mas ao sair... ainda assim Meira iria morrer.

— Não posso fazer isso — disparou Mather, e a fúria fervilhava em seu estômago.

Nada aconteceu. Mather se levantou, olhando com raiva para a escuridão. A magia presente ali conhecia o que havia em seu coração. Mather precisava ser honesto, *humilde*.

Tudo bem.

Ele podia não ser capaz de salvar Meira. Mas não permitiria que ela fizesse aquilo sozinha.

Mather engoliu em seco, desejando que os lábios se movessem e liberassem palavras com intenção, com submissão.

— Não consigo — disse ele, com os músculos tensos — fazer isso.

O chão tremeu de novo, uma lufada de ar soprou frio em um rompante muito necessário de alívio. A tensão de Mather arrefeceu assim que ele viu um buraco se abrir na parede.

Luz branca vazou para o labirinto, inundando a total escuridão dos corredores. Mather se levantou com um salto e mergulhou para a luz.

— Meira! — gritou ele. — William...

Os nomes ecoaram de volta para Mather alto demais, um eco de barulho que ricocheteava de paredes muito mais lisas do que a pedra entalhada do labirinto até então. Os olhos de Mather se ajustaram à luz, a dor na cabeça dele era lancinante quando Mather observou a sala. Um piso de azulejos de quadrados pretos e brancos se estendia em um retângulo perfeito, pilastras brancas guardando cada lado. O teto... não havia teto. Apenas aquelas pilastras se estendendo infinitamente, terminando em uma nuvem de luz marfim brilhante.

Os instintos de Mather despertaram novamente conforme ele procurava mais armas. Uma adaga e uma das espadas que usava às costas. Mather se virou, as armas em punho, o corpo ansiando por uma luta enquanto a mente tentava falar racionalmente contra a euforia de ter um inimigo que pudesse *ver*.

Porque... bem, esse inimigo ele podia ver.

E poder vê-lo era um conflito com todas as explicações lógicas em que Mather conseguia pensar.

Três figuras estavam na sala. Uma era Meira, um pouco mais coberta de poeira do que estivera, mas sem ferimentos; outra era William, com as mãos livres de armas e o rosto completamente lívido como uma expressão tão assustadora quanto a morte que Mather não compreendia.

Até que ele reconheceu a última pessoa na sala com os dois.

Quando eram crianças, William encontrara diversos livros sobre o reino de Inverno, e em um, um retrato da rainha Hannah a estampava como uma mulher de estatura pequena e bela, com cabelo branco e longo e uma expressão serena. Mather olhava para aquela foto sempre que podia, desesperado por sentir alguma conexão com a mulher que, na época, ele achava ser sua mãe.

Agora aquela pintura tomava vida diante de Mather, e ele se viu encarando a rainha Hannah Dynam.

— Vocês alcançaram o fim do labirinto — disse Hannah, sorrindo. — Chegaram bem longe.

33

Ceridwen

Quanto mais Ceridwen se aproximava da rainha ventralliana, mais silencioso tudo ficava. Como se todos os outros sentidos dela exigissem mais sua atenção, abafando a habilidade de Ceridwen de ouvir qualquer coisa que não as batidas do coração igualando-se à cadência dos pés na terra. Os cabos das facas de Ceridwen se enterraram nas palmas das mãos dela. O ar gelado e amargo de Outono encontrou o ar frígido de Inverno, tecendo um cobertor de frio que queimava os pulmões de Ceridwen.

Aquilo era guerra. Os exércitos outonianos, veranianos e yakimianos se estendendo, o impacto dos passos deles vibrando pelas pernas de Ceridwen. Mas nada penetrava a nuvem de concentração dela, os arrepios que subiam pelos braços de Ceridwen eram a única coisa que lhe dizia que o exército dela dera um grito de guerra. Verdadeiros gritos de guerra não precisavam ser ouvidos — eram sentidos.

Era esperança demais torcer para que Raelyn avançasse com os soldados dela — em vez disso, a rainha ficou para trás, na retaguarda. Obrigaria Ceridwen a lutar até chegar a ela, e quando se encontrassem, Ceridwen estaria cansada e ensanguentada enquanto Raelyn permaneceria pronta e inteira. E se fosse uma luta normal, Raelyn precisaria de tal vantagem. Mas Ceridwen vira o poder que Raelyn empunhava agora, como tinha partido o pescoço de Simon com um movimento do punho.

Ceridwen era quem precisaria de qualquer vantagem possível.

O ombro de Lekan se chocou contra o de Ceridwen momentos antes de eles colidirem com o exército ventralliano. Um sinal silencioso que os dois tinham compartilhado dezenas de vezes — a mão dele deslizando pelo braço de Ceridwen antes de um ataque, o punho dela contra as costas dele antes de um resgate.

Estou aqui. Estou com você.

Ceridwen jamais se sentiu tão grata por ter Lekan ao seu lado.

Começaram o procedimento habitual, como se aquilo não fosse uma batalha na guerra, mas uma das muitas missões para libertar escravos veranianos. O ombro esquerdo de Ceridwen se inclinou para a direita de Lekan, girando para criar uma barreira mortal com ele atacando por um lado e ela pelo outro. Quando Lekan abaixava, Ceridwen sabia que deveria abaixar também; quando ela desviava de um inimigo para derrubar outro, o soldado se chocava contra as lâminas de Lekan. Contra uma dúzia ou mais de traficantes de escravos, tais manobras lhes garantiam vitória rápida, mas nunca tinham sido forçados a usá-las em uma batalha, onde cada soldado que derrubavam era substituído por mais dois.

E nunca tinham usado essa técnica em soldados possuídos por uma magia mortal — nem de perto tão forte quando o controle de Raelyn sobre ela, mas cada inimigo que encontravam se movia mais rápido do que deveriam, armas perfuravam o ar com golpes rápidos que Ceridwen mal conseguia ver. Apenas os instintos de combate dela a mantinham viva — Ceridwen não tinha tempo de planejar ataque algum.

Esses soldados estão usando a Ruína de Angra.

Mas apenas o próprio Angra podia espalhar a Ruína. Ele era a fonte, como Meira tinha dito. Até que ele aparecesse ali, ninguém lutando contra Angra podia temer se tornar como os soldados que tinha encontrado, atacando como se pessoalmente odiassem cada inimigo com que se deparavam.

Uma pausa, uma interrupção na onda de soldados ventrallianos, e Ceridwen engasgou com o ar gélido. Estavam em Inverno agora, neve batida e marrom sob o caos, e o ar frígido se agarrava à pele de Ceridwen, deixando-a enjoada pelo desconforto. Mas aqueles eram preços que pagaria voluntariamente — pois quando fez uma varredura da área, viu Raelyn a apenas quatro soldados de distância.

Ceridwen encarou Lekan. Ele assentiu e mergulhou até os homens, que avançaram contra ele com uivos de aviso. Lekan derrubou os dois primeiros, se abaixou sob o terceiro e empalou o quarto quando Ceridwen matou aquele que Lekan evitara.

Raelyn viu isso acontecer sem se mover. Não havia arma nas mãos dela; ela nem mesmo usava armadura, apenas uma roupa preta simples de montaria e uma pequena máscara preta, como se tivesse se deparado com aquela batalha durante um passeio a cavalo pela floresta marfim de Inverno.

Lekan deslizou de joelhos devido à energia acumulada depois de estripar o último soldado. Ele cravou as espadas na terra congelada para deixar as mãos livres a fim de entrelaçar os dedos, formando um degrau sólido contra a neve.

Ceridwen recuou, então disparou correndo. Ela colocou um dos pés sobre o degrau que Lekan tinha improvisado e ele se levantou, atirando Ceridwen ao ar. As facas ensanguentadas dela reluziram quando Ceridwen recuou, o corpo dela se arqueando para lançá-la disparando na direção de Raelyn montada em seu cavalo.

Por um ínfimo lampejo, os olhos de Raelyn se arregalaram atrás da máscara. Ela estendeu o braço e uma força invisível se chocou contra Ceridwen, fazendo o corpo dela girar para o lado, as facas desceram a poucos centímetros de mergulharem no peito da rainha ventralliana. Ceridwen se chocou contra Raelyn e as duas caíram com um estampido pesado na neve pisoteada.

As facas de Ceridwen escorregaram, os dedos dela dormentes devido ao frio da neve. Ceridwen se colocou de pé com dificuldade, estremecendo da cabeça aos pés, prendendo a respiração contra os tremores dolorosos que a martelavam de dentro para fora.

Raelyn também disparou de pé, a meia saia do traje de montaria dela girando em torno da calça preta justa. A máscara não ajudou a esconder seu olhar furioso.

— Não tinha ideia de que você estava tão ansiosa para seguir o caminho de seu irmão — disparou Raelyn.

Ceridwen não disse nada, em parte porque precisou trincar o maxilar para evitar tremer até se partir, e em parte porque não tinha esperado acabar nessa situação, encarando Raelyn. O poder que a rainha ventralliana empunhava era demais para aquele tipo de confronto — esfaqueá-la rapidamente era o único plano de Ceridwen.

Mas agora Raelyn a mataria.

Ceridwen desviou o olhar ao redor. Os soldados ventrallianos que estavam por perto deram bastante espaço às duas. Lekan fora atraído para longe, lutando com um grupo de invernianos posicionado costas a costas, um emaranhado de armas que, mesmo assim, em breve estaria sobrepujado pelo tamanho das tropas de Raelyn. A única coisa que Ceridwen e Lekan tinham em favor deles era a velocidade — e agora que o ímpeto tinha sido interrompido, a realidade recaiu.

Não estavam em quantidade o suficiente para travar aquela batalha. Principalmente quando cada soldado agressor podia se mover tão rapidamente. Enquanto Ceridwen observava, um dos invernianos no grupo de Lekan foi atingido por uma espada no peito, o que fez outro gritar antes que Lekan encurralasse os dois no meio do círculo, protegidos, o máximo possível, em um campo de batalha.

— Meu marido está aqui? — A voz de Raelyn foi como um arranhão em Ceridwen.

— *Seu* marido? — Ceridwen sorriu. Se morreria, pela chama e pelo calor e que tudo se incendiasse, morreria com um sorriso malicioso no rosto. — Tenho quase certeza de que não foi seu nome que ele gritou na nossa noite de núpcias há uns dias.

Raelyn grunhiu e socou o ar, jogando Ceridwen para trás com uma força que se chocou contra o peito dela, tirando-lhe todo o ar dos pulmões. Ceridwen caiu na neve, chiando ao rolar para o lado a tempo de ver Raelyn marchar para a frente, socando o ar novamente. A cabeça de Ceridwen bateu no chão de novo, braços e pernas se esticaram, cada músculo estava preso no lugar quando Raelyn parou acima de Ceridwen, cada uma das pernas nas laterais de Ceridwen.

— Minha cara menina, você *realmente* não quer começar a compartilhar histórias assim. — Raelyn se agachou, o sorriso dela chegava a ser doente de tão doce. — É você que se importa de verdade, não eu. Você se importa tanto, com tantas coisas. Como seu irmão... devo contar qual foi a sensação de matá-lo?

Ceridwen moveu o queixo contra a magia que a prendia, mas nada cedeu, e Raelyn se aproximou mais, acariciando a bochecha dela com um dedo.

— Foi delicioso — ronronou Raelyn. — Ter o poder de acabar com uma vida com as próprias mãos... — Ela segurou com mais força, enterrando as unhas no rosto de Ceridwen. — Não pode imaginar.

Raelyn se impulsionou para ficar de pé, erguendo-se acima de Ceridwen de novo, e fechou a mão em punho. A magia de Raelyn libertou a cabeça de Ceridwen, então ela se virou e olhou para a batalha em volta, os últimos breves momentos que teria para ver o destino de seus amigos. Lekan e os invernianos tinham recuado sob a torrente de ventrallianos. O que deixava Ceridwen e Raelyn sozinhas, a rainha de Verão separada de qualquer de seus aliados por fileiras de soldados mortais.

Ela piscou, franzindo a testa.

Nem todos os soldados em torno de Ceridwen usavam armadura ventralliana.

Ela combateu a magia e se esticou para olhar na direção da fileira de árvores invernianas. Mais combatentes corriam para se juntar aos ventrallianos, acrescentando pessoas e alguns enormes dispositivos de ferro que rolavam sobre rodas que rangiam.

O exército de Angra. E tinham trazido os canhões dele — não muitos, o suficiente para permitir que viajassem rapidamente, mas enquanto Ceridwen analisava esse acréscimo, um canhão se acendeu e disparou um rompante de fumaça preta atrás de uma bola de pedra mortal que destruiu fileiras de combatentes.

Já estavam em menor número em relação aos ventrallianos. Agora...

O coração de Ceridwen estremeceu, e não tinha nada a ver com a cama de neve que agora a aninhava.

Raelyn também reparou no fluxo de combatentes. Ela gargalhou, alegre, e os olhos recaíram sobre algo no mesmo momento em que os de Ceridwen.

Uma nuvem negra impenetrável poluiu o ar na fileira de árvores.

Angra.

Ceridwen deveria ter ficado incapacitada pelo terror.

Mas deitada naquele chão terrivelmente frio, presa pelo poder imbatível de Raelyn e observando Angra descer sobre o vale, ela viu um modo, o único, de enfrentar a rainha ventralliana.

Angra marchava, sua armadura de Primavera reluzindo à medida que ele se movia da sombra para a luz do sol. Uma figura saiu da escuridão atrás dele, o restante da fumaça se dissipou entre as árvores.

Não.

Theron se curvou para a frente, gritando como se cada nervo dele tivesse sido congelado, queimado e congelado de novo. Angra tinha vindo e trazido Theron para aquele combate — usando magia.

E se tinha levado Theron, isso significava que Angra tinha primeiro ido a Jannuari para recuperá-lo.

Ceridwen teve ânsia de vômito. Meira — o que ele teria feito com ela? Como Angra usara magia para levar Theron até lá? Ela sabia que Meira podia usar sua magia para transportar outros invernianos, mas Angra não deveria conseguir afetar Theron, um *cordelliano*, daquela forma. A não ser que fosse mais um truque da Ruína? Tudo que Ceridwen sabia era que era Theron, gritando, rolando na neve. O que quer que Angra tenha feito para levá-lo até ali tinha funcionado, mas não parecia... certo.

Angra não dava atenção a Theron, apenas marchava na direção do calor da batalha, a postura ereta e o rosto lívido.

Isso aliviou a preocupação de Ceridwen. Angra não estaria tão furioso se tivesse sido bem-sucedido em matar Meira.

Raelyn aplaudiu a chegada de Angra. Obviamente não tinha percebido o que Angra podia fazer, mas Ceridwen sim. Tinham antecipado que Angra tentaria infectar o exército inimigo com a Ruína, e Ceridwen estava pronta para bloqueá-lo.

Mas a semente de uma ideia floresceu na mente de Ceridwen, fazendo-a trincar os dentes. A Ruína de Angra se agarraria a todos no vale, e embora a maioria fosse lutar contra ela, por fim abriria caminho e infestaria a todos com o mesmo poder insano que encorajava o mal de Raelyn.

Por favor, Meira. Ceridwen lançou o pensamento para o buraco em seu coração, segurando-o contra a escolha que estava prestes a fazer. *Por favor, ande logo.*

Angra continuava se movendo, passando por Raelyn e Ceridwen deslizando. Quando ele o fez, mais dos canhões dispararam atrás e Angra estendeu os braços como um pai faria para interceptar uma criança. Mas o rosto dele contava uma história diferente — lábios retraídos, dentes expostos, olhos incandescentes.

Angra impulsionou os braços adiante.

Escuridão sufocante escorreu de dentro dele, serpenteando pelos exércitos. Um tendão se separou e se chocou diretamente contra Ceridwen. Raelyn observou, esperando que Ceridwen se contorcesse e lutasse.

Mas ela não resistiu.

A magia colidiu com Ceridwen até que ela não passasse de poder e força. Angra impulsionou tanto para dentro dela quanto Ceridwen quis, despejando a magia sobre ela como balde após balde de água sobre um chão seco e empoeirado. Ceridwen sentiu o desespero de Angra nessa oferenda, como ele não estava se segurando como tinha feito com as pequenas porções de magia que dera aos soldados.

Aquela era a guerra final para os dois lados, e Angra faria dele aquele mundo.

Ceridwen encarou Raelyn.

— Quando quiser matar alguém, mate, não *provoque* a pessoa — grunhiu Ceridwen, e golpeou com os braços para cima na direção de Raelyn, destruindo a contenção da magia com o próprio fluxo da Ruína.

O rosto de Raelyn assumiu uma expressão de puro choque logo antes de o pescoço dela se partir. O corpo da rainha ventralliana caiu na neve ao lado de Ceridwen, os olhos permanentemente congelados em um estado de surpresa.

Ceridwen ficou de pé. A Ruína preencheu cada parte de seu corpo tão completamente que ela achou que fosse explodir com o fardo, cheia de uma força tão infinita e gloriosa que o mundo ficaria assombrado com a destruição, como se estivessem diante de um fogo selvagem destruindo uma floresta.

Ceridwen era uma chama, e era o combustível, e era a luz que cegaria cada criatura triste e fraca de Primoria.

Se todos os aliados de Angra se sentiam bem daquele jeito, não era supressa que tivessem se aliado a ele.

Ceridwen balançou a cabeça. *Não; lembre-se de tudo que ele fez. Lembre-se de quem ele é.*

Mas isto é poder. ISTO é força. Nunca tive isto antes.

Ceridwen se viu correndo, disparando contra o exército de Outono, Yakim e Verão. Qualquer movimento de bater em retirada tinha parado e a maioria dos soldados se contorcia, guerreando com suas mentes conforme a Ruína de Angra os golpeava em busca do controle. Angra ainda estava no campo de batalha, serpentes pretas de magia disparando para fora dele, o rosto de Angra inchava com uma alegria doentia.

Isto é poder. Isto é força. E essas pessoas estão resistindo a ele. Merecem morrer.

Não!

Mas o protesto de Ceridwen não foi ouvido pelo corpo dela, e logo sentiu as pernas impulsionando-a na direção de um grupo de combatentes veranianos. Suando, os homens resmungavam, mas se mantinham no lugar, resistindo a Angra com mais elegância do que a maioria graças aos anos combatendo a magia de Simon.

Precisam morrer por isso.

NÃO!

Ceridwen saltou para o grupo, e eles a viram se aproximar, os olhos registrando a líder com um rompante de consciência. Mas não conseguiam entender por que ela os atacava — Ceridwen, de todos eles, deveria ter sido a última a cair nas mãos de Angra, e, de fato, era esse o único motivo pelo qual ela ainda tinha alguma consciência.

— Corram! — gritou Ceridwen para o grupo, uma súplica sufocada que disparou pelo ódio que a queimava. Pela chama e pelo calor, Ceridwen não odiara nem mesmo Raelyn com tanta paixão, mas odiava *eles*, aqueles idiotas ignorantes e íntegros que manteriam o mundo fraco.

Ceridwen socou um dos veranianos, que caiu no chão, chocado com o ataque. O restante se moveu para ajudá-lo, resistindo o melhor possível, mas agora ela estava fortalecida como todas as outras marionetes de Angra. Era irrefreável, e, que tudo se queimasse, ela se *sentia* irrefreável.

Pare! Eles não são seus inimigos!

Um corpo se chocou contra Ceridwen, derrubando-a do lado outoniano do campo.

— Ceridwen! — gritou Lekan, prendendo os braços dela ao lado da cabeça. Outros se juntaram a ele, ajudando-o a segurar Ceridwen no chão. — Cerie, pare!

Ela chorou, se debatendo sob Lekan. Ele também era fraco. Jamais entenderia a *necessidade* que Ceridwen sentia, como aquele poder vinha com a responsabilidade de usá-lo, e ela o usaria.

— Cerie, precisamos de você — suplicou Lekan. Sangue escorria da testa dele, o pescoço estava sujo de uma lama preta e marrom-clara. — Esta não é você, mas você é a pessoa mais forte que conheço. Pode combater Angra.

O nome falou com a magia dentro de Ceridwen. Angra merecia aquele poder. Apenas Angra podia usá-lo.

— Ele é o inimigo. — Ceridwen se obrigou a dizer, em voz alta. Ela arrastou essas palavras para dentro do coração, impulsionando-as a permanecerem tão fortes e resistentes quanto o ódio que ainda a impulsionava a atacar Lekan e os veranianos.

Lekan assentiu, mas parte dele se curvou em derrota.

— Amarrem-na — disse ele a um dos homens que segurava Ceridwen. — Não podemos arriscar...

Eles levantaram Ceridwen, e Lekan continuou dando ordens, mas Ceridwen se obrigou a ignorá-las. Não queria ouvir qualquer informação que a Ruína pudesse fazê-la usar contra eles.

A batalha implorava pela atenção de Ceridwen, de toda forma. O que restara do exército deles tinha se unido em torno do grupo em um emaranhado fechado dos combatentes mais persistentes, aqueles que conseguiam afastar a Ruína de Angra pela força de vontade. Caspar estava próximo, gritando com alguns dos generais restantes. Menos de metade do número original deles ainda estava de pé, o que era mais do que uma tragédia — era um exercício de suicídio.

Os soldados deles lutavam, mas caíam mais do que os inimigos. Os soldados resistiam, mas a cada poucos segundos, um se voltava contra os irmãos com o mesmo ódio feroz que possuíra Ceridwen. Canhões dilaceravam o aglomerado deles, derrubando meia dúzia de soldados por vez.

Angra estava no centro do exército dele, elevado em uma pilha de barris ou uma caixa, ou talvez nas costas dos soldados que tinha matado, com os braços estendidos, a Ruína ainda disparando para fora dele. A alegria de Angra tinha se dissipado, um esforço ínfimo transparecia, mas isso não o impedia. Nada o impediria.

Ceridwen percebia isso agora — nada poderia derrotar Angra.

Nem mesmo Meira.

Meira

Quando a porta aparece na parede do labirinto, olho por ela e verifico o exterior em busca de outra daquelas chapas que me ajudarão no teste. Mas há somente aquela porta, luz branca invade o salão ao meu redor.

Então me lembro de qual será o último teste.

Purificação do coração.

Embora tenha me ajudado nos outros dois testes, a Ordem só iria querer que aqueles de coração realmente puro passassem pelo labirinto.

É perfeitamente possível que quisessem que todos enfrentassem esse teste sem ajuda.

Mas ajuda não será necessária. Estou pronta para isso; passarei em qualquer que seja o teste que me derem.

Limpo a mente e entro na sala.

E olho boquiaberta para quem está do lado de dentro.

Hannah.

Fico de pé ali pelo que parece uma eternidade antes que o labirinto de Sir o atire por uma porta a minha direita. Ele corre para a frente, vê Hannah e para como se o chão o tivesse agarrado pelos pés.

Ver Sir e Hannah se encarando faz surgir em minha mente a imagem de Rares e Oana. Como eram diferentes dessas duas pessoas diante de mim. E embora nunca tenha sido real, não consigo deixar de ver duas versões de uma vida: Sir e Hannah, meus pais; Rares e Oana, meus pais. Um casal sempre rigoroso e nada amoroso; o outro bondoso e gentil e tudo o que eu queria.

Uma porta se abre à esquerda e Mather entra, com armas na mão e os olhos percorrendo cada um de nós conforme se aproxima de mim.

Que bom, pelo menos um de nós é capaz de se mover.

— Vocês alcançaram o fim do labirinto. Chegaram bem longe — diz Hannah, por fim, arregalando os olhos de forma encorajadora.

— Como você pode estar aqui? — Consigo dizer.

Não falo com Hannah desde antes de sair em viagem pelo mundo, antes de achar que a barreira mágica na entrada do abismo tinha quebrado minha conexão com ela — antes de descobrir que estava mantendo Hannah afastada por conta própria, porque não precisava mais dela.

E eu estava bem com o fato de não a ver. Estava *bem* quando Hannah tinha desaparecido.

Ver Hannah agora, sorrindo para mim como se fôssemos apenas mãe e filha inocentes, como se eu não estivesse a minutos de morrer pelos erros que ela cometeu, incita uma frustração que irradia calor por meus braços e pernas. Por que ela estaria aqui?

Purificação do coração.

Levo a mão ao peito.

Esse é um teste de coração. Qualquer um que cultive ódio, ou revolta, seria considerado indigno.

Mas achei que tivesse feito as pazes com Hannah na casa de Rares e Oana. Abandonei o ódio que sentia por ela e Sir e percebi que todas as coisas que queria dos dois eram expectativas errôneas que jamais poderiam se realizar.

Sir avança na direção de Hannah, mas os pés dele não se movem, apenas os ombros, curvando-se antes que ele se estique.

Ele está com medo.

Estou suando frio.

— Não acho que seja ela de verdade — digo a Sir.

Hannah sorri.

— Por que acha isso, querida?

Minhas mãos se fecham em punhos frouxos.

— Porque estou bloqueando a verdadeira Hannah há semanas e não parei. Você é um teste. Você é a magia pregando peças em nós.

O sorriso dela se alarga.

— Fui magia desde sempre, não? Algum dia fui a verdadeira Hannah?

Franzo a testa.

— Você...

Uma explicação. Por favor, que haja uma explicação.

Mas quanto mais a encaro, mais percebo que Hannah pode estar certa.

Tinha presumido que o condutor que nos liga por nossa linhagem manteve Hannah conectada a mim. Ou será que algum dia foi ela de verdade?

Sacudo a cabeça.

— Pare! Você só está tentando nos abalar. — Eu me viro para Sir de modo que Hannah quase fique atrás de mim. — Precisamos passar por este teste... é um teste do coração.

Sir ainda a encara, os lábios dele formam uma linha fina. Sir não me olha, não reage.

— Você poderia ter me imaginado, Meira. — A voz de Hannah é tão suave quanto me lembro, invocando sentimentos de espanto que me fazem querer ouvir cada palavra com atenção inabalável.

— Não imaginei você — digo a ela, embora continue encarando Sir, enquanto ao meu lado Mather permanece atento. — Nem mesmo conhecia você quando apareceu para mim. Como poderia ter inventado todas aquelas coisas que me contou?

— Como pode você mesma ser um condutor? — replica Hannah.

— Como qualquer coisa neste labirinto é possível? Quando tocou as chaves, viu o que precisava ver para chegar aqui. Quando tocou as chapas deste labirinto, elas mostraram a você pedaços dos testes para ajudá-la a passar por eles. Talvez a magia tenha assumido a forma que precisava para ajudar você durante aqueles primeiros dias também. Criou o que você precisava... uma mãe.

Eu me viro para Hannah, enterrando as unhas nas palmas das mãos.

— Fiquei em paz em relação a você em Paisly. Vi como verdadeiros pais são, vi o que uma verdadeira família pode ser. E sei que qualquer que fosse o relacionamento que tive com você, estava *errado*. Tudo que você fez foi culpa sua, e nada disso é meu fardo. Mas consertarei seus erros, Hannah. *Sou melhor do que você.*

— Eu sei — diz ela, e sorri de novo. — Não é seu coração que precisa de paz.

Minha boca se entreabre.

— Quem...

Hannah se vira para encarar Sir.

— Dei ela a você para que a protegesse. Ela foi obrigada a procurar ajuda da magia porque você fracassou.

Sir.

Pânico irradia em mim. Em choque, dou dois passos na direção de Sir, mas mesmo assim ele não desvia os olhos de Hannah.

— Sir, não dê atenção a ela! Olhe para mim...

— Você falhou comigo, general — diz Hannah, e dessa vez, a amargura na voz dela é evidente. — Falhou com Inverno.

— Ele não falhou com Inverno! — Eu me viro para Hannah.

Mather surge ao meu lado, coloca a mão em meu ombro, tentando me puxar para longe.

— Ele precisa passar nesse teste.

Eu me coloco diretamente em frente a Sir, falando apenas com ele.

— Hannah causou tudo isso. *Ela* causou tudo isso.

Sir pisca. Um movimento que me faz suspirar aliviada, até que ele se volta para meu rosto, como se me visse pela primeira vez.

— Cresci com sua mãe. Já contei isso?

Paraliso. Mesmo Mather, ainda tentando me convencer a me afastar, para. Nós dois reconhecemos a melodia na voz de Sir, o tom que ele sempre tomava ao recitar as lições de história.

— Ambos éramos crianças na corte de Inverno. Assim como vocês dois cresceram juntos. — Sir inclui Mather com um olhar. — Eu via o desconforto dela na juventude. Via os erros dela, as crises, as falhas, o que tornou mais difícil do que eu esperava vê-la coroada rainha depois.

Sir olha além de mim, para Hannah.

— Cometi o erro de não tratá-la com o respeito devido à posição. E quando ela ficou mais solene e distante conforme a guerra se intensificava, eu a consolei como um amigo ajudaria outro, não como um soldado ajudaria a rainha. Deveria ter sido apenas o general dela, e não fui. Deveria ter guiado Inverno para longe do caminho pelo qual ela nos levava, e não o fiz.

Pego os braços de Sir.

— Você não sabia que Hannah tinha feito um acordo com Angra. Não pode esperar...

Os olhos de Sir se voltam para mim e ele ergue as mãos até meus braços. Jamais me tocou dessa forma antes — de um modo desesperado que parece muito que está implorando. Delírio percorre os olhos de Sir quanto mais ele fala, despertado por Hannah, por aquele labirinto, por tudo que suportamos durante as últimas décadas, e enquanto o observo, o terror que irradia de mim é diferente de tudo que já vivenciei.

Tenho medo por Sir. *Eu* tenho medo por *Sir*.

— Jurei para mim mesmo que não cometeria mais aquele erro — diz ele para mim, fechando os dedos ao meu redor. — Disse a mim que veria você como uma rainha em todos os momentos de sua vida, para que jamais perdesse o foco. Mas mesmo assim fracassei.

Lágrimas. No rosto de Sir.

— William. — Minha voz falha. — William, pare...

— Angra tomou meu reino — continua ele. — Não pude criar meu filho como meu. Fiz tudo que podia, mas não bastou, e o único motivo que encontrei foi... você.

— Eu? — Se Sir não estivesse segurando meus braços, eu desabaria aos pés dele.

— Foi uma tolice tão grande de minha parte. — As mãos de Sir estremecem. — Percebo agora, Meira. Culpei você durante *anos*. Mas você jamais aceitou essa culpa, não foi? Pela neve, lutou contra ela, lutou contra *mim* em todas as chances que teve. E acho que em algum lugar em meio a essa luta, percebi que essa culpa estava mal direcionada. Não era você o motivo de nosso fracasso no passado, você era o motivo da esperança no futuro. Posso não ter conseguido criar Mather como meu filho, mas pude criar vocês dois.

Meu coração salta contra as costelas, cheio até quase explodir.

— Mas você está certa — diz ele, gargalhando. — Está certa. Tudo isso, tudo o que aconteceu, foi culpa de Hannah. E de Angra. E deixei que eles tomassem ainda mais de nossas vidas ao colocar a culpa na pessoa errada por tanto tempo. — Os olhos de Sir se desviam para Mather. — Desculpe por eu não ter sido um pai melhor.

Ele se vira para mim.

— Desculpe porque não fui um pai melhor para vocês *dois* — diz Sir para mim, e o pedido de desculpas recai diretamente sobre meu ouvido quando ele me puxa para a frente.

Sir está me abraçando.

Em Paisly eu também tinha ficado em paz em relação a ele. Eu me resignei aos papéis que Sir tinha escolhido para nós, e estava bem com isso.

Só que não estava.

Porque, envolta nos braços de Sir, eu desabei.

Na visão que Angra arrancou de mim em Abril, tenho dezesseis anos e estou abraçando Sir.

Tenho dez anos e choro no colo dele depois das mortes de Gregg e Crystalla.

Tenho seis anos, me balançando para trás e para a frente nos braços de Sir depois de um pesadelo, a única vez em que ele me abraçou voluntariamente, e o episódio está marcado em meu coração, erguendo-se como um farol para tudo que sempre quis de nossas vidas.

Abraço Sir pela cintura agora, enterro o rosto nele. Poeira do labirinto gruda na camisa dele, as formas de pequenas facas em bainhas pelo peito de Sir pressionam meu rosto. O coração dele bate em meu ouvido, seus pulmões se enchem com fôlegos roucos parecidos com os meus.

Isso é melhor do que todos aqueles momentos. Isso os apaga e começa de novo.

Eu me levanto e olho para Sir, e estendo a mão para Mather, chamando-o.

— Nós consertaremos isso, juntos, e o mundo será curado.

As lágrimas que caem pelo rosto de Sir brilham nas bochechas dele, caindo nas rugas em torno dos olhos. Ele ergue a cabeça para olhar para Hannah de novo. Ela ainda está ali? Não importa. Passamos por esse teste, todos nós. Estamos curados agora, e podemos seguir em frente. *Juntos.*

Uma fenda se abre em minha alegria.

Não, não estaremos juntos. Mas morrerei sabendo que Sir me ama. Morrerei sabendo que tudo que sempre quis para nós não era um desejo vazio — ele se realizou.

A fenda faz um barulho tão alto ao se abrir que ecoa em meus ouvidos quando o olhar de Sir passa de uma alegria amarga para apenas tristeza.

Tristeza impiedosa, gritante.

— Um teste de coração — sussurra ele. — Devemos perdoá-la.

— Perdoamos — digo a Sir, mas o olhar dele... — Podemos ir...

O chão retumba quando a porta à esquerda se abre, algo preto e alto começa a se formar em minha visão periférica.

— Uma porta! — grita Mather. — Venham, podemos...

Mas o chão não para de retumbar. E Sir não se move.

Puxo os braços dele, e Mather dispara para ajudar, nós dois puxamos e gritamos conforme o chão treme. As pilastras em volta da sala reagem às vibrações, pedaços de rocha se partem e se estilhaçam em pequenas explosões a nossa volta.

Sir pega meus ombros. Seus olhos estão calmos demais, compreensivos demais.

— Corra.

— Você também precisa correr! — grito, por cima do rugido crescente da sala se desfazendo.

Mas Sir sacode a cabeça. Ele indica as pernas, dobra os joelhos subitamente para demonstrar.

Sir parou de andar conforme entrava na sala, como se o chão tivesse agarrado os pés dele. E *agarrou*.

Sir não perdoou Hannah. A sala não o deixará partir até que a perdoe.

— Precisa perdoá-la! — Minha voz grita, desesperada, meus dedos estão agarrados à camisa de Sir. Mather segura o braço de Sir, os olhos dele passam de nós para a porta, os escombros se acumulam a cada desabamento, os azulejos do piso se quebram e...

Pela neve... o chão está começando a se desintegrar, como das outras vezes em que nos engoliu. Mas esses buracos não são túneis para nos jogar no próximo teste nem estão envoltos em chamas como na primeira sala, estão apenas vazios. São apenas escuridão.

— Não, Meira. — Sir solta meus dedos da camisa, ainda muito calmo. — Eu precisava perdoar *você*. Mas não posso perdoar Hannah, principalmente pelo destino que ela causou a você. A todos nós. — Sir sacode a cabeça. — Não posso. Sinto muito.

Mather para.

— Você não... não. Precisa vir conosco!

Sir olha para ele.

Coloca a mão no ombro do filho.

E o empurra para a porta.

Então me encara. *Vá*, indica ele com os lábios.

Choco meu corpo contra Mather, travando os braços em torno dele e nos impulsionando na direção da porta. Buracos imensos entravam nosso caminho, me fazendo puxá-lo para trás e para a frente conforme saímos aos tropeços, nos debatendo. Mather cambaleia ao meu lado e solta um grito doloroso que martela meu coração.

Chegamos à porta e empurro Mather por ela, parando apenas uma vez.

A cena atrás de mim é uma confusão de pedras e azulejos e buracos se abrindo. No meio de tudo, Sir e Hannah estão de pé, imóveis, se encarando.

Uma pilastra cai, aterrissando a dois passos de mim, e salto para a saída assim que o chão inteiro desaba para o nada.

Meira

A porta se fecha assim que Mather e eu passamos. Ela bate a um palmo de meu rosto enquanto estou de pé ali, piscando para afastar as partículas, meu peito inflando com uma respiração difícil que pode ser choro.

— Meira — resmunga Mather.

O som de meu nome me afasta do escudo protetor que tinha usado para nos tirar dali. Ergo as mãos até o rosto, sacudindo a cabeça em um *Não* repetitivo porque não consigo fazer nenhuma palavra sair.

— *Meira* — repete Mather, puxando meu braço. Eu me viro, me atiro contra ele, que me segura ao dizer todas as palavras que não consigo encontrar. — Não... talvez ele tenha sobrevivido... podemos voltar...

As possibilidades se desfazem antes de Mather sequer terminar de dizê-las. Fecho os olhos, forçando cada fôlego a combater o choro que sobe por minha garganta como ondas em uma tempestade.

A luz bate contra minhas pálpebras, e quase choro de gratidão pela distração.

Mas quando abro os olhos, só me sinto mais vazia.

Estamos em um corredor longo e estreito. As paredes são de uma rocha saliente preta, o chão é irregular — e na ponta mais afastada, um halo de luz brilha em laranja e amarelo e roxo e azul, em tons alternados.

— Mather — sussurro, e me afasto dele.

Mather recua, virando a cabeça para seguir a minha.

— O abismo de magia — diz ele.

Exatamente.

Mather sacode a cabeça em uma recusa longa e lenta.

— Não.

— Mather...

— É cedo demais. Meu pai... e agora... — A voz dele falha e Mather esfrega a palma da mão na testa. Não digo nada, permaneço imóvel com as mãos no peito.

— Não consigo pensar em uma forma de salvar você — diz Mather, por fim, toda a dor da vida dele naquelas poucas e breves palavras.

Ergo a mão até a bochecha de Mather.

— Depois que eu entrar naquela câmara, uma saída se abrirá, parte da magia do labirinto. Corra até ela o mais rápido possível, quando se abrir, significa que pessoas poderão acessá-la pelo lado de fora por um breve momento também. E não quero dar a Angra a chance de...

— Meira, *não*.

Mas continuo falando, incapaz de parar.

— ...não quero dar a Angra a chance de descer até aqui. Então corra, não pare de correr, e eu vou correr também.

— *Meira*.

— Ceridwen e Caspar precisarão de você. O mundo precisará de você para ajudar a juntar os cacos...

Mather me cala ao tocar meus lábios com os dele. Não achei que restava algo em mim para se desfazer, mas o beijo dele dissolve minha força.

Esse momento — é nosso último.

Então me atenho a ele o máximo possível, memorizando as linhas ásperas dos lábios dele e a forma como Mather tem gosto de sal e almíscar e felicidade e os músculos que se flexionam quando deslizo os dedos pelo maxilar dele.

Não tivemos tempo suficiente. Mas o restante do mundo terá. Jesse e Ceridwen, Caspar e Nikoletta — até mesmo Theron, algum dia. E Mather. Pela neve, Mather — ele também terá isso algum dia. Com alguém melhor do que eu.

Com alguém que não partirá seu coração.

Eu me afasto de Mather, lágrimas escorrem por minhas bochechas. Ele me olha, seus olhos azuis como joias são tão familiares e perfeitos na forma como parecem meu lar.

Mather entrelaça os dedos com os meus e sorri. O sorriso que definiu tanto da minha vida, me derretendo e preenchendo por inteiro com resiliência. O fato de ele poder sorrir aqui, agora, afasta minhas últimas gotas de medo e preocupação.

Mather perdeu tudo. Os pais, e agora eu também. E mesmo assim, aqui está ele, comigo, ao meu lado, oferecendo apoio e a mão para que eu segure.

Eu me viro com Mather para encarar a luz no fim do corredor. Ela pulsa e se afasta, reluz forte e diminui, um caleidoscópio interminável de cores.

Se eu tivesse que escolher uma forma de morrer, seria assim — em um arco-íris de vida e energia. Sabendo que minha vida é valorizada por outros.

Olho para a parede sólida atrás de nós.

Sabendo que eu fui amada.

Um passo, depois outro, Mather e eu caminhamos lado a lado pelo corredor de pedras afiadas.

Nossos passos se aceleram quando mais nos aproximamos, até estarmos correndo.

O mais rápido possível. *O mais rápido possível.* Isso acabará em breve, antes que Angra sequer consiga encontrar a saída que surge, antes que a batalha acima precise se prolongar muito.

O corredor termina, nos jogando em uma caverna ampla que se estende em um espaço rochoso em todas as direções. Um teto se ergue intangivelmente alto acima; estalactites escorrem para baixo como dentes cruéis. O chão se nivela até virar um penhasco sólido que, depois de alguns passos, termina em um poço amplo e sem fundo.

E nesse poço, pendendo abaixo da borda, aguarda a fonte de magia.

Eu a vi uma vez antes, em uma das muitas visões que Hannah mostrou — ou o que quer que fosse aquilo. A magia é exatamente como era então, uma esfera brilhante de energia que estala e chia, pairando por pura vontade no poço. Maior do que o palácio, maior do que toda Jannuari, a magia parece ser uma criatura viva, respirando, oscilando logo além do penhasco, seus dedos de energia serpenteando para fora para acariciar tochas e embebê-las com o poder que fez os condutores, há tantos milhares de anos antes.

O produto daquela magia brilha em todos os cantos, rochas em tons de laranja, dourado, roxo, vermelho, brilhos tênues em cada cor. Exatamente como na entrada, o ar paira pesado e úmido, cada partícula chiando com magia. Condutores, magia, por toda parte, um campo de poder pronto para colheita.

Um campo de poder que acabará em breve.

O penhasco se curva de um dos lados do poço, e assim que nossos pés o tocam, as vibrações familiares nos dizem que uma porta se abre onde o penhasco sobe na direção do teto, afastado à esquerda.

É isso.

Afrouxo os dedos e me desvencilho de Mather, incapaz de me permitir fazer outra coisa que não mirar o penhasco, mergulhar em torno de estalagmites e saltar sobre pilhas de escombros brilhantes.

Nunca mais voltarei a vê-lo.

Mas não choro, nem mesmo hesito ao correr. Insisto, porque preciso, porque...

A mão dele desliza de volta para a minha.

Franzo a testa para Mather, mas ele corre mais rápido, acompanhando meu passo.

Mather não correu para a saída.

Mather...

Mas não posso discutir com ele. Não há tempo, não há palavras, nada além de meu coração pulsando e um soluço subindo até meus lábios fechados.

Eu poderia usar a magia para transportar Mather daqui, para a segurança. Mas ele *escolheu* ficar aqui comigo — fazê-lo partir seria forçar Mather a fazer algo que não quer.

Ele quer isso. E não posso fazer nada a não ser deixar que fique.

Acho que parte de mim sempre soube que Mather não me deixaria de novo.

Dois passos até a beira do penhasco. A magia se acende, estalando no ar, chiando para dentro de meu corpo a cada fôlego que tomo.

Um passo até a borda do penhasco.

Os dedos de Mather se apertam sobre os meus.

Devolvo o aperto dele quando nós dois aterrissamos na beira do penhasco. Rochas rolam ao se soltarem, rochas normais, livres de magia, que mergulham para a fonte. Elas se desintegram em rompantes estrondosos da energia que as consome.

Nós também nos desintegraremos.

A magia se intensifica, uma onda de calor cristalizante se estende até mim, até nós.

Estou pronta, penso, construindo um abrigo em torno de mim com essas palavras. *Acabe com isso.*

Todo o ar deixa meus pulmões e salto. O abismo abaixo de mim se move, me atraindo.

Então estou voando para trás.

Rochas roçam meu ombro. Pedrinhas luminosas se esparramam ao meu redor, novos hematomas se abrem em minha pele quando sou atirada ao chão perto do corredor pelo qual acabamos de correr. Minha mão puxa Mather de volta e ele cai sobre mim e resmunga quando os ombros dele se chocam com a parede de rochas.

Eu me apoio nos cotovelos, desorientada.

Porque quando olho, o mundo está mudando.

O mundo está *gritando*.

Angra está de pé do lado de dentro da saída recém-surgida, dando passos dolorosos na minha direção. Uma das mãos dele se estende, a sombra da magia de Angra se retrai em torno do braço em uma nuvem negra.

Angra nos puxou de volta.

Ele está aqui. Ele encontrou o abismo.

E ainda estou viva.

Ceridwen

CERIDWEN SOUBE QUE algo tinha mudado. A felicidade maníaca de Angra tinha murchado e, através da conexão dele com a magia dentro dela, soube que era como se o cavaleiro tivesse puxado as rédeas do cavalo.

Algo tinha acontecido.

Não havia nada controlado pelo poder de Angra agora — o poder fluía dele em rompantes desesperados de força e magia e ódio, cada necessidade multiplicada por um pensamento súbito e pulsante.

Ninguém vai tirar isto de mim.

Enquanto Ceridwen se debatia contra os veranianos que a seguravam, lutando para evitar matá-los e lutando *para* matá-los — pelas chamas, não queria nada além de arrancar até o último pedaço de carne dos ossos deles, enterrar os dedos nos corações dos veranianos e *extingui-los* — ela observava Angra, de pé, imponente, sobre o exército.

Ele abaixou os braços e os tendões de magia sombria cessaram. Angra vacilou, mas se conteve.

Ninguém vai tirar isto de mim.

Ele podia ter parado de impulsionar magia, mas não significava que tinha perdido o controle. Como sementes enterradas no calor e nas profundezas da terra, a escuridão continuaria a crescer em todos que Angra tinha infectado, mesmo depois que o sol se pusesse.

E ele se pôs.

Angra pegou alguém ao seu lado — Theron, cujo olhar refletia o ódio furioso e lívido que Ceridwen sentia queimando dentro dos próprios olhos — e juntos desapareceram sem olhar duas vezes para a batalha perdida. Theron gritou quando a magia o agarrou de formas que não deveria.

Poucos outros notaram o sumiço de Angra. Soldados gritaram, atacando a infantaria restante de Caspar, espadas deixavam um rastro de sangue no ar. O frenesi deles os levou a lutar como nunca antes, não apenas primaverianos e ventrallianos, mas outonianos e yakimianos também. A maioria dos veranianos tinha conseguido resistir à magia de Angra, e tentara formar linhas de defesa.

Mas estavam em número tão menor que a vitória era impossível agora. As pessoas que conheciam, antigos aliados, agora os atacavam desesperadamente, com os olhos semicerrados em um ódio torturado. Não havia nada além de inimigos, armas, morte ao redor — de onde Ceridwen estava, amarrada no meio do grupo de Caspar, não conseguia encontrar uma gota de esperança sequer em meio à carnificina.

Se Angra tinha partido, só podia ser para ir atrás de Meira.

Se ele a encontrasse, tinham fracassado.

Mas a escuridão em Ceridwen se intensificou com alegria. *Ela não vai tirar este poder. Ninguém vai tirar isto de mim.*

— Lekan — disse Ceridwen, o corpo dela ficou inerte contra os soldados que a seguravam.

Lekan e Caspar conversavam a poucos passos, ambos cobertos de sangue e lacerações, os sinais óbvios de homens arrasados pela guerra. Mas Lekan avançou para Ceridwen. Os olhos dele se alegraram e mostraram a mesma luz que ele reservava para Amelie quando ela perguntava se teriam um lar permanente fora do campo de refugiados. A luz da mentira.

Lekan se ajoelhou ao lado de Ceridwen quando os soldados deixaram que ela desabasse no chão.

— Cerie...

— Desculpe — disse ela, ofegante. — Desculpe... Eu o deixei entrar... Desculpe... eu...

Um grito foi ouvido de algum lugar próximo conforme as fileiras dos soldados de Angra se aproximavam, dilacerando as defesas deles com a magia que Angra lhes dera.

Kaleo jamais a perdoaria se Ceridwen deixasse Lekan morrer.

E Jesse...

Fora por isso que ela se casara com ele. Porque sabia que a vida seria curta demais.

Lekan colocou a mão no ombro de Ceridwen. Um apertão, uma oferta silenciosa de conforto.

Estou aqui. Estou com você.

Ceridwen o encarou. Era tudo o que ela conseguia fazer.

Uma explosão entrecortou os gritos de guerra de repente — canhões, todos disparando em uma sucessão rápida e deliberada do lado de Inverno do vale. Dezenas, pelo menos. Será que os soldados de Angra tinham levado tantos assim? Ceridwen gemeu, pronta para que um canhão dilacerasse o grupo a qualquer momento.

Lekan franziu a testa, confuso, e se colocou de pé para se juntar a Caspar, que estava em cima de uma caixa virada e olhava para o vale.

As explosões continuavam, incitando gritos sofridos de dor. Mesmo assim, Ceridwen esperou. Tantos canhões assim significavam que um certamente invadiria as fileiras deles...

A escuridão em Ceridwen se agitou, enfurecida. *Não vou terminar dessa forma. Tenho força agora.*

Mas, além disso, a pequena parte lúcida de Ceridwen se encolheu, silenciosa e cansada e... pronta.

— Soldados — disse Caspar a Lekan, mas as palavras dele se dirigiam a todos os lados, para cada combatente à espera, exausto, escondido naquele aglomerado. — Sob a bandeira de Yakim.

Apenas um punhado de yakimianos permanecia com eles, mas comemoraram imediatamente, agitando os punhos e gritando para o céu.

— Estão disparando armas — continuou Caspar. — Como os canhões de Angra, mas menores.

— Os canhões de Angra? — A expressão de Lekan se contraiu. — Estão lutando ao lado dos soldados deles?

Mas Caspar sorriu.

— Não. Mas só os yakimianos para descobrirem como recriar a arma de Angra para usá-la contra ele.

A área que aquele grupo ocupava estava entulhada de soldados, mas tinham aberto espaço em torno de Caspar, o suficiente para permitir movimentos para ver o campo. Naquela clareira, uma grande onda de luz amarronzada partiu o ar vazio, dobrando-se e contraindo-se até que um homem surgiu.

Um homem *surgiu*.

Nem mesmo a magia em Ceridwen reagiu a ele, o choque dela era poderoso demais.

Não era Angra. Soldados imediatamente se viraram para ele, com armas em punho, mas o homem não pareceu nada preocupado. Sua pele escura se esticou quando ele sorriu, uma cicatriz do lado direito do rosto dele trazendo uma lembrança à mente abatida de Ceridwen.

Ela vira aquele homem antes, em Putnam. Era o criado que tinha escoltado o grupo à universidade e mostrara a biblioteca a ela e a Meira.

Rares.

Ele olhou diretamente para Ceridwen.

— Você fez algo corajoso — disse ele, e incluiu os soldados. — Vocês todos fizeram. Mas a rainha de Inverno chegou ao abismo. O fim se aproxima, e viemos ajudar a apressá-lo.

Viemos?

Ceridwen ficou de pé de novo, os braços atados contra a coluna. Quando se levantou, viu mais daquela luz brilhando pelo campo de batalha. Perto dela, entre os soldados deles; longe, próxima ao exército que vinha marchando para a batalha com pequenos canhões sobre rodas. Tudo que Meira contara a Ceridwen passou pela mente dela como a luz do sol por uma janela suja.

Paisly. A Ordem dos Ilustres.

Rares sacou uma espada do cinto, as mangas longas e pesadas da túnica dele oscilaram quando ergueu a arma no ar.

— Aqueles que ainda desejam lutar, que o façam sabendo que esta guerra terminará em breve — gritou ele.

Para Ceridwen, Rares lançou um único olhar determinado.

— Aguente firme — disse ele, antes de disparar para longe, na direção dos soldados de Angra. Rares os enfrentou com velocidade ainda maior do que aquela que os soldados mostravam, bloqueando os ataques com rompantes invisíveis que os lançavam pelos ares. De algum lugar no fim do vale, um estalo de trovão irrompeu por cima das constantes explosões das armas yakimianas, e um raio mergulhou do céu em uma seta fervilhante que destruiu um dos canhões.

Os paislianos estavam combatendo os soldados de Angra com magia. Os yakimianos tinham vindo ajudar também — Giselle devia ter mudado de ideia.

Ceridwen vacilou quando as vozes em torno dela se elevaram. Os murmúrios de soldados à beira da derrota viraram a comemoração de pessoas que ganhavam esperança. Era daquilo que precisavam — algo para nivelar a batalha. Uma vantagem para manter o combate por tempo o suficiente para ajudar Meira.

Mas Angra tinha ido atrás dela.

Ceridwen tomou as palavras de Rares, repetindo-as diversas vezes para combater a maré de ódio e necessidade que ainda tomava conta dela.

— Aguente firme — disse Ceridwen, uma súplica que aumentava até que ela estivesse gritando, implorando a Meira para que a ouvisse e continuasse lutando. Era tudo que Ceridwen podia fazer agora. Todos tinham se unido para lutar por aquele mundo, para lutar por *Meira*, e, que tudo se incendiasse, *ela conseguiria*.

— Aguente firme — implorou Ceridwen. — *Aguente firme.*

Meira

Angra está aqui. E ainda estou viva.

Mas não vim até aqui para viver.

Eu me coloco de pé e levo a mão ao chakram, permitindo que dispare até Angra antes que os novos ferimentos espalhados por meu corpo reclamem em um coro ressoante de dor. Uma costela dói; um corte na coxa queima; sangue escorre para meu olho, mas eu o limpo quando o chakram perfura o ar contra Angra.

Não o acertará. Ele sabe que usarei, mas isso o distrairá apenas por um segundo. Antes que o chakram tenha tempo de chegar até Angra, corro. A beira do penhasco está apenas a poucos passos da parede do abismo, mas ela se estende diante de mim conforme cada passo me coloca mais perto, e mesmo assim tão longe. Puxo o frio dentro de mim, pretendendo me atirar com magia até a beira...

Mas uma onda de Ruína me ataca novamente. O cordão de sombra envolve meu corpo, esticando-se ao me puxar para trás. Angra desvia do meu chakram quando a Ruína me puxa para longe e minha lâmina cai no meio da trajetória, ressoa contra a face do penhasco... e cai pela borda dele.

Vejo meu chakram cair como se fosse um sonho. A queda do objeto faz com que a esfera de magia cresça com sua destruição faiscante.

Meu chakram se foi.

Dor sobe pelo meu braço quando desabo como um saco de carvão sobre a rocha. Algo se partiu, mas estou desesperada e cega demais para saber onde. Não era assim que deveria acontecer. Estou pronta para acabar com isso — *preciso* acabar com isso...

— Você não vai me derrotar! — O berro de Angra ressoa pelo abismo. Ira emana de cada palavra, e quando rolo e fico de pé, com o braço esquerdo preso ao corpo, encaro um louco.

Os olhos de Angra parecem insanos no rosto manchado quando ele se balança na minha direção. Mather se atira na minha frente.

Angra ri com escárnio.

— Que meigo — diz ele, rouco. — Mas trouxe alguém para cuidar *disso*.

Seguro o ombro de Mather com o braço bom e tento puxá-lo para trás de mim — sou a mais equipada de nós dois para enfrentar Angra —, mas uma sombra se move no túnel de saída, uma que faz tanto Mather quanto eu enrijecermos o corpo instintivamente.

A sombra oscila para dentro do abismo tão delirante quanto Angra. Essa sombra se alimenta das emoções de Angra, percebo — cada faísca de ódio, cada torrente de raiva. Angra empurra tudo isso para dentro de Theron, que não perde tempo.

Ele mergulha para baixo do abismo com os dois punhos fechados em volta de uma espada. Mather me empurra para trás, mas não sou eu que Theron golpeia.

Ele empurra a espada direto para Mather. Caio no chão aos tropeços, gritando quando Mather se abaixa, cai e gira para longe para colocar espaço entre ele e Theron. Uma faca surge na mão de Mather, reluzindo para fora do abismo de magia.

— Não vou perdê-la para você — diz Theron, grunhindo, e se atira para a frente.

Eu me esforço para alcançar minha espada curta, finalmente a seguro, mas a escolha de ajudar Mather me é tomada quando a Ruína me envolve. Magia circula por meu braço, arrancando a espada de minha mão. Meu braço quebrado cede e dou um grito quando a Ruína me arrasta pelo chão irregular até Angra.

Minha magia responde com um rompante de gelo que faz a escuridão encolher, e dou um salto para ficar de pé. Angra está a menos de quatro passos de mim, entre a beira do penhasco e eu. Meus olhos observam o chão para procurar minha espada. E a vejo à minha espera atrás de uma estalagmite...

Estendo a mão para a espada, a magia dispara uma coluna gélida a partir dos meus dedos, mas Angra lança uma explosão para se equiparar a mim. Ele alcança minha espada primeiro, uma sombra esfumaçada circula a lâmina como vinhas devorando uma árvore. E com um gesto brusco do braço, Angra faz a espada voar por trás dele e cair da beira do penhasco, exatamente como meu chakram.

— Ah, não, Alteza — provoca Angra. — Já vi todos os seus truques. Sobrevivi a tudo que já atirou contra mim. Não há um fim aqui do qual eu não saia vitorioso.

Não dou atenção a ele. Corro, pretendendo desviar de Angra, disparando com nada além do anseio primitivo pela esfera de magia. Nada mais está em mim, nenhuma dor ou amor ou qualquer sentimento. Tudo que sou é tudo que devo ser — um vazio do qual qualquer coisa poderia brotar. Bem ou mal, pureza ou escuridão — o que quer que aconteça depois disso, será a escolha gloriosa e sem interferência do mundo.

Angra puxa a sombra de volta e a linha de magia se choca contra mim, bloqueando o caminho até o abismo. Grito — *não, não, NÃO* — e caio de joelhos. As partículas densas e úmidas de ar que pendem do abismo voam até mim, aumentando até formarem uma parede sólida de gelo que sobe a tempo de me bloquear do rompante da magia de Angra.

Ele solta uma gargalhada, lançando outro chicote de sombra que lasca minha barreira de gelo.

— Eu disse, Alteza... conheço seus truques.

Resmungo, com os braços estendidos para manter a barreira de gelo reforçada com minha magia. Nada que Angra diz importa. *Vou acabar com isso.*

— Toda defesa que tem, cada plano patético que fez — continua Angra. Mais um nó da Ruína se choca contra minha barreira. — Nada que fizer pode me impedir. Até mesmo sua aliada, a princesa veraniana? Ela é minha agora. *Minha.* E o mundo todo a acompanhará, um a um, até que seja como deveria ser: *controlado por mim.*

Ceridwen sucumbiu a Angra? Engasgo com essa informação. As palavras dele me fazem olhar para o lado, onde meu escudo termina. Mather e Theron ainda lutam para frente e para trás ao longo do penhasco.

Da última vez que lutaram, meses antes, vidas antes, suas habilidades eram idênticas, no pátio de treino de Bithai. Mas agora Theron tem a Ruína de Angra, que o aprimora, e ele se move mais rápido do que qualquer humano normal poderia. Dispara em torno de Mather com tanta agilidade que mal consigo acompanhar. E se eu mesma, de longe, tenho dificuldade para enxergá-lo, Mather deve estar ainda mais confuso.

Eu me viro para Mather, pronta para lançar um rompante revigorante de força e energia para ajudá-lo. Mas antes que a magia deixe meu corpo, Mather se vira e Theron desce a espada no ar. Um inclinando o corpo na direção um do outro. Perco todo o fôlego e minha garganta se fecha em horror, porque Mather não conseguirá desviar do golpe.

Mas a espada de Theron não mergulha em Mather como deveria.

Pisco, e Mather bloqueia o golpe.

Como foi que... de maneira alguma Mather conseguiria ter se movido tão rápido...

Um brilho amarelo emana do outro punho de Mather, uma das muitas rochas que foram embebidas no poder da fonte ao longo dos anos. Exatamente como os condutores originais que costumavam existir livremente pelo mundo, dando rompantes únicos de magia que as pessoas acabaram usando para atos malignos que criaram a Ruína. Em comparação com os Condutores Reais, condutores individuais são risivelmente menores e temporários, servem apenas para fluxos breves de poder.

Mas fluxos breves de poder são exatamente o que Mather precisa.

A pedra na mão dele se apaga e perde o brilho, e Mather a atira longe, girando com o golpe seguinte de Theron. Então ele pega uma pedra azul brilhante que o ajuda a bloquear o soco de Theron. Ele está usando a magia apenas para se defender, não para atacar.

Pela neve. Mather descobriu sozinho o que Rares e Oana precisaram me ensinar com ataques violentos de raios.

Um estalo estremece em meus ouvidos e ergo o rosto a tempo de ver uma rachadura no topo do escudo de gelo, mergulhando para baixo, diretamente na minha direção. A magia de Angra está quebrando a barreira de gelo. Não me restam armas, nada que eu possa usar para atacá-lo.

Exceto gelo.

Angra não me dá mais tempo para pensar. Recuo com um salto quando minha barreira explode, lascas de gelo cortam o ar e arranham meu rosto como pequenas lâminas congeladas. Um caco grande gira atrás de mim, e eu o pego antes que se quebre na pedra.

— Não — grito para Angra, para toda essa guerra horrível, e é a única coisa que consigo dizer enquanto fico de pé ali, com a pele na palma da mão se abrindo enquanto seguro o caco de gelo.

Angra fica de pé, triunfante, entre as ruínas de minha barreira de gelo.

— Vá em frente e tente, rainha de Inverno. Primavera sempre vencerá.

Meu braço quebrado inútil permanece junto ao corpo, mas o restante de mim se move para lutar sem qualquer empecilho. Joelhos se dobram, giros do corpo, o braço bom recuando quando atiro o caco de gelo em Angra. Ele ergue um braço, um escudo da Ruína que incinera meu projétil antes que toque Angra. Mas lanço outro logo em seguida, catando entre os destroços ao meu redor para atirar todos os que conseguir encontrar. Um fragmento especialmente grande cai na palma da minha mão e minha magia faísca à espera de se libertar. Então permito — mas apenas para que desça por meu braço esquerdo e cure a fratura. Mais nenhum uso de magia. Não posso arriscar magia no que poderia ser um ataque a Angra, uma ação negativa que poderia alimentar a Ruína.

Estou perto demais para ser derrotada.

Caco após caco de gelo, cada um me permite dar um passo mais perto de Angra, da beira. Mais e mais perto, meu braço é uma repetição de pegar, agachar, atirar — pegar, agachar, atirar. O gelo voa na direção de Angra apenas para se dissolver conforme sobe barreira após barreira contra meus ataques incansáveis. O rosto de Angra se contrai com fúria, as sobrancelhas se curvam sobre os olhos em uma expressão que combina com o urro que ele libera.

Mais alguns passos, só mais alguns...

Um caco de gelo dispara, menor, e em vez de se dissolver ele acerta o alvo, apenas porque Angra deixa a defesa cair para estender os braços diretamente até mim. O gelo deixa uma linha vermelha fina sobre a bochecha de Angra, sangue se acumula em gotículas que escorrem conforme a magia dele me atira para trás, contra a parede. Só que em vez de desabar no chão de novo, sou mantida ali, presa à pedra.

Angra ofega, ergue uma das mãos para me manter indefesa contra a rocha.

— Se me matar agora — digo — Inverno inteiro se tornará o que sou. Condutores. Sempre haverá alguém para enfrentar você.

— Acha que eles podem me impedir? — Angra abaixa a mão e meu corpo raspa contra a parede, rochas serrilhadas cortam minhas costas. Um grito agudo irrompe de meus lábios antes que eu consiga contê-lo, e o ruído faz Mather interromper a luta.

Ele se vira na minha direção. Apenas um tremor.

Theron corta a barriga de Mather com a espada.

Sinto o corte como se tivesse acontecido comigo, uma queimação que esvazia meu corpo de pensamento racional.

— Inverno me recebeu — continua Angra, insensível a qualquer coisa que aconteça além de nós. — Seu reino abriu as portas para mim quando contei a eles a verdade sobre nosso poder. Condutores ou não, eles me adoram. O *mundo* me adora, rainha de Inverno, e você não pode me derrotar.

Mather se curva com uma das mãos sobre a barriga.

Theron o circunda, sorrindo, com a espada tingida de vermelho.

Ao observar Mather buscar outro condutor, com o ferimento vazando sangue escarlate pelas coxas e Theron erguendo a lâmina atrás dele, tudo que consigo ver é a morte de Mather.

Sir, Nessa, Garrigan, Alysson, Noam, Finn, eu... todos que não pude salvar.

Angra acha que essa guerra é dele, e talvez um dia tenha sido. Mas se tornou algo bem maior, algo que o deixa insignificante em comparação.

Isso não tem nada a ver com Angra. Não tem nada a ver com a magia dele.

Tem a ver com todas as pessoas que não pude salvar e todas as pessoas que ainda estão lá fora agora. Com um futuro de verdade, aquele que morreu quando eu era uma criança que tinha armas em vez de brinquedos. O futuro que morreu quando Mather precisou crescer achando que era o rei de um reino perdido, quando o pai de Theron o obrigou a viver uma vida de acordo com as regras de Cordell, quando Rares e Oana não puderam ter um filho, quando Ceridwen precisou se curvar à tirania do irmão.

O futuro que o próprio Angra deveria ter tido. Um que poderia ser pior do que aquele que ele viveu, sim, mas que também poderia ter sido muito melhor. E mesmo que fosse pior, teria sido por culpa dele mesmo. Teria sido justo e verdadeiro e *humano*, um futuro livre de magia, uma vida formada longe da escuridão ou da luz.

Isso não me trouxe nada além de morte.

Mas, apesar disso, haverá vida.

Grito e toda a magia dentro de mim sai em uma torrente, destruindo as amarras da Ruína sobre mim. Caio, me segurando no chão antes que mais ferimentos possam reverberar por meu corpo. Assim que desço procuro Mather, preenchendo-o com as ondas curativas de gelo em estado puro. Tomado pela magia, Mather se levanta subitamente e seus olhos se voltam para os meus.

Minha atenção vai para além dele, para Theron, que desce a lâmina contra o pescoço de Mather.

Mather desvia para a esquerda. O corte em seu estômago agora é apenas um borrão de tecido ensanguentado, a pele está curada e os músculos estão como novos quando ele cai sobre os cotovelos, se agacha e desvia da espada de Theron por um fio. A lâmina corta a bolsa presa às suas costas e quando ele gira para dar uma banda em Theron, itens voam em uma confusão de cordas, embalagens de comida e...

Uma adaga, o cabo refletindo um brilho roxo fraquinho. O condutor de Cordell?

Não tenho tempo para pensar a respeito. As partículas de ar se agitam ao meu redor, formigando por meus braços em ondas de aviso. A magia aqui é o oposto da de Angra — é pura e intocada. E agora, despertada, libertada, com essa mesma magia pulsando em minhas veias, consigo sentir as mudanças quando a Ruína de Angra dispara contra mim.

Então me movo antes que ele me acerte, e a explosão de sombras que Angra lança atinge a parede. Pedaços de rocha se espalham, mas eu me viro, socando Angra em um golpe ágil de defesa, aquela única e gloriosa brecha que me permite combatê-lo, que permitiu que Oana disparasse raios contra mim sem alimentar a Ruína.

A fonte de magia que flutua logo além estala e estoura em resposta a meu chamado, e não é neve ou gelo que uso para socar Angra. É magia na forma mais básica, um cordão retesado que redireciono do caminho caótico e impressionante que percorria a fim de que exploda no chão, aos pés de Angra. Ele cambaleia para trás, gritando de dor.

Um grunhido chama minha atenção para Mather e Theron. Theron cai, a espada escapando de sua mão quando o braço se choca no chão. Mather salta sobre ele, como um bloco sólido golpeando a cabeça de Theron contra uma rocha e lançando-o cambaleante para um estado de atordoamento.

— Não pode tomar meu poder — declara Angra, fechando a mão em punho, a Ruína acumulando-se ali para formar um golpe fatal. — Ninguém pode tomar meu poder. Este mundo está livre, por fim, de pessoas como *você*, que querem reprimi-lo.

Angra avança. Sombra preenche o ar, seus tendões giram e se ramificam em dezenas de dedos sombrios, enevoados, todos espiralando até mim, todos destinados à destruição.

— Eu mesma não poderia ter dito melhor — murmuro.

Tudo o que sinto quando a magia de Angra mergulha contra mim é adrenalina, a alegria ressoante e delirante do fim.

Porque em dois segundos tudo terá acabado.

Piso em uma estalagmite próxima e salto por cima dos primeiros túneis da Ruína, curvando o corpo no ar para evitar outro. Quando pulo, impulsiono a mão para Angra, canalizando outro disparo de magia que se conecta com o chão e o atira, vacilante, até a beira do penhasco do abismo de magia.

Ainda estou no ar, me impulsionando por um rompante final de magia que preenche meu ser com gelo e neve. Aquele frio dispara de mim girando, se prende à arma mais próxima — a adaga que saiu da mochila de Mather — e a joga até mim.

Em meio ao suor e ao sangue que cobrem meu rosto, abaixo o olhar para onde Angra vacila, na beira do abismo.

E sorrio.

O cabo da adaga atinge a palma de minha mão, magia irrompe braço acima em um redemoinho de imagens e emoções. Mas todos se calam diante da minha determinação. Não há nada aqui — nenhuma distração, nenhum pensamento, apenas Angra e eu e o fim do mundo.

A adaga brilha, roxa, na escuridão, refletindo a magia atrás de Angra. Esse lampejo atrai o olhar dele, mas é tarde demais já que o tempo se transforma em torno desse momento. É como se o mundo inteiro prendesse a respiração para me ver saltar sobre o penhasco, erguer a adaga e aterrissar, enterrando a lâmina no peito de Angra.

Lanço um último comando a Mather. Bem semelhante àquele que o pai dele gritou enquanto a sala ruía ao nosso redor.

Corra!

Angra cambaleia para trás, tão chocado que o desequilibro ainda mais. Ele cambaleia, tropeça, as mãos tentam se agarrar inutilmente ao ar enquanto eu me equilibro no penhasco e empurro com toda força que algum dia tive.

Oscilamos, nós dois, a força do meu movimento e o peso de Angra nos arrastando para além da beirada.

Um movimento me faz olhar por cima do ombro uma última vez. Mather, com o braço de Theron em volta de seu o pescoço, arrasta o rei semiconsciente até a saída. Ele não para e olha para mim, não para e tenta se juntar a mim. Simplesmente obedece, deixando o abismo com um de seus maiores adversários recostados a ele.

Meus pés deixam o penhasco com um último empurrão.

Angra grita, a magia sombria berra de dentro dele em uma tentativa desesperada de puxá-lo de volta para cima. Mas quanto mais nos aproximamos da fonte, mais dedos eletrizantes dela estalam para fora e minam as tentativas de Angra. Também estou pronta — não permitirei que ele me impeça, e para cada tentativa trêmula em busca de salvação que Angra libera, eu me choco contra ele com as ondas da minha própria magia. Luz e escuridão, pureza e ruína, conforme a fonte de magia fica mais brilhante e mais próxima e mais quente.

Houve uma época em minha vida em que eu teria dado qualquer coisa por magia. *Dei* qualquer coisa por magia — eu me atirei de cabeça em uma guerra centenária. Mas também o fiz por Inverno, pelo povo que amava, porque era disso que precisavam para ter uma vida segura e saudável.

E depois que obtive magia, depois que a obtive em grandes quantidades, odiei e temi. Não conseguia entender como nosso mundo podia ser tão dependente de algo que fizera tão mal. Mas havia bondade nela, uma bondade tão espantosa que a maldade era quase compreensível.

É isso que vejo conforme mergulho na direção da fonte. O brilho dela fere meus olhos, me torna incapaz de distinguir uma cor da outra até que só consiga ver a luz mais lancinante e perfeita. Linda e dolorosa e imaculada e falha. E embora esses extremos tenham feito meu mundo um reino de caos e incerteza, a resposta é muito simples:

O bem e o mal que a magia nos dá são igualmente desnecessários.

Durante toda minha vida, a magia foi uma força motriz. Durante toda minha vida, lutei e sangrei e chorei por um futuro em que aqueles que amo estariam seguros e felizes.

Então fecho os olhos e deixo que a magia traga um novo mundo.

Mather

MATHER DISSE A si mesmo que foi o rompante final de magia de Meira que o fez deixar o abismo. Que ela imbuiu a própria vontade nele, um único comando ressoando no coração de Mather até que ele não conseguisse conceber nenhuma outra opção.

Mas isso era mentira.

Meira dissera a Mather que corresse com uma falha tão óbvia na voz que Mather teve vontade de largar o corpo cambaleante de Theron e disparar de volta para ela. Não, algo mais poderoso o fez manter o príncipe — *rei* — cordelliano apoiado no pescoço e correr para o túnel de saída. Algo que, depois que Mather viu, lançou uma sensação ainda mais forte pelo corpo dele: esperança.

Mather e Phil tinham carregado o condutor de Cordell pelo mundo inteiro. De Rintiero até Paisly e então até as planícies Rania, de lá até Outono. Mather o levara para o labirinto porque esperava que Theron aparecesse na batalha acima, e não queria que nenhum membro do Degelo o tivesse, para o caso de Theron de alguma forma conseguir tirar o objeto dele. Mather não considerava o condutor mais do que isso, em grande parte devido ao ódio que tomava conta do sangue em suas veias sempre que pensava na palavra *Cordell*. Mas agora Mather percebia o quanto fora cego.

Aquela era a solução. O condutor de Cordell.

Theron o entregara. Ele *abrira mão* do objeto em Rintiero. Era isso que precisava acontecer — um condutor precisava ser sacrificado e devolvido ao abismo. O condutor de Cordell fora sacrificado, e estava agora retornando ao abismo —, mas pelas mãos de Meira, não por aquelas de quem o possuía.

Seria o bastante para destruir toda a magia? Permitiria que Meira sobrevivesse? Precisava funcionar. *Tinha que* funcionar.

A única luz no túnel de saída vinha do abismo de magia abaixo, então, conforme Mather arrastou Theron para cima, a escuridão os engoliu por inteiro. Ele parou logo do lado de dentro do túnel. Os ouvidos de Mather se esforçaram para captar um sinal de Meira atrás dele, correndo para a saída. Mas ele só ouviu o chiado e o estalar contínuos da magia eletrizando o abismo...

Então um estrondo. Como se as montanhas Klaryn estivesse despertando depois de um longo sono, esticando os ombros para trás conforme se erguia das profundezas da terra. O túnel vibrou com tanta força que rochas rolaram do teto e das paredes, algumas delas se partindo na cabeça e nos braços de Mather. Ele cambaleou, Theron gemeu com um gorgolejo semiconsciente conforme os dois se chocaram contra a parede. As vibrações não cessaram, e depois do estrondo inicial, uma explosão ondulou pelo abismo, subindo pelo túnel.

Mather não se virou para ver o que vinha atrás deles. Foi tomado por um instinto de sobrevivência e nunca se sentiu tão grato pelo torpor. Apenas clareza, nenhum pensamento que o destruiria.

Pensamentos como: *A magia está explodindo. Porque o condutor de Cordell caiu nela?*

Ou foi o de Inverno?

Mather ajustou Theron sobre o ombro e correu como nunca antes, as pernas saltando como se a velocidade pudesse consertar tudo. Mas mesmo isso fracassou, e quando um lampejo de luz dolorosamente branca iluminou o túnel, o calor intenso se chocou contra as costas de Mather. Ele gritou, as pernas cederam sob o bombardeio de fogo que formigava ao subir pelo corpo, enterrando-se nos músculos de Mather.

Mas quando ele caiu, não atingiu o chão.

Mather caiu *para cima*, carregado por aquela onda de magia com Theron disparando pelo ar diante dele. A magia irrompeu abaixo dos dois, como uma onda quebrando incessantemente na praia. Sangue disparou para a cabeça de Mather, ou talvez fosse a magia, ou as explosões contínuas abaixo deles — a intensidade ensurdecedora do túnel era equiparada apenas ao brilho da luz branca. Quanto mais os dois voavam mais ela aumentava, brilhando mais e mais forte, a magia queimando mais quente...

A magia entregou o corpo de Mather à superfície. Bancos de neve o seguraram quando ele caiu no chão, virando-se e rolando para baixo de uma encosta íngreme salpicada de pedregulhos e tufos de grama. Mather se chocou contra o tronco de uma árvore, deslocando uma chuva de folhas douradas e gelo. O túnel os tinha largado em algum lugar entre Outono e Inverno, na encosta das montanhas Klaryn. Deviam estar perto da batalha.

Esses detalhes foram registrados pela mente de Mather, mas muito levemente, um lampejo que sumiu quando ele se viu encarando as montanhas ao longe.

A explosão que o ejetara com Theron do túnel continuava. O chão tremeu com tanta força que Mather precisou se equilibrar na árvore para ficar de pé, e Theron, acordando devagar, apoiou as mãos em uma rocha e inclinou a cabeça para bloquear o ruído crescente. Porque crescer foi o que ele fez — as vibrações recuaram, como um fôlego profundo antes do grito de guerra, e enquanto Mather assistia, uma chuva de folhas douradas pelo ar, as montanhas explodiram.

Vermelho, laranja, prateado, verde — tendões de cor irradiaram pelo céu azul limpo, irrompendo para o alto como se um vulcão tivesse disparado um arco-íris para o mundo. Rochas se partiram em estilhaços ensurdecedores; a faísca e o chiado da magia evaporando acenderam o ar como os pavios de mil canhões sendo preparados para a batalha. Mas nenhuma batalha veio na sequência — aquela *era* a batalha, aquela enorme explosão que abafara o azul do céu dando lugar a faixas de cor e magia que fizeram com que cada nervo no corpo de Mather sentisse.

A ausência de emoção permitiu que Mather por um momento assistisse aquela demonstração sem ser perturbado. E, naquele momento, Mather quase achou que parecia bonita a destruição da magia...

Mas acabava ali.

Aquela explosão era a magia se desintegrando. As cores que espiralavam para fora da montanha se dissolveram no ar e a cada segundo diminuía aquela sensação faiscante, a sensação do ar saturado pela magia. Ela estava indo embora, como Meira quisera.

Mather disparou para longe da árvore. Pedras fecharam o túnel de saída, depositadas pela erupção contínua. Ele puxou uma, mas ela não cedeu. Não... Meira tem que ter saído. Talvez a magia a tivesse jogado em outro lugar, mais para baixo...

Embora a terra ainda estremecesse com as vibrações do caos, Mather desceu a encosta com dificuldade, atirando-se de uma rocha a uma árvore e então para a rocha de novo. As pedras afiadas abriram cortes na palma das mãos, mas ele não conseguia parar, não iria parar, o coração vibrava junto com a terra.

— Meira! — gritou Mather. O desespero percorreu o corpo dele, o luto doloroso que brotara no estômago assim que vira o pai morrer. Mather se agarrou a esse minúsculo poço de esperança, mas mesmo isso escureceu, derretendo como gelo na palma da mão dele.

Mather cambaleou, saindo de trás de um último aglomerado de árvores para o campo de batalha. Ou o que um dia fora o campo de batalha.

Soldados dos dois lados estavam imóveis, olhando boquiabertos para a erupção contínua de magia que se dissipava. A maioria deles caiu de joelhos, como se tivessem todos sido levados ao chão pela mesma revelação que lhes alterava a vida. Alguns choraram, encarando as mãos como se as vissem pela primeira vez. A maioria simplesmente ficou ajoelhada ali, absorvendo o vazio que permeava o ar.

Mather também sentiu. Mesmo aqueles no campo que não tinham sido possuídos pela magia de Angra sentiram, todos de olhos arregalados e com o peito inflado com o fôlego profundo que fora reservado ao momento de inspirar um ar puro depois de passarem tempo demais na miséria. Eles se viraram para os que estavam ajoelhados, e gritos de alegria irromperam, como acontecera em Abril, quando Mather pensou que tudo aquilo tinha terminado e Meira se erguera triunfante sobre os campos de trabalhos forçados de Angra.

— MEIRA! — A dor na voz de Mather ecoou de volta para ele, contrapondo-se à felicidade do campo. Deveria ter funcionado, a adaga de Cordell deveria ter sido sacrifício o suficiente...

Talvez tivesse sido, mas Meira estivera tão perto da destruição.

Talvez Angra tivesse conseguido dar um último golpe antes do fim.

Mather tropeçou em uma rocha e bateu com a palma da mão contra ela, espancando a tristeza contra a pedra.

— NÃO! — gritava ele, lançando a palavra para a montanha, obrigando-a a sentir tudo que tomara dele.

A mão de alguém tocou o ombro de Mather.

— Mather?

Ele se virou, se afastou, lágrimas lhe borravam a visão — não, era desespero o que lhe embaçava a visão, o desejo o deixando cego, de forma que ele sussurrou o nome dela, "Meira" como uma súplica silenciosa, esperançosa.

Mas era Trace. E Hollis atrás dele, Kiefer, Eli, Feige.

O Degelo.

Mather não os perdera.

Ele caiu no chão, curvado perto das rochas que davam para onde antes havia a saída do abismo. Trace se ajoelhou com ele e disse algo, palavras baixas que Mather se recusou a ouvir. Talvez um dia ele conseguisse, mas agora, naquele campo, só era capaz de sentir revolta em meio às comemorações e ao alívio e à vitória que Meira quisera.

Ela deveria estar ali. Se alguém deveria sobreviver àquele labirinto, deveria ter sido ela.

De alguma forma, Mather se viu de pé, talvez puxado por Trace ou Hollis. Ceridwen estava atrás deles agora, arrasada pela batalha, com as sobrancelhas unidas acima dos olhos cheios d'água. Ela já sabia — todos que se reuniram sabiam. Caspar, os generais deles; Rares e Oana — como tinham chegado ali? Dendera, com a expressão contraída como se estivesse chorando por horas — e Henn não estava com ela.

Não. Pelo gelo, chega de perdas.

Mather estudou os rostos deles.

"O mundo precisará de você depois disso."

Fora uma das últimas súplicas de Meira para ele, e Mather se agarrou a ela, desejando que a ordem consumisse cada emoção dele. Algo para fazer além do luto, enquanto todos em volta olhavam para Mather em busca de explicações ou liderança.

Mather caminhou. Os olhos se alegraram com o movimento. Ele pigarreou e Ceridwen tapou a boca com as mãos, seus olhos se enchendo de lágrimas, o que fez com que seus ombros se curvassem para a frente com um soluço.

Caspar sorriu. Rares também riu, ou melhor, *gargalhou*, quase caindo no chão enquanto Oana o segurava e se juntava a ele na gargalhada. Até mesmo Dendera sorriu, mas sorriu entre lágrimas e fechou os olhos para se preparar.

Mather franziu a testa e olhou para o Degelo em busca de uma explicação.

Mas nenhum deles ofereceu qualquer palavra, chocados demais para falar.

Dois dedos tocaram a nuca de Mather.

Era um jogo de quando eram crianças. Um que Mather fazia com ela, na maioria das vezes, se aproximando de fininho e pressionando dois dedos no pescoço de Meira no lugar de uma arma.

"*Você está morta!*" era o que Mather dizia a despeito dos protestos dela de que não era justo, de que o derrotaria em uma luta de verdade, de que não estava preparada para aquilo.

Ele não estava preparado. Nunca estava, e sempre que se aproximava dela de fininho, o giro violento de confiança de Meira o deixava sem palavras com o choque. Não importava quantas vezes Mather a visse lutar, sempre ficava embasbacado ao se maravilhar com o quanto alguém podia ser tão inconscientemente *forte*.

Então não deveria ter ficado surpreso quando aqueles dedos repousaram sobre seu pescoço. Não deveria ter duvidado da habilidade dela de sobreviver, nem por um segundo.

Tudo em Mather se enlevou do luto para o torpor e para a alegria quando ele se virou.

Meira. Coberta com a poeira cinza e espessa do abismo e suja de sangue.

Mas Meira.

Viva.

Ela sorriu, lutando contra a exaustão conforme oscilava para a frente. Mather não hesitou, não poderia, mesmo que quisesse — disparou para pegá-la e Meira passou os braços em volta do pescoço dele. A cabeça dela se recostou no peito de Mather e cada vez que ela soltava o ar morno, inundava o coração de Mather com as mais puras e inacreditavelmente perfeitas ondas de alegria.

Mil coisas se acumularam nos lábios dele, mas tudo que Mather disse foi:

— O condutor de Cordell.

Meira assentiu. Pelo gelo, cada movimento dela fazia Mather querer gritar.

— Não percebi o que faria até que estávamos caindo — disse ela, mantendo o rosto aninhado contra Mather como se precisasse tocá-lo tanto quanto ele. — Mas atingimos a magia e vi Angra se desintegrar. Esperava que a magia também me queimasse, mas a adaga a tocou antes de mim. Então tudo ficou branco e eu estava voando pelas montanhas. Achei... achei que estivesse morta... mas ela me salvou. A adaga.

Meira sacudiu a cabeça, incapaz de dizer mais ao segurar Mather com mais força em um apertão resistente antes de se afastar, rindo. A risada de Meira o tornou leve o suficiente para que flutuasse no céu limpo. Qualquer resquício de magia tinha sumido; qualquer vibração ressoante tinha se dissipado.

Tinha acabado.

Ceridwen disparou para abraçar Meira, que ainda tinha as mãos de Mather em torno da cintura. O Degelo se juntou a seguir, rindo e colidindo em uma confusão de braços e sorrisos e lágrimas conforme Dendera, Oana e Rares também se aproximaram. Eles não passavam de um emaranhado de felicidade, agarrados à vitória pela perda, o triunfo pelo luto.

Os olhos de Mather se fixaram em algo fora do grupo.

Soldados cordellianos se reuniram em torno de um conjunto de árvores não muito longe. Theron mancava até eles, com uma das mãos envolta na lateral do corpo, o rosto destituído de... tudo.

Estava livre da escuridão de Angra. Como reagiria ao que tinha feito?

E quanto do que tinha feito fora de fato *ele*?

Theron devia ter sentido os olhos sobre ele, porque instintivamente se virou e então imediatamente se encolheu, arrependido. Não queria encará-los ainda — Mather não podia culpá-lo.

Mas o motivo pelo qual os braços de Mather não estavam vazios agora era Theron. Todo o ódio que sentira por Cordell, a raiva de Noam e o ciúme de Theron — tudo trouxera Meira de volta a ele.

Então, antes que Theron virasse o rosto, Mather fez uma reverência com a cabeça.

Theron piscou. O maxilar dele se contraiu. Então o rei fechou os olhos e assentiu em resposta.

A boca de Meira roçou a orelha de Mather.

— Obrigada. Por salvá-lo.

Mather sorriu e foi empurrado quando mais pessoas se juntaram à comemoração. Ele levantou a mão para segurar a cabeça de Meira, mantendo o rosto dela logo abaixo do dele.

— Obrigado por *nos* salvar.

Meira ficou séria e Mather viu um pensamento distinto no rosto dela: William.

— Estamos livres agora — disse Meira, a Mather, a si mesma. Ela se virou para encarar parte da multidão que comemorava com uma das mãos no peito de Mather. A luz havia retornado aos olhos dela, a linda resiliência com a qual Mather queria passar o resto da vida se deleitando. — Estamos livres!

O grito de Meira disparou pelo ar, incitando outros gritos mais altos. Era difícil sentir qualquer coisa que não alegria ali, um deslumbre contagioso no qual cada pessoa no vale mergulhou de cabeça.

Meira se virou de volta para Mather, o sorriso dela era radiante, e não deu qualquer aviso ou chance para que ele a beijasse primeiro — ela saltou sobre Mather, pressionando os lábios contra os dele. Mather pensou que jamais faria aquilo de novo. Segurar Meira, beijá-la, sentir seus lábios de outra forma que não pela memória. O beijo irradiou por cada nervo de Mather, enroscando-se no luto e afrouxando esse nó em seu estômago.

Mather riu contra a boca de Meira e a pegou nos braços de novo, erguendo-a para poder girar enquanto ela o beijava, cercados pelo caos e pela felicidade e pelas risadas, o princípio do recomeço deles.

Meira
Seis meses depois

Conforme passamos pelos enormes portões que guardam Bithai, eu me apoio com tanta força nas rédeas do cavalo que fico surpresa por ele não disparar pela multidão.

As ruas se curvam em ângulos tão agudos que juro ser capaz de ouvi-las estalando. Mercadores gritam das barracas, agitando as mercadorias para atrair clientes sob o céu do meio-dia. As telhas marrons e curvas dos telhados repousam sobre fundações de pedras cinza; vinhas ainda sobem pelas paredes, irrompendo em folhas. Bandeiras oscilam, altas, à brisa, o fundo verde-escuro e a estampa da folha de bordo dourada de Cordell com o caule de lavanda. Encontro os olhos de Mather.

— Todos parecem felizes.

Ele ergue um ombro, pensa bem no que está prestes a dizer, então assente na direção da bolsa na minha sela.

— O que a carta dizia mesmo?

Adiante, Trace resmunga.

— Ainda não decorou a esta altura?

Mas Mather me encara fixamente. Ele decorou a carta; eu também. É o único contato que tive com Theron desde que mandei Greer ver como ele estava um mês depois... de tudo.

Esperava que Greer voltasse com algo além de relatórios políticos — algo que me informasse como Theron estava de verdade. Pela centésima vez, eu me pergunto se deveria ter ido pessoalmente, ou se deveria ter seguido Theron para fora daquele vale depois da batalha e me certificado de que ele estava bem.

Meu corpo instintivamente se inclina na direção de Mather.

Não — eu tinha um reino para consertar. A Ruína de Angra tinha infectado todos os invernianos em Jannuari, e quando a magia desapareceu, essas pessoas ficaram feridas, arrependidas pelas coisas que tinham permitido que Angra os obrigasse a fazer. Meu lugar depois da guerra era em Inverno.

Puxo a carta, o pergaminho se desenrola em meus dedos.

Para a rainha do reino de Inverno:
Após a destruição da magia, nosso mundo retornou ao estado de normalidade. Mas levará muitos anos até que todas as feridas sejam curadas.
Por isso eu a chamo agora. Uma carta semelhante neste momento é lida por cada monarca de Primoria. Faço a todos o mesmo pedido: que se reúnam em Bithai em três semanas para colocar em vigor o tratado que muitos de vocês assinaram antes da guerra. Os princípios daquele tratado são mais necessários do que nunca agora — princípios que nos ajudarão a esculpir uma Primoria composta de oito reinos unidos.
Apenas juntos podemos reconstruir o mundo.

Curvilínea, a assinatura de Theron aparece na base, encimada pelo selo de Cordell.

Estico o corpo e sorrio para Mather.

— Diz que tudo ficará bem.

Ele me dá um olhar de incerteza, mas assente.

— Já está.

Galhos de bordo se arqueiam sobre nós conforme viramos em uma rua ampla. O dossel acima de nós permite que a luz dourada passe, tornando os últimos momentos de nossa viagem serenos, quase oníricos.

Chegamos ao portão que dá no palácio e eu sorrio. Este costumava ser o local de duas árvores douradas. Um ato de Noam, uma exibição da riqueza de Cordell. Mas elas se foram, e uma corrente segura o portão aberto em um estado permanente de boas-vindas.

Theron abriu o palácio ao reino.

Essa imagem me faz cavalgar até o pátio com mais confiança. Descemos dos cavalos e Mather imediatamente se põe ao trabalho, dando ordens aos guardas que vieram conosco. Greer e Conall exibem no peito o símbolo de Inverno, um floco de neve, enquanto Trace, Hollis e Feige usam o uniforme do Degelo, um híbrido de floco de neve e flor selvagem marcado nos ombros — a marca da minha guarda pessoal de elite, o que o Degelo se tornou.

Quando todos são separados, Mather leva os punhos aos bolsos e não consigo evitar um sorriso. Ainda tenho dificuldades para compreender a facilidade com que meus invernianos se adaptaram à vida normal.

O olho de Mather se fixa em algo atrás de mim e ele sorri.

— Parece que não somos os únicos que decidimos vir.

Não consigo perguntar do que ele está falando antes que um corpo me empurre para a frente.

— Como ousa? — grita Ceridwen, me dando um leve soco. — Faz *seis semanas* desde a sua última visita. Você me abandonou, sua garota terrível.

Eu me viro e a soco de volta, mas também sorrio.

— Era sua vez de ir até Inverno!

Ceridwen suspira dramaticamente quando outro rosto familiar surge da vegetação. Jesse acena para Mather, vê o ataque que Ceridwen parece dar e sacode a cabeça para mim.

— Juntar vocês duas nunca acaba bem para mim — diz Jesse.

Ceridwen o ignora e entrelaça o braço ao meu.

— Independentemente de quem seja a vez de visitar quem, faz seis semanas desde que conversamos. — Ela nos vira na direção do palácio, Jesse e minha comitiva vêm atrás. Os olhos de Ceridwen se detêm nas pedras cinza e nas janelas reluzentes que se erguem em uma repentina onda intimidadora. — E aparentemente muita coisa aconteceu.

Ela olha para mim, e faço um gesto para sinalizar que me sinto despreocupada.

— Não faço ideia do que isso se trata, além do que a carta dizia.

Ceridwen resmunga, pouco convencida.

— Bem. Há outra notícia para compartilhar enquanto isso.

Entramos no palácio. A madeira acolhedora e polida das paredes nos envolve, um contraste aconchegante em relação ao exterior vibrante. Meus olhos se voltam com vontade própria para a direita, onde as paredes em painéis escondem uma porta e um escritório além dele. O antigo escritório de Noam. Será que Theron o ocupou?

Uma criada aparece e nos chama para nossos quartos.

— Recebemos notícias de Ventralli — começa Ceridwen, conforme seguimos a criada. — Eles se decidiram por um sistema de eleições. O processo todo é fascinante, governarão o reino totalmente sob a liderança de alguém escolhido pelo povo.

Abaixo a voz.

— Jesse não se arrepende de ceder o reino aos conselheiros dele?

Ceridwen faz que não com a cabeça.

— Nunca o vi tão feliz. Saber que Ventralli prosperará além do que ele poderia ter feito... estamos ambos felizes com o que está acontecendo.

— Está pensando em estabelecer tais eleições em Verão? — provoco, apenas porque, de fato, parece algo que tanto ela quanto eu apoiaríamos por completo.

Ceridwen resmunga.

— Talvez, depois que o estado mental do reino estiver em melhor estado. E por falar nisso, estabelecemos um comércio honesto com Yakim. Parece que Giselle desistiu da meta de tomar Verão agora que não tem magia nas montanhas Klaryn. Quase passei de abominá-la para apenas detestá-la.

— Isso é maravilhoso! — Meu sorriso se suaviza. — Fico feliz por você.

Ceridwen me cutuca.

— O sentimento é mútuo, rainha de Inverno.

Subimos uma escada e passamos para um corredor que parece familiar, candelabros de cristal e tapete castanho felpudo.

— Acredito que tenha gostado deste quarto da última vez — diz a criada, parando ao lado de uma porta aberta.

Olho para o aposento e o reconhecimento toma conta de mim — é o quarto no qual fiquei quando vim a Bithai pela primeira vez, com a cama de dossel e o tapete lavanda e as cortinas brancas pesadas.

— Sou tão cega — digo. — *Mona?*

A criada que me serviu quando estive aqui da última vez. Ela ri.

— Você se lembra!

— É claro! — Olho em volta. — Onde está...

— Rose se casou. Mora na costa agora. Mas isso me garantiu uma promoção! — Mona se abaixa em uma reverência. — Se precisar de alguma coisa, me avise. Estou tão feliz por você estar aqui, *rainha* Meira. Ela pisca um olho, a ênfase em meu título me remete a todas aquelas aulas de etiqueta cordelliana.

Sorrio.

— Eu também. — E sou sincera, mais do que achei que seria.

— O resto de sua comitiva ficará nos quartos em volta do seu — continua Mona. — Tem algumas horas antes que a refeição da noite comece, com música no salão de baile. Aproveite a estadia.

Quando ela sai, Jesse se vira para Ceridwen.

— Deveríamos deixá-los descansar. Esta noite muito provavelmente será longa.

Ceridwen concorda com um resmungo fraco e aponta um dedo para mim.

— Encontre-nos quando terminar de descansar. — Os lábios dela se curvam em um sorriso malicioso quando Ceridwen acena para Mather. — Ou o que quer que planejem fazer.

Mather dá uma gargalhada e avança, enterrando o rosto em meu pescoço com um som parecido com um latido conforme nos empurra porta adentro. Conall e Greer, coitados, saem procurando os quartos deles, e as reações do Degelo variam de risinhos até gargalhadas em soluços histéricos.

Mather chuta a porta para fechá-la quando consigo me desvencilhar dele.

Ele segura meu braço.

— Espere... Ceridwen teve uma boa ideia...

Sorrio.

— Vamos *descansar*. Precisaremos de toda a força que conseguirmos esta noite.

Mather se move na minha direção de novo, mas o tom brincalhão desapareceu.

— Você está bem?

Que pergunta.

— Sim. Não. — Eu me abraço. O amor pelo frio ainda ressoa por todos os invernianos, mas era uma característica que se desenvolveu depois de anos de influência mágica. Será que sumirá aos poucos? Só sei que acho que estou com um frio desconfortável. Ou talvez apenas sobrecarregada.

Mather coloca as mãos em meus ombros, leva a testa à minha.

— Não está sozinha.

Eu me aninho nele, abraço a cintura de Mather. Com a cabeça baixa sobre o peito dele, meus olhos recaem em uma pintura ao lado de um armário.

A luz da manhã se reflete em bancos de neve, os arcos curvos dos galhos de árvores também estão cobertos de neve e de adagas formadas por estacas de gelo. Essa pintura é tão familiar quanto a cidade, quanto o palácio.

Theron me mostrou essa pintura. Um dos primeiros lampejos que tive de Inverno.

"Posso mandar pendurar em seu quarto se quiser."

Aninho a bochecha contra Mather, respirando no mesmo ritmo que ele.

Theron está bem. Só pode estar.

Flâmulas pendem do teto do salão de baile — oito cores diferentes com oito símbolos diferentes. O tema se repete pelo salão, desde os vasos contendo oito flores, uma de cada cor, até os aglomerados de comida em oito bandejas, uma iguaria de cada reino.

Enterro os dedos na manga índigo do casaco de Mather conforme descemos a escada. Hollis e Trace, alguns passos atrás de nós, verificam a sala com o ar treinado de segurança.

— Está lindo — digo.

Um canto da boca de Mather se ergue e ele me olha, os olhos percorrem meu vestido marfim plissado. Mather desliza para a minha frente na base da escada e entrelaça os dedos nas faixas do coldre do meu chakram. O couro é estampado com flocos de neve, um coldre muito mais cerimonial do que estou acostumada, mas o chakram que ele contém é digno de tal beleza. Madeira polida forma o cabo curvo, e a própria lâmina é entalhada com os galhos expostos das árvores Invernianas. Um presente de Caspar e Nikoletta, um que não consegui ter coragem de atirar. Tê-lo é um lembrete do que sou, uma rainha guerreira, exatamente como o medalhão que ainda uso.

Mas gosto de não precisar usá-lo. Gosto que minha arma seja meramente decorativa.

Mather leva os lábios à minha testa.

— *Você* está linda — diz ele, contra minha pele.

Um gritinho agudo que conheço muito bem chama a nossa atenção. Eu me viro a tempo de ver um pequeno borrão preto e escarlate sair às cambalhotas da multidão.

— Shazi! — grito, e me abaixo para interceptá-la.

Nikoletta surge da multidão e sorri para pedir desculpas conforme desenrosca Shazi de mim.

— Ela ainda nem tem quatro anos e já desisti de prendê-la.

Atrás de nós, Trace se inclina para fazer uma pergunta a Mather, o que tira a atenção dele do olhar que Nikoletta subitamente me dá.

— Falou com ele?

A mudança de assunto me choca e involuntariamente enrijeço o corpo.

Nikoletta entende isso como minha resposta e indica as portas de vidro com o queixo.

— Ele está na floresta dourada. Além do labirinto. — Ela estende o braço para pegar minha mão. — Sei que quer ver você.

Faço que sim, mas uma pergunta me faz inclinar o corpo para mais perto dela.

— Ele está bem?

O luto no rosto de Nikoletta não se dissipa.

— Tanto quanto todos nós.

Ela sai para encontrar Caspar e sigo para as portas de vidro, dando o braço a Mather quando passo. Ele tropeça ao meu lado, deixando Trace e Hollis com um grito de confusão.

Mas Mather vê o olhar em meu rosto, repara nas portas que se aproximam.

— Tem certeza de que está pronta? — Na voz de Mather não há nada além de calor e apoio e tudo que amo a respeito dele.

Estampo um sorriso nos lábios.

— Pronta para tudo.

A floresta dourada surge, como Nikoletta falou, no final do labirinto de sebe. O crepúsculo caiu a essa altura, cobrindo a área com o cinza enevoado da noite, iluminado apenas por lanternas que brilham pelo caminho.

Mather para ao meu lado.

— O que é isso? — sussurra ele.

Adiante, mudas de bordo dourado se erguem em fileiras perfeitas acima de colinas gramadas. Pequenas folhas douradas pendem dos galhos finos, cada árvore só um pouco mais baixa do que eu, dezenas delas oscilando dentro de uma cerca de pedra da altura da minha cintura que as mantém separadas do restante do jardim.

Eu me aproximo do portão de ferro, meus dedos se fecham sobre o metal esculpido. Mather espera ao meu lado, desejando me seguir para onde quer que eu precise dele.

Pressiono a mão contra o peito de Mather.

— Você me espera aqui?

Ele faz que sim.

— Sempre, minha rainha.

Dou um rápido beijo em Mather e entro na floresta.

O portão range ao se fechar atrás de mim, interrompendo a melodia das folhas douradas que tocam os galhos da mesma cor. Cada árvore pela qual passo tem entalhes no tronco, nomes e datas e trechos de poesia. Não — um poema em especial, um que ouvi há muito tempo, de lábios moribundos que ecoam em minha memória.

O poema de Cordell. Sir o recitou no campo de batalha do lado de fora de Bithai antes de eu achar que ele tivesse morrido pela primeira vez, antes de eu ser capturada, antes de minha vida mudar de formas que ainda estou descobrindo.

"Cordell, Cordell, se na batalha, na viagem ou na morte
Precisarmos nosso reino deixar,
Que aqueles que não retornam
Possam sempre em sua presença descansar."

E sob aquelas linhas de poesia, a frase *Aqui jaz* proclama que Cordell enterra a realeza morta sob árvores de bordo douradas. Tal lugar existe em Jannuari, mas com marcações simples para os corpos que queimamos. A marca de Sir está ali. E de Nessa, e Garrigan, tantas pedras com entalhes de flocos de neve.

Então sei onde está Theron, sobre qual túmulo ele está de pé, antes que o alcance. Sei sobre que túmulo eu estaria de pé, para onde iria meu coração.

Um braço está sobre o peito dele, o outro segura a nuca em concha enquanto Theron curva a cabeça, de olhos fechados, diante de duas mudas douradas em montes de terra. Um é mais velho; o outro, está fresco demais. Lanternas espalhadas ao longo do caminho projetam luz sobre nós, mas sombras ainda passam, distorcendo detalhes. Theron não se move quando me aproximo, e isso me dá tempo para observá-lo.

O cabelo antes longo foi cortado curto, misturando-se a uma barba que deixa o rosto de Theron mais severo. O uniforme cordelliano tem mais medalhas do que da última vez que o vi, e o material é mais refinado, um veludo esmeralda profundo com detalhes dourados.

No todo, Theron parece muito mais com o pai, no melhor dos sentidos apenas. A certeza e a confiança e o autocontrole de Noam, mas nada da severidade ou da pompa.

Paro dois passos atrás de Theron, segurando punhados da saia.

Respire, Meira.

— Nikoletta disse que você estaria aqui.

Theron, ainda de olhos fechados, sorri, mas o sorriso não permanece quando ele olha para mim.

— Ela se tornou protetora demais — diz Theron. — Mandou você para ver se estou bem?

— Estava bastante implícito. — Tento sorrir. — Mas queria falar com você de qualquer forma.

Theron abaixa o olhar para uma das árvores. A muda de Noam, o nome dele aparece à luz fraca. Theron fica em silêncio, massageando a nuca, antes de se esticar e prender os polegares no cinto que segura uma espada decorativa.

— Bem, como eu disse a Nikoletta, e Jesse, *e* meus conselheiros, estou bem. — Theron me encara de novo. — Vossa Majestade não me deve nada. Estou feliz simplesmente por ter vindo participar da unificação do mundo.

— Theron. — A amargura em minha voz sobe pelo nó embolado em meu estômago. — Não precisa me tratar assim.

A risada dele é amarga.

— Eu disse algo semelhante a você certa vez. Lembra do que disse em resposta? *"Você é Cordell, tanto quanto sou Inverno. Sempre precisará escolher seu reino em vez de mim"*. Bem, minha senhora... escolheu bem.

Não respondo, abrindo o silêncio como uma porta que projeta luz inundando uma sala escura.

Theron continua com os olhos em mim, a risada áspera se dissolve no rosto dele e dá lugar a um resmungo entrecortado. Theron umedece os lábios, sacode a cabeça para mim, para si mesmo, para os túmulos diante de nós.

— Lembro de tudo — começa ele, sussurrando suavemente. — E peço desculpas, Meira. Não sei por onde começo a pedir desculpas. É parte do motivo pelo qual convidei todos para cá. Eu ajudei a destruir este mundo, então ajudarei a reconstruí-lo. Mas você... pelas folhas douradas, devo muito mais do que isso a você.

— Não vim aqui em busca de desculpas. — Minha voz falha. — Eu vim até aqui para... bem, pedir desculpas a *você*, por não ter vindo antes. Por não ter chegado como você estava. Essa guerra começou como um problema de Inverno, e eu o arrastei para dentro dela, *eu* coloquei você no caminho de Angra e...

— Angra. — Theron praticamente soluça o nome, um tremor violento o faz abaixar o queixo até o peito. — Você pode ter me colocado no caminho dele, mas eu escolhi caminhar ali.

Meu coração pesa no estômago. Temia isso desde o início, que as coisas que Theron fez tivessem sido mais ele do que Angra. Mas o olhar de Theron afasta minha preocupação.

— A Ruína me fez querer coisas que jamais ousei me permitir admitir. Era tão libertadora. — Theron para, cruza os braços sobre o peito. — Até que Angra...

As lágrimas dele caem livremente. Theron as enxuga, rindo consigo mesmo e observando o céu que escurece.

— Matei meu pai por causa dele. Fiz coisas terríveis por causa dele. E mesmo assim o admirava. Eu o idolatrava. Era tão forte, e eu me senti fraco durante tanto tempo.

Theron me olha.

— Mas serei forte agora. Sozinho. — As palavras dele são uma promessa, Theron nunca soou tão vivo.

Eu me mexo sem pensar e coloco a mão no braço dele.

— Você tem a maior capacidade de amar que qualquer um que já conheci. Amava seu pai apesar das falhas dele; *me* amava mesmo quando não sabia nada a meu respeito, a não ser o fato de eu ser tão invisível quanto você. É tão mais forte do que eu. Mais forte do que Angra também. E com você nos guiando, sei que Primoria alcançará um estado de paz e igualdade que honrará todos os que perdemos.

Theron não se move, lágrimas ainda brilham nos olhos dele.

— Desculpe por não ter podido ser o suficiente para você — sussurra ele.

Meus dedos se apertam sobre ele.

— Desculpe por eu também não ter sido o suficiente para você.

Theron se afasta para esfregar as últimas lágrimas do rosto.

— Deveríamos nos juntar ao resto — diz ele, com a voz clara agora. — Há muitas coisas importantes a discutir.

Concordo e dou um passo para trás, mas Theron não me acompanha.

— Você vem? — pergunto.

Ele pisca o olho para mim, os lábios estremecendo.

— Mais alguns momentos. Pode ir na frente.

Quando ergo as sobrancelhas, Theron se abaixa em uma reverência.

— Por minha honra como o rei de Cordell, prometo que estou bem. Só preciso de um momento.

— Tudo bem. — Faço uma pausa. — Nós ficaremos. Bem, eu quero dizer.

Theron inclina a cabeça.

— Lady Meira — diz ele.

Eu me viro, deixando Theron de pé sobre os túmulos dos pais.

O importante, no entanto, é que ele está de pé.

* * *

O salão de baile está lotado quando Mather e eu voltamos. Músicos tocam melodias alegres em uma plataforma entre as escadas, complementando o burburinho da conversa dos dignitários. Ceridwen, Lekan e Kaleo estão de pé com Caspar e Nikoletta; Giselle fala com o general de Primavera, um homem que conheci quando ele foi até Inverno há algumas semanas para formar uma ponte sobre a mágoa entre nossos dois reinos. Um grupo de ventrallianos chegou e conversa em tom animado com Jesse.

Mas não são os únicos atrasados.

Alguém se move na nossa direção. Vejo a túnica dele, a cicatriz que se estende pela pele escura, e solto a mão de Mather para abraçar Rares.

— Você veio!

Rares me aperta com tanta força que acabo tossindo em protesto.

— É claro, coração! Paisly tinha que ser representado. — Ele me coloca no chão e mantém as mãos em meus ombros. — E considero você responsável pelo puro sofrimento que é viajar agora. Lembro especificamente de dizer o quanto eu *odiava* viajar, e que uma das poucas coisas boas que a magia nos dava era a habilidade de chegar a qualquer lugar imediatamente. Mas não, você precisava mandar tudo embora... e nos dar algo muito melhor em troca.

Com isso, Rares se vira e revela Oana atrás dele.

Levo as mãos à boca e dou um grito contra as palmas.

— Você está...

Ela me abraça, a leve saliência na barriga é pressionada entre nós.

— Quatro meses agora.

Não consigo fazer mais do que dar gritinhos, minhas mãos passam dos ombros de Oana para a barriga dela e então de volta. Rares comemora minha falta de palavras e avança para me dar um beijo na testa.

— Imagino que também andou ocupada nos últimos meses. — Ele acena para Mather e se aproxima para dar um peteleco na testa dele. — Trate-a bem.

Mather esfrega o local, contendo uma gargalhada.

— Eu trato, prometo.

Rares me olha em busca de confirmação, e sorrio, passando o braço pela cintura de Mather.

— Não que eu tenha achado que você escolheria alguém que não a tratasse assim — diz ele para mim, piscando o olho. — Acho que devemos dar uma circulada. Que bela reunião que temos aqui. Totalmente mágica.

— Não há nada mágico a respeito disso — diz Oana. — Merecemos tudo que acontece aqui.

Rares concorda.

— O que parece mágico para mim, meu amor. — Ele me dá mais um abraço. — Onde está o rei Jesse? Soube que Ventralli está evoluindo de forma muito curiosa.

Mather aponta para a multidão.

— Ele está do outro lado da sala... vou lhe mostrar.

Mather guia os dois para longe. Tantas pessoas me chamam atenção — representantes de cada reino, todos reunidos para negociar a melhor forma de continuar nossa paz.

E essa união faz os espaços na multidão parecerem completos. Onde Sir deveria estar, ao lado de Mather, enquanto ele fala com Jesse, Rares e Oana; onde Nessa e Garrigan deveriam seguir Conall enquanto ele ziguezagueia na minha direção em meio à multidão; onde Henn e Finn deveriam estar conversando com Greer na ponta do salão; onde Noam deveria estar rindo com Nikoletta e Caspar.

Não contenho o sorriso que se abre em meus lábios, as lágrimas que embaçam as cores e a luz do salão de baile, formando um caleidoscópio fluido e brilhante.

Rares e Oana estavam certos. Somos a nossa magia agora. E nada pode nos deter.

AGRADECIMENTOS

SE VOCÊ LEU meus agradecimentos em *Neve e cinzas* e *Gelo e fogo*, sabe que gosto de tagarelar e basicamente agradecer cada pessoa que já conheci. E a esta altura na série, MUITA gente entrou em minha vida e teve um impacto sobre este livro, entãããããão...

MUITA GENTE A AGRADECER.

VAMOS COMEÇAR.

Mackenzie Brady Watson. Agente dos meus sonhos. A combinação de você + New Leaf é a perfeição do mais alto calibre, e sou grata todos os dias por ser sua cliente.

HarperCollins. Sim, a empresa toda. Mas principalmente: Kristin Rens, é claro, sempre, para sempre, por maquinar um livro coerente a partir do que quer que eu tenha entregado inicialmente a você (o que normalmente pode ser classificado seguramente como "bagunça total"); Erin Fitzsimmons; Caroline Sun; Nina; Megan; Gina; Kelsey; Margot; Nellie; e todas as outras pessoas que ajudaram não apenas este livro, mas a série inteira. Por mais que seja brega e clichê, vocês todas fizeram meus sonhos se realizarem, e por isso, não há agradecimentos que bastem neste mundo.

Jeff Huang. Agora é sério, VEJA SÓ ESTA CAPA. Estou tão honrada por meus livros poderem vestir sua arte.

Kate Rudd e Nick Podehl. Vocês dois deram voz a esta série de uma forma completamente hipnotizante.

Passando as coisas para o lado mais pessoal: Kelson. Sob o risco de ficar melosa demais, só vou imortalizar aqui que amo você, e me sinto muito feliz por poder viver esta vida ao seu lado.

Meus pais — dei este livro a vocês, mas ainda lhes devo muito, muito mais.

Melinda. Tudo bem, então as partes do seu personagem ficaram de fora na edição de *Geada e noite*. Você é um turbilhão insano de energia e beleza e, sinceramente, a personagem Melinda ficou com medo de não chegar aos seus pés.

Para o resto de minha família sempre crescente: Annette, Dan, Trenton, Caro, John, Karen, Mike e Haydin; vovó e vovô, Debbie, Dan, tia Brenda, Lisa, Eddie, Mike, vovó Connie, Suzanne, Lillian, William, Brady, Hunter, Lauren, Luke, Delaney, Garret, Krissy, Wyatt, Ivy, Brandi, Mason, e Kayla, a Bibliotecária.

Para meus amigos escritores, perto e longe: J.R. Johansson, Kasie West, Renee Collins, Natalie Whipple, Bree Despain, Michelle D. Argyle, Candice Kennington, LT Elliot, Samantha Vérant, Kathryn Rose, Jillian Schmidt, Claire Legrand, Jodi Meadows, Anne Blankman, Lisa Maxwell, Kristen Lippert-Martin, Sabaa Tahir, Sarah J. Maas, Susan Dennard, Evelyn Skye, Akshaya, Madeleine e Janella; e, sempre, prima Nicole.

Um agradecimento especial à minha marida-escritora, Kristen Simmons. Ainda não acredito que não tive a chance de agradecer a você em *Gelo e fogo*. Nossa amizade pode ser nova, mas, meu Deus, querida. Você mudou minha vida.

Agora talvez a parte mais difícil e mais recompensadora: agradecer a todos VOCÊS.

Nos agradecimentos de *Gelo e fogo*, tagarelei sobre muitos dos blogueiros/críticos/fãs que tornaram minha vida tão assustadoramente mágica. Se eu fizer isso de novo, temo que esta parte será tão longa quanto o próprio livro *Geada e noite*, então vou resumir o melhor possível:

Sabem como nesta trilogia todos estão sempre lutando tanto para conseguir magia? Eles a encontram e sofrem e sacrificam, tudo por essa coisa ardilosa e brilhante que promete melhorar as vidas deles. Então, como no caso de Meira (e como também acontece tanto na vida real), eles a conseguem e não é tão maravilhoso quanto esperavam.

Vocês não são nada assim.

Como eu disse nos agradecimentos de *Neve e cinzas*, vocês são, cada um de vocês, melhores do que qualquer condutor. São melhores do que a magia mais fantástica em que eu conseguiria pensar. Um dos temas mais importantes desta trilogia foi, para mim, a ideia de ser *suficiente* — de não precisar de influências externas para tornar você "melhor" ou "digno". E embora eu espere que tenha incutido essa crença em pelo menos alguns de vocês, não estou nada orgulhosa de dizer que fracassei, eu mesma, nessa crença. Porque admito total e irrevogavelmente que preciso de cada um de vocês. Essa jornada editorial é cheia de tantos altos tão altos e baixos tão baixos, mas ter vocês lá, meus fãs invernianos, tornou cada momento não apenas valioso, mas totalmente encantador.

Eu me sinto muito honrada por ter podido compartilhar esta história com vocês. A Sara de doze anos, rabiscando cadernos, sonhando sonhos com uma garota de cabelos brancos e um reino invernal, não ousava imaginar a maravilha absoluta que teria se realizado, mais de uma década depois.

E é por causa de vocês, e de toda a magia criada por apenas serem *vocês*.

Então, obrigada.

Publisher
Omar de Souza

Gerente Editorial
Mariana Rolier

Editora
Giuliana Alonso

Tradução
Mariana Kohnert

Copidesque
Marina Góes

Revisão
Jaciara Lima
Daniel Austie

Diagramação
Ilustrarte Design e Produção Editorial

Design de capa
Erin Fitzsimmons

Adaptação de capa
Julio Moreira

Este livro foi impresso no Rio de Janeiro,
em 2017, pela Edigráfica, para a HarperCollins Brasil.
A fonte usada no miolo é Venetian, corpo 12,75/15,2.
O papel do miolo é Chambril Avena 80g/m²,
e o da capa é cartão 250g/m².